도덕교육의
새 지평

도덕교육의 새 지평

추병완 지음

인간사랑

CONTENTS

| 차례 |

머리말

현대 사회는 매우 빠르게 변화하고 있는 가운데 우리에게 다양한 새로운 윤리적 문제들을 제기하고 있다. 이를테면 과학기술과 정보통신 기술의 눈부신 발전은 이전에는 우리가 전혀 상상하지 못했던 새로운 윤리적 문제들을 제기하고 있다. 그런가 하면 우리 사회의 세계화와 다문화 현상의 진전은 다양성을 존중하는 가운데 서로 공존할 줄 아는 새로운 삶의 기능들을 요구하고 있다. 이러한 사회적 변화들은 우리가 직면한 윤리적 문제들을 직시하고, 그러한 문제들을 해결할 수 있는 삶의 기능과 태도들이 무엇인지에 대해 진지하게 성찰하도록 요구한다. 이 책은 바로 이러한 학문적 고민에서 출발하였다. 이 책은 사회변화가 수반하는 윤리적 문제들에 대응하기 위한 도덕교육의 방향과 과제, 그 해결 방안을 담고 있다. 동시에 이 책은 도덕교육의 새로운 연구분야를 개척하려는 필자의 소망과 의지를 담고 있다.

이 책의 내용을 간략하게 소개하면 다음과 같다.

이 책의 1부인 1–3장에서는 우리 사회의 윤리적 도전과 그에 상응하는 도덕교육의 과제를 다루었다. 1장에서는 미래 인터넷 기술의 실체를 규명하고, 그것이 수반할 수 있는 윤리적 문제가 무엇인지 밝히고자 하였다. 2장에서는 클라우드 컴퓨팅의 개념과 특징을 고찰하고, 그것이 야기하는 윤리문제에 대응할 수 있는 도덕교육의 과제를 제시하였다. 3

장에서는 최근 우리 사회의 심각한 사회문제인 저출산 · 고령화에 대응하기 위한 도덕교육의 방향과 과제를 다루었다. 우리나라 저출산 · 고령화의 심각성을 진단하고, 그것에 대응하기 위한 도덕교과에서의 가치교육의 방향과 과제를 제시하였다.

이 책의 2부인 4–8장에서는 글로벌 · 다문화 사회에서 도덕교육의 방향과 과제를 다루었다. 먼저 4장에서는 글로벌 · 다문화 사회에서 도덕교육의 과제를 규명하고자 하였다. 여기서는 글로벌 교육과 다문화 교육의 공통분모를 찾아내어 그것을 도덕과 교육에 적용하는 방안을 모색하였다. 5장은 도덕과에서 공평교수법을 활용하는 방안을 다루었다. 6장에서는 문화 감응 교수에 근거한 교실 수업 전략을 제시하였다. 그리고 7장에서는 정의 중심 다문화 교육의 한계를 비판하며 등장한 팽(Pang)의 배려 중심 다문화 교육론을 다루었다. 끝으로 8장에서는 다문화 사회에서 학교 통일교육의 방향과 과제를 다루었다.

이 책의 3부인 9–10장은 최근 부각되고 있는 창의 · 인성교육의 문제를 다루었다. 9장에서는 현대 및 미래 사회의 도덕문제 해결에 있어서 도덕적 창의성의 중요성을 언급하면서 도덕과 수업을 통해 도덕적 창의성을 신장시킬 수 있는 방안들을 제시하였다. 10장에서는 리코나의 인격교육론을 조명하였다. 리코나는 최근에 인격의 개념을 명료화하여 인격은 수행가치와 도덕적 가치로 구성된다고 밝힌 바 있다. 여기서는 리코나가 구상하는 인격교육의 방법과 미국의 인격교육이 우리나라의 인성교육에 주는 시사점과 한계를 분석하였다.

이 책이 나오기까지 정말 많은 분들이 도움을 주셨다. 그분들의 이름을 다 열거하지 못해 죄송할 뿐이다. 먼저 필자로 하여금 미국 캘리포니아의 리버사이드대학교에서 1년 동안 연구에만 전념하도록 기회를 준 춘천교육대학교 김선배 총장님을 비롯한 구성원들에게 진심으로 감사를 드린다. 오로지 연구에만 집중할 수 있는 기회가 제공되지 못했다면 이 책을 완성하는 일은 아마도 불가능했을 것이다. 오랜 세월 학문과 취미생활을 공유하면서 변함없는 우정과 격려를 보내준 공주교육대학교 이범웅 교수님과 한국교육과정평가원의 윤현진 박사님, 제주대학교의 변종헌 교수님과 고대만 교수님, 서울교육대학교의 변순용 교수님, 전주교육대학교의 박병춘 교수님에게도 깊이 감사드린다. 실천 연구자(action researchers)로서의 모습을 보여주면서 늘 나에게 많은 신선한 아이디어를 제공해 준 나의 소중한 세 제자 오세형, 백장현, 김태기 선생님에게도 깊이 감사드린다. 쾌적한 연구실을 비롯하여 연구에 필요한 모든 것들을 아낌없이 지원해 주신 리버사이드(UC Riverside) 대학교의 에드워드 장(Edward Chang) 교수님에게도 깊이 감사드린다. 특히 김영옥 연구소를 통해 그분이 보여준 애국심과 연구열정은 필자에게 커다란 가르침을 주었다. 또한 15년 반에 다시 밟은 미국 땅에서 필자가 1년 동안 오로지 연구에 전념할 수 있도록 헌신적인 지원과 애정을 보내준 가족들에게 진심으로 고마움을 표한다. 사랑하는 아내와 자녀들은 나로 하여금 진지하게 무엇을 추구하도록 만드는 든든한 길잡이 역할을 해주었다. 끝으로 이렇게 한 권의 책으로 묶어주신 인간사랑 관계자 분들에게도 깊이 감사드린다.

2012년 1월

UC Riverside 연구실에서 **추 병 완**

제1부

한국 사회의 윤리적 도전과 도덕교육

제1장 미래 인터넷 기술의 윤리적 쟁점

오늘날 인터넷은 전 세계 인구의 17억 명이 사용하고 있는 생활의 필수 노구이다. 40년 전 단순한 통신수단으로 시작되었던 인터넷은 이제 지구촌을 실시간으로 연결하면서 세계를 평평하게 만드는 원동력이 되고 있다. 삶의 필수품 가운데 하나인 인터넷은 지난 40년 간 새로운 서비스를 위한 요구사항들과 속속 발견되는 문제점들에 대한 수정사항들을 수용하면서 발전을 거듭해 왔다.

하지만 현재 인터넷이 가지고 있는 기본적인 구조를 수정하지 않은 채 계속 새로운 기능과 보완점들을 수용하는 방식으로 진화하는 데에는 분명한 한계가 존재한다. 현재 인터넷이 가진 구조 자체로 인해 생기는 문제점이나 취약점들에 대한 부분은 효율적인 수정이 불가피하다(박종호 · 서승우, 2007, 44). 이를테면 현재의 인터넷이 가지는 이종망 간의 연동 부재, 사용자 상황 인지 지원 부재, 이질적인 컴퓨팅 요소들에 대한 네트워킹 지원 부재는 앞으로 다가올 미래에서의 서비스 기술이 추구하는 유비쿼터스 컴퓨팅 서비스 · 자원을 사용자에게 제공한다는 목적을 달성하는 데 있어 반드시 풀어야 할 한계점이다. 사실 이러한 한계점은 궁극적으로 현재의 인터넷 구조가 유비쿼터스 컴퓨팅 서비스 기술이 추구하는 패러다임을 고려하여 설계된 것이 아니라는 것에서 발생하는 문제이기도 하다(이동만, 2007, 403).

이러한 맥락에서 볼 때 미래 인터넷 연구는 앞에 언급된 문제들을 해결하는 동시에 변화된 응용 및 사용자들의 요구사항을 반영하여 인터넷의 근본적인 재설계를 목적으로 한다(김도현 · 이영희, 2008, 11). 즉 기존 인터넷의 연장선상이 아닌 원점에서 출발하여 현재 및 미래의 다양한 서비스 요구사항을 수용할 수 있는 새로운 네트워크 기술을 재설계 · 개발하는 것을 목적으로 한다.

오늘날 주요 선진국들은 새로운 미래 네트워크 기술을 활발하게 추진하고 있다. 미래 인터넷 기술에 대한 연구는 미국, 유럽, 일본 등을 주축으로 본격적인 활동에 돌입하였으며, 우리나라도 2007년 정보통신부 신성장동력사업의 일환으로 미래 인터넷 핵심 기술이 선정되어 연구기획, 원천기술 연구, 표준화 분야 등에서 국제 협력 및 한국의 미래 인터넷 연구를 이끌고 있다(최양희 · 김대영, 2008, 5).

1994년 우리나라에서 인터넷 사용이 시작된 이래로 인터넷은 비약적인 발전을 거듭해 왔다. 동시에 우리는 인터넷의 역기능으로 인해 심한 몸살을 앓고 있다. 그러한 실패를 되풀이하지 않기 위해서는 미래 인터넷 기술이 어떠한 윤리적 문제를 제기할 것인지에 대한 진지한 성찰을 통해 기술의 인간화를 구현할 수 있도록 해야 할 것이다. 이에 여기서는 미래 인터넷 기술에 대해 살펴보고 그 기술이 야기할 수 있는 윤리 문제들을 추론해 보고자 한다.

1. 미래 인터넷 연구 배경

1) 기존 인터넷의 한계

지금 우리가 사용하고 있는 인터넷의 기반이 되는 기술들은 1960년대와 1970년대에 형성되었다. 1968년 미국 국방성 고등기술연구소(ARPA)는 핵공격에도 견딜 수 있는 정보 교류망을 만들기 위한 실험에 착수하여 관련 기술의 연구 및 개발에 돌입했다. 서로 멀리 떨어져 있는 다른 기종의 컴퓨터를 연결하여 이들 컴퓨터 자원을 많은 사람들이 공유하게끔 하는 것이 이 연구의 초점이었다. 1년여의 단기간에 통신망 네트워크를 연결하기 위한 기술의 정립, 통신망 디자인, 실제 통신망을 가동하기 위한 하드웨어와 소프트웨어의 개발이 이루어져 1969년 9월에 통신망으로 결실을 보게 되었다(전길남, 1996, 78).

인터넷은 정보의 분산과 공유, 상호작용성, 글로벌 네트워크, 멀티미디어, 개방성과 참여성을 주된 특징으로 하면서(성동규, 2002, 93) 그러한 특징에 부합하는 사회변화를 촉진해 왔다. 인터넷은 전 세계적 수준에서 정보를 즉각적으로 저장 · 검색 · 공유할 수 있게 해줌으로써 "시간은 멈추고 공간은 무너졌다. 우리는 지금 지구촌에 살고 있다"는 맥루한(McLuhan & Fiore, 1964, 63)의 지구촌에 대한 비전을 실현시켜 주었다. 이러한 인터넷의 발전과정을 요약하면 다음의 〈표 1〉과 같다(전자신문, 2009년 9월 10일자).

〈표 1〉 인터넷 태동에서 현재까지(1969-2009 연보)

○ 1969년 : 9월 2일 UCLA의 한 연구실에서 렌 클라인록 교수와 연구진 20명이 4.6M 케이블을 이용해 두 대의 컴퓨터를 연결, 데이터를 주고받는 데 성공함.

○ 1970년 : 알파넷이 처음으로 서부를 벗어나 동부에 있는 매사추세츠 BBN 테크놀로지와 교신하는 데 성공함. UCLA · 유타대학 · 스탠퍼드대학 · UC 버클리 네 곳에 교신소(node)가 마련됨.

○ 1972년 : 레이 톰린슨이 E-mail을 개발함. 기존의 편지 시스템과 차별화시키기 위해 '@'를 도입함.

○ 1973년 : 알파넷을 통해 외국(영국, 노르웨이)과 연결하는 데 성공함.

○ 1974년 : 빈트 서프와 밥 칸이 전송제어 프로토콜(TCP) 기술을 개발, 여러 개의 네트워크를 동시에 연결할 수 있게 됨. 이것은 1983년 1월 기술표준으로 정식 채택됨.

○ 1983년 : 도메인 체계에 대한 논의가 오감. 이듬해 '.com' '.gov' '.edu' 등이 등장함.

○ 1988년 : 초기 웜 바이러스의 하나로 알려진 모리스(Morris)가 수천 개의 컴퓨터를 감염시켜 무력화시킴.

○ 1989년 : 후에 AOL로 사명이 바뀐 퀀텀 컴퓨터 서비스(Quantom Computer Services)가 맥킨토시와 애플Ⅱ 컴퓨터에 온라인 서비스를 시작함. 2002년까지 2,700만 미국인 이용자를 확보.

○ 1990년 : 월드와이드웹(www) 등장. 팀 버너스 리가 유럽의 핵연구소 CERN에서 컴퓨터를 원격 조정할 목적으로 개발함.

○ 1993년 : 웹 브라우저 모자이크 출현. 모자이크는 그래픽과 문자를 하나

의 페이지에 보여주는 최초의 웹 브라우저로 일리노이대학교에서 마크 안드레센이 소개함.

○ 1994년 : 모자이크 개발진이 세계 최초의 상용 웹 브라우저 넷츠케이프를 개발, 인터넷 업계에 일대 혁명을 예고함. '스팸메일' 용어가 등장함.

○ 1995년 : 온라인 서점 아마존(amazon)이 등장하여 전자 상거래를 시작함.

○ 1996년 : 미국에서 온라인 포르노그래피 금지법안 통과. 후에 핵심 조항이 헌법 불일치 판결을 받지만 인터넷 규제에 대한 논의가 시작됨.

○ 1998년 : 스탠포드대학교 기숙사에서 구글(google)이 태동함. 미 정부가 인터넷주소관리기구(ICANN)에 도메인 이름 정책을 위임함. 미 법무부와 20개 주에서 MS를 시장지배적 지위 남용으로 고소함.

○ 1999년 : 세계 인터넷 인구 2억 5천만 명 돌파. 온라인 음원 공유업체 냅스터가 폭발적인 인기를 얻으며 음반산업을 완전히 뒤바꿔 놓음.

○ 2002년 : 세계 인터넷 인구 5억 명 돌파.

○ 2004년 : 하버드대학교 2학년생 마크 주커버그가 페이스북 창시.

○ 2005년 : 온라인 동영상 공유 사이트 유튜브 등장.

○ 2006년 : 세계 인터넷 인구 10억 명 돌파

○ 2007년 : 애플 아이폰 출시. PC를 통한 인터넷에 익숙한 이들에게 모바일 세상을 경험케 함.

○ 2008년 : 세계 인터넷 인구 15억 명 돌파. 중국의 인터넷 인구가 2억 5천만 명을 돌파하며 그동안 이용자 수 1위였던 미국을 누름. 웹 브라우저 선구자인 넷츠케이프가 역사 속으로 사라짐.

○ 2009년 : 주요 일간지였던 시애틀 포스트 인텔리전서가 온라인 신문으로 개편. 구글은 인터넷 이용에 최적화한 무료 OS를 개발 중.

처음 인터넷이 제안될 당시 설계목표와 요구사항은 네트워크 간 연결, 생존성, 다중유형의 서비스 제공, 다양한 물리계층의 지원, 분산 관리 허용, 비용절감, 자원 책임 허용 등 7가지였다. 이러한 목표 및 요구사항을 만족시키기 위해 현 인터넷은 계층화(layering), 패킷 스위칭, 네트워크의 네트워크, 네트워크의 단순화 및 단말의 지능화, 점대점 통신이라는 5가지 설계 철학을 가지고 구현되었다(신명기, 2007, 117). 이러한 현 인터넷의 설계 철학은 네트워크와 이를 구현하는 프로토콜들을 단순화시켜 다양하고 복잡한 네트워크와 네트워크 간의 연결을 더욱 간편하게 하였고, 인터넷 발전의 원동력으로 인식되어 왔다. 그러나 현 인터넷 주변의 환경은 아래와 같이 초기 인터넷이 설계되었을 때와는 상당히 다른 모습으로 변화 · 발전되어 왔다.

○ 통신환경 : 신뢰 → 비신뢰
○ 사용자 환경 : 전문 연구집단 → 일반 소비자
○ 망사업자 : 비영리 → 영리
○ 통신 주체 : 호스트 중심 → 데이터 중심
○연결성 : 점대점 연결 → 간헐적 연결

특히 2000년대에 들어서면서부터 통신환경의 급격한 변화 및 다양한 사용자 요구사항의 증대로 현재의 인터넷이 갖는 근본적인 문제에 대한 진지한 고민이 시작되었다. 예를 들어 모바일 통신기술의 개발에 따라 모바일 통신을 가능하게 하는 단말들이 기본적인 옵션이 될 만큼 성숙해 있으나 인터넷은 이를 직접적으로 지원할 수 없는 구조를 가지고 있으며, 단말의 이동성을 제공해 주지 못한다. 또한 IP 주소 부족, 취약한 보안, 일대다 통신 지원 부재, QoS(Quality of Services) 지원 부재, 네트워크 관리의 용이성 부재와 같은 문제점들을 가지고 있으며, 이를 위한 다양한 패치 형식의 해결책을 내놓고 있다. 그러나 이러한 해결책들은 근본적인 인터넷의 설계를 바꾸지 않은 상태라서 오히려 더 큰 문제를 야기하고 있다(김도현 · 이영희, 2008, 11).

2) 미래 인터넷의 개념 정의

미래 인터넷은 통신, 방송, 컴퓨팅, 센서가 융합된 인프라로 현재 · 미래의 다양한 요구사항(광대역, 보안, 품질, 이동성, 관리성, 안정성, 유비쿼터스, 경제성 등)을 수용하는 새로운 구조의 네트워크이다. 따라서 미래 인터넷은 현재의 IP 기반의 인터넷과는 근본적으로 다른 아키텍처의 새로운(clean-state) 네트워크를 의미한다(이혜정, 2009, 2). 미래 인터넷은 다음과 같은 현재의 인터넷 약점들을 해결하는 방향으로 설계될 것이다(최양희 · 김대영, 2008, 5).

① **확장성**(scalability) : 수천억 개의 노드를 효과적으로 지원할 수 있어야 한다.

② **편재성**(ubiquity) : 언제 어디서든 유무선 환경을 통해 접근이 가능해야 한다.

③ **이동성**(mobility) : 다양한 무선접속 기술을 통해 이동성이 지원되어야 한다.

④ **이종 수용성**(heterogeneity) : 고용량 서버, 개인용 PC, 휴대용 단말기, 초소형 센서에 이르는 상이한 능력의 노드를 지원할 수

있어야 한다.

⑤ **보안성**(security) : 사용자, 시스템의 정보를 안전하게 보호할 수 있어야 한다.

⑥ **재구성**(reconfigurability) : 다양한 환경에 맞춘 지능형 네트워크여야 한다.

⑦ **관리성**(manageability) : 효과적인 네트워크 자원 관리가 가능해야 한다.

⑧ **상황 인지**(context awareness) : 사용자의 환경, 경험, 특성을 고려한 서비스를 제공할 수 있어야 한다.

이렇듯 미래 인터넷 연구는 기존 인터넷의 진화가 아닌 전혀 새로운 방식의 인터넷을 구상한다. 즉 새로운 아키텍처와 인터페이스, 데이터 관리 그리고 모든 사물, 센서, 서비스, 사람을 통합하는 새로운 미래 인터넷의 출현을 구상한다(김성훈, 2009, 1). 그러므로 미래 인터넷은 지금보다 더욱 새로운 서비스를 제공할 것이며, 오늘날의 인터넷보다 사회경제적으로 더 큰 영향을 미칠 것으로 전망된다.

3) 미래 인터넷의 모습

그렇다면 미래 인터넷은 구체적으로 어떤 모습일가? 여기서는 미래 인터넷 서비스의 주요 특징을 중심으로 미래 인터넷의 모습을 살펴보고자 한다. 김도현 · 이영희(2008, 12)에 의하면, 미래 인터넷 서비스는 사용자 중심(user centric), 상황 인지 기반(context awareness), 데이터 중심(data centric), 끊김 없는 이동성(seamless mobility) 지원이 주요 특징이라고 한다. 한편 EU에서는 미래 인터넷의 주요 특징을 사용자에 의한 및 사용자를 위한 인터넷, 콘텐츠와 지식 인터넷, 사물 인터넷, 서비스 인터넷을 들고 있다(EU 2009. 5, 12-14). 이것을 순서대로 살펴보면 다음과 같다.

(1) 사용자에 의한, 사용자를 위한 인터넷(Internet by and for people)

미래 인터넷은 디지털 격차를 해소하는 가운데 누구나 정보 접근 및 이용이 가능하게 만든다. 미래 인터넷은 인터넷 이용자의 권한을 지속적으로 증가시켜 주고 인터넷 활동에 대한 자기 규제를 유지하는 가운데 자유로운 아이디어의 교환을 가능하게 해줌으로써 인터넷 이용자들의 새로운 기대와 요구사항들을 수용해 나간다. 미래 인터넷은 사람 · 공동체 · 조직의 일상생활을 촉진하고, 다양한 비즈니스를 창출하며, 정보 생산자와 정보 소비자의 경계를 소멸시킴으로써 프로슈머(prosumer)의 출현을 조장하는 수단을 제공한다. 나아가 미래 인터넷은 수많은 온라인 네트워크로 구성 · 발전된 사회적 네트워크(social network)를 구축함으로써 인류에게 전례 없는 상호작용의 기회를 제공한다(EU 2009. 1, 11).

〈P 체육관에 가다〉

일요일 아침, P는 체육관에 가려고 일찍 일어났다. 식탁에 앉으면서 플렉시블 디스플레이를 펼치고 관심을 갖는 내용 중심으로 편집되어 있는 맞춤식 일요신문을 읽는다. 신문에는 토요일부터 시작된 자동차 경주 예선결과에 관한 동영상이 연결되어 있다. 자동차 경주 열혈 팬인 P는 오늘 저녁 경기를 최적의 조건에서 즐기기 위해 쌍방향 3D 고화질 전송 서비스를 예약한다 … P는 체육관에서 운동을 시작한다. 최신 전신운동 기구에서 운동을 하면서 장착된 화면을 통해 비즈니스 관련 이메일을 확인한다. 소형 보안 RFID 기반 전자키를 통한 만능키로 이용하며, 체육관에서는 P의 운동계획을 저장하고 진도를 모니터한다 … P의 아들 B는 숙제를 하기 위해 학급 전체가 공유하는 학습공간에 들어가서 역사과제를 설명하는 선생님의 영상 메시지를 본다 … B는 숙제를 한 다음 이를 수업 전에 선생님이 살펴볼 수 있도록 선생님의 서류함에 제출한다(김성훈, 2009, 9).

(2) 콘텐츠와 지식 인터넷(Internet of contents and knowledge)

미래 인터넷은 언제 어디서나 모든 단말기를 이용해서 누구나 간편하게 멀티미디어 콘텐츠를 생성 · 배포 · 활용하는 것을 가능하게 하며, 지식과 문화가 지역적 장애 없이 전 세계적으로 전파 · 학습되는 것을 가능하게 해준다. 또한 미래 인터넷은 지적인 내용을 제공함과 더불어 정보를 지적으로 처리하기 위한 수단을 제공한다(EU 2009. 1, 12). 일상생활에서 수시로 발생하는 의사결정의 순간에 저비용의 신속한 정보 취득은 인간이 효율적이고 명확한 판단을 내릴 수 있도록 지원해 준다.

〈K가족 스키 타러 가다〉

K가족은 휴일에 스키를 타러 간다. 탑승 후에 차량에 장착된 정보 시스템이 그들을 환영하고, 가족은 그 정보 시스템과 상호작용하며 여행계획을 세운다 … 차량의 시스템이 길을 따라가면서 흥미로운 명소들에 대한 정보를 수

집하여 도중에 만나는 장소들에 대해 설명을 하며 여행에 재미를 더해준다. 불행히도 K는 방금 지나친 명소의 사진을 찍을 기회를 놓쳤다. 그는 차량 통신장치를 이용하여 후행 차량 중 하나에게 사진을 찍어서 전송해 줄 것을 부탁한다 … 가족은 무사히 겨울 스포츠 휴양지에 도착한다. 저녁 식사 전에 K는 샤워를 하기로 한다. 그가 욕실에 있는 동안 그는 거울을 통해 이메일을 확인하고, 경제나 정치 뉴스와 같은 K가 관심 있는 정보와 함께 집에 계시는 어머니에게 아무런 문제가 없다는 것을 확인한다. 저녁 식사 후 가족은 객실로 돌아와 내일 스키를 탈 준비를 한다. 호텔의 오락 시스템은 가족의 운동 이력과 슬로프 상태에 대한 예측 자료를 바탕으로 다음날에 대한 제안을 해준다 … 긴 하루를 보내고 K부부는 그날 그들이 스키를 타고 내려온 활강 코스를 서로에게 보여준다. 오락 시스템이 스키에 달린 초소형 센서로 수집한 위치, 가속, 속도와 같은 데이터를 바탕으로 그들의 개별적 경루를 재구성하여 경험과 흥분을 공유하게 해준다(김성훈, 2009, 13).

(3) 사물 인터넷(Internet of things)

사물 인터넷이라는 표현은 대상들이 살아 있는 존재가 되어 식별 가능한 행위를 하는 공상소설을 연상시킨다. 여기서 사물이라는 단어는 정확하게 확인되지 않는 대상을 의미하는 것이므로 사물 인터넷은 표준적인 커뮤니케이션 프로토콜에 기반을 둔 독특하게 접근할 수 있고 상호 연관된 대상들의 전 세계적인 네트워크라고 할 수 있다. 미래 인터넷은 상황 인지 기반으로 지능화된 사물이 자율적 정보처리를 통해 점대점 바이오 통신(peer to peer bio-inspired communication) 등을 가능하게 한다. 또한 위치 정보, 센싱 데이터(sensing data) 등의 상황 정보를 활용하여 실시간 당해 시점과 장소에서 다양한 최적의 서비스를 제공한다. 예를 들어 철수가 강의실에서 수업 중인 경우, 이를 파악하여 철수의 휴대전화 벨소리가 자동 무음으로 전환되는 서비스가 가능해진다(이혜정, 2009, 4).

〈세탁기와 대화하다〉

A는 세탁할 준비를 하고 있다 … 많은 새로운 옷들이 '실크, 모직, 면, 레이온' 보다 훨씬 좋은 자가 세탁이 가능하고 나노 부품이 내장된 정교한 직물로 만들어져 있다 … 각 의류에 필요한 복잡한 세탁 요구사항을 다루기 위해 옷이 세탁기에 말을 한다. 그리고 세탁기는 다시 의류 생산자와 세제 생산자에게 말을 한다. 세제 생산자는 A의 세탁기에 이 상황에 맞게 특수하게 개발된 특별 세탁 프로그램을 이용할 것을 권장한다. 그 프로그램은 A에게 그에 대해 3,000원을 지불할 의사가 있는지 묻는다. 안전한 세탁을 원하는 A는 지불하는 것에 동의한다. 그러면 세탁기가 세제 생산자에게서 세탁으로 인한 모든 문제로부터 A를 보호하는 보험증서와 함께 소프트웨어를 다운받는다. 세탁기는 이런 식으로 에코시스템에게 말을 할 수 있다. 그것이 인터넷의 일부이기 때문이다. 그리고 대화를 쉽고 재미있게 만드는 짤랑짤랑 소리를 내는 쌍방향 화면 덕분에 A에게 말을 할 수 있다(이혜정, 2009, 15).

(4) 서비스 인터넷(Internet of services)

서비스 인터넷은 향후 인터넷에서 서비스의 제공 · 작동 방식을 기술하는 개념인 동시에 여러 가지 인터넷 어플리케이션을 포괄하는 용어이기도 한다. 서비스 인터넷은 서비스 지향적 컴퓨팅, 맥락적 · 사전 대응적 · 개별화된 서비스 및 서비스 조직화(orchestration)를 가능하게 한다. 클라우드 컴퓨팅(cloud-computing) 서비스가 보편화됨에 따라 이용자들은 과제가 지금 어떻게 수행되고 있는지, 혹은 데이터가 지금 물리적으로 어디에 존재하는지를 염려할 필요가 없다. 미래 인터넷은 개인별 프로필, 선호도, 기타 관계 정보를 고려하여 해당 사용자에게 사전 대응적이고 최적화된 맞춤형 개인 서비스를 제공하며, 여러 층의 서비스를 창출하여 서비스 조직화를 가능하게 한다. 다층적인 서비스 인터넷의 출현은 시간 · 공간을 뛰어넘는 네트워크 기반의 인터넷 비즈니스의 잠재력을 증가시켜 준다(EU 2009. 1, 13-14). 따라서 미래 인터넷을 통해 사용자들은 나를 중심으로(I-centric) 상황을 인지하고(situation aware), 선호도를 고려하여 필요에 따라 능동적으로 서비스(proactive service)를 제공받으며, 어떤 상황에서도 서비스의 연속성(seamless service)을 보장받을 수 있다.

〈나의 개인 블랙박스〉

K는 일상생활이 디지털 공간에 쉽게 포착 · 저장되고 처리되어서 사소한 일을 모두 기억할 필요가 없어졌다. 휴대전화의 저장용량이 테라바이트에 달해 K의 생활 속 모든 데이터를 저장하고 남을 정도이다. 손에 휴대전화만 들고 다니면 대화내용이 전화에 저절로 기록되고 저장되어 나중에 다시 들을 수 있으며, 문장에서 의미를 파악할 수 있다 … K는 상점에서 물건을 구매할 때 결제장치가 그의 휴대전화나 다른 장치에서 돈을 인출한다. 동시에 거래

기록과 구매 성격을 개인 메모리 공간에 저장한다. K가 구입하는 모든 것이 그의 개인 정보 공간의 일부가 되어 가상공간에서 사용하거나 실제 세계로 행동이 이어질 수 있다 … 병원에서 K의 건강상태 정보를 그의 블랙박스에서 다운로드하여 그의 라이프스타일과 숨겨진 병력 등을 이용하여 치료와 회복에 도움을 준다(김성훈, 2009, 19).

2. 각국의 미래 인터넷 연구동향

미래 인터넷 기술 개발을 위해 세계 각국은 기초연구, 원천기술 확보를 목표로 연구사업을 전개하고 있다. 여기서는 주요 국가들의 미래 인터넷 기술 연구동향을 살펴보고자 한다.

1) 미국

현재 우리가 사용하고 있는 인터넷의 종주국인 미국은 미래 인터넷을 위한 국가 주도형 선도 인프라 구축에 나서고 있다. GENI(Global Environment for Network Innovation)라는 선도 시험 인프라 구축을 위하여 2005년부터 2013년까지 미국 의회와 NSF(National Science Foundation)가 공동으로 약 1조 원의 예산을 투입하기로 되어 있다. NSF가 2005년 SIGCOMM학회에서 GENI를 발의한 후로 NSF가 중심이 되어 미국 내 학계, 연구소, 산업체뿐 아니라 수많은 세계의 연구기관들을 참여시켜 현재의 인터넷을 뛰어넘는 혁신적인 구조의 인터넷을 개발하고, 개발된 기술은 선도 시험 인프라를 통한 검증을 거쳐 실제 망에 적용하고자 하는 목표를 가지고 있다. GENI 프로젝트는 미래 인터넷을 위한 기반기술 개발을 위한 GENI Research Program과 선도 시험 인프라의 성공적 구축을 위한 GENI Facility 두 분야로 나누어 추진되고 있다.

GENI Research Program은 다음과 같은 구체적인 기능들을 연구하고 있다(박종호 · 서승우, 2007, 46).

○ 네트워크의 기본 기능(데이터의 효율적인 전달)
○ 보안성 및 강인성이 강화된 네트워크
○ 프라이버시와 개인의 책임 간의 조화
○ 네트워크의 관리성과 사용성 향상
○ 네트워크 전반에 걸친 이론적 배경 확립
○ 위기상황에서의 끊김없는 연결
○ 응용 프로그램의 디자인에 따라 네트워크 구조의 동작변화 지원
○ 대용량 데이터의 효율적인 처리

GENI Facility는 새로운 네트워크 아키텍처와 기능 그리고 분산 시스템을 지원할 수 있는 구조로 설계되고 있다. 응용계층 등 상위계층은 물론 물리계층 등 하위계층까지 완전한 가상망을 구축하여 누구든지 새로운 기술을 개발하여 설치 · 활용할 수 있도록 하여 미래의 모험적인 기술들이 GENI 위에서 검증되고 전 세계적으로 확산 · 발전하여 미래의 기술로 정착될 수 있도록 하는 것을 목표로 하고 있다(박종호 · 서승우, 2007, 47).

2) EU

유럽연합은 2007년부터 2013년까지 진행되는 FP7(Framework Programme 7)의 ICT 프로그램을 통해 '확산적이고 신뢰 가능한 네트워크와 서비스 인프라 구조'라는 비전을 제시하여 유무선 통신, 동적인 서비스 플랫폼, 보안구조 등을 포괄하는 미래의 컴퓨팅 환경과 관련된 연구를 시작했다(최양희 · 김대영, 2008, 7). 특히 최근에는 FP7 내에 미래 인터넷 전문가 그룹인 EIFFEL(Evolved Internet Future For European Leadership)을 구성하여 유럽의 미래 인터넷 기술 연구를 위한 직접적인 연구를 수행하고 있다(신명기, 2007, 124).

또한 유럽연합은 SAC(Situated and Automatic Communications)라는 과제를 중심으로 미래 인터넷 패러다임을 연구하고 있다. 사용자의 상황에 맞는 통신을 지원하고, 자가 조직되며, 분산환경을 지원하고, 기술 독립적이며 척도 없는 통신과 네트워크를 위한 패러다임을 만들고자 연구하고 있다. 네트워크 패러다임의 설계단계부터 각 기능들에 보안과 신뢰성에 대한 규칙들을 첨가함으로써 네트워크의 보안성과 신뢰성을 높이는 것, 네트워크의 전반적인 안정성과 탄력성을 높이는 것 등에 초점을 맞추어 개발하고 있다(박종호 · 서승우, 2007, 47).

유럽연합은 미래 인터넷 기술 개발과 관련한 90여 건의 프로젝트를 지원하고 있으며, 2020년 이후의 미래 인터넷에 관한 시나리오를 담고 있는 「미래 인터넷 2020」(Future Internet 2020) 보고서를 발간했다(김성훈, 2009, 2). 유럽 연구의 특징은 여러 기관이 협력하여 연구를 진행하는 것이며, 특히 산업체의 참여가 두드러진다. 그러나 유럽의 연구는 연구기간이 짧고 참여기관이 과제당 12개 정도로 너무 많아서 효과적인 과제수행이 어렵다는 단점을 안고 있다(최양희 · 김대영, 2008, 7).

3) 일본

일본은 WID와 같이 세계적인 활동을 벌이는 인디넷 연구집단과 JGN-Ⅱ, SINET 등의 훌륭한 연구 개발망을 보유하고 있으나 미래 인터넷에 대한 인식과 준비는 미국이나 유럽에 비해 약간 더딘 움직임을 보인다. 일본의 연구방향은 NXGN(Next Generation Network)과 NW-GN(New Generation Network)으로 구분된다(최양희 · 김대영, 2008, 7). NXGN은 현재 사용되고 있는 IP망 기반에 광대역 무선이 추가된 Quadruple-play 서비스를 기반으로 망을 진화시키고, NWGN은 IP와는 다른 새로운 패러다임을 기반으로 하는 망 구조와 서비스를 개발할 목적이다. NWGN은 미국에서 진행되고 있는 GENI 프로젝트와 비슷한 개념을 가지고 출발하고 있다. 또한 일본은 NWGN을 통해 2015년 무렵부터 IP+α 혹은 post-IP 형태의 새로운 네트워크로의 발전을 꾀하고 있다. 광망, 이동망, 센서망 등이 하부 인프라를 이룰 것으로 보이며, 기존의 IP를 기반으로 한 인터넷과는 전혀 다른 모습의 새로운 인터넷을 구상할 것으로 보인다(박종호 · 서승우, 2007, 48).

4) 한국

우리나라는 2006년 대학 중심으로 미래 인터넷 포럼이 결성되었고, 2007년부터는 신성장동력사업의 일환으로 미래 인터넷 핵심 기술

연구사업이 2009년까지 진행될 예정이다. 현재 미래 인터넷 포럼의 연구내용은 크게 핵심 기술 개발, 기획과제 발굴, 표준화 추진 등으로 나뉘어 진행되고 있으며, 이를 위해 구조 분과, 무선기술 분과, 서비스 기술 분과, 테스트베드 분과 및 정책 분과 등으로 나누어 연구가 진행 중에 있다(신명기, 2007, 124).

우리나라의 미래 인터넷 기술 개발은 아키텍처, 무선접속, 서비스의 세 분야에 집중되고 있다. 아키텍처 분야에서는 식별체계 연구, 코어망 전송 아키텍처 연구, 미래 인터넷 보안 아키텍처 연구, DTN(Delay Tolerant Network) 연동 아키텍처 연구, 성능 측정 아키텍처 연구, 효과적인 이동성 지원 아키텍처 연구 분야로 나누어 현재 인터넷 아키텍처에서 지적된 문제점 혹은 미래에 곧 필요할 것으로 예상되는 기술들에 대하여 연구를 진행하고 있다. 무선접속 분야에서는 Cognitive Radio 기반 무선접속 시스템 연구, Broadcast/multicast 시스템 연구, 무선 메쉬 네트워크 연구, 이동 애드혹 네트워크 연구, 무선 멀티미디어 서비스 품질 보장기법 연구들을 진행하고 있다. 또한 미래 인터넷에서 사용될 것으로 보이는 여러 가지 무선접속 방식들을 포함하고, 무선 네트워크에서의 효율적인 서비스 제공을 위한 시스템 개발을 연구하고 있다. 그리고 서비스 분야에서는 위치기반 상황 인지 서비스 연구, 상황 인지 서비스를 위한 상호작용 프로토콜 연구, 자원 검색 연구, 문맥 인지형 고품질 실감 미디어 분배 서비스 연구를 수행하고 있다(박종호 · 서승우, 2007, 49).

미래 인터넷 기술 개발에 있어서 우리나라는 아직 연구 · 기획 단계에 머물고 있으므로 미국, 유럽, 일본과 같은 국가 차원의 전략적인 추진체계나 중장기적인 계획 수립 및 예산 지원이 필요한 상황이다.

3. 미래 인터넷 시대에서의 윤리문제

우리는 인터넷의 발전과 함께 인터넷을 악용하는 사례도 급증하여 새로운 사회적 문제로 부각됨을 목도하였다. 특히 전자우편 스팸, 분산 서비스 공격(DDoS) 및 해킹으로 인한 개인 정보 유출 등 침해사고 문제는 인터넷의 어두운 면을 드러내면서 인터넷 사용의 선순환적 발전을 저해하고 있다. 글로벌 인터넷의 이러한 측면을 라도삼(2001)은 일찍이 '블랙 인터넷'으로 묘사하였고, 2009년 8월 30일 AP 통신은 '인터넷, 중년의 위기'로 표현한 바 있다.

"산업화는 늦었지만 정보화는 앞장서자!"는 구호 아래 시작한 우리의 정보화 정책은 양적인 부문에서 급속한 성장을 거두어 IT 강국이라는 명성을 얻게 되었다. 그러나 정보화 과정에서 수많은 역기능을 양산함으로써 정보문화에 관한 한 아직 후진국이라는 오명을 쓰고 있다. 한세억(2008, 1)이 지적한 바와 같이, 우리는 성찰에 바탕을 둔 정보화가 아니라 생존 차원의 압축적 정보화 과정에서 정보화 역기능의 위험성을 배태하였던 것이다. 지금까지 논의된 정보화 역기능 문제들을 제시하면 〈표 2〉와 같다(이윤희 · 정영수, 2008, 2).

〈표 2〉 정보화 역기능 문제

문제	이슈 및 과제
불건전 정보 유통	• 사이버 음란물 유포 • 인터넷의 익명성/비대면성에 따른 유언비어 유포 및 타인 비방 • 정부 홈페이지 운영자의 법적 책임 등

정보 시스템의 불법 침입 · 파괴	• 해킹 • 정보 시스템 보호를 위한 암호기법의 선택과 표준화 • 정보 보안과 공개 및 접근성 간 조화 등
정보 보호 및 보안	• 정보 공개 및 공동 활용 갈등 • 전자거래 활성화 • 정보 훼손, 정보 조작 • 개인 정보 보호의 범위, 내용 • 개인 정보 유출에 대한 책임범주 등
지식 정보 격차	• 세대 · 지역 · 계층 · 소득 · 젠더 간 정보 격차 및 소외문제 • 사회갈등(정보의 부익부 빈익빈 현상) 등
인터넷 중독	• 가족 · 지역 · 사회 공동체의 해체
사이버 폭력, 테러 및 범죄	• 인터넷의 개방성과 확장성 • 국방 및 경찰 부문과의 연계 및 조정 • 인터넷 사기, 절도 • 사이버 공간의 보안 및 안정성 등
규제와 표현의 갈등	• 인간 행동의 규칙과 사이버 공간의 의미 : 윤리문제와 행동 통제
전자거래 안전성 및 신뢰성	• 전자거래의 안전 · 신뢰성 문제, 암호기술 부정사용 문제 • 인증기반(GPKI) 구축문제
국가 간 인터넷 문제	• 정보 및 시설 격차 • 프라이버시와 정보 주권의 침해 • 인터넷상의 왜곡 및 도메인 분쟁 • 국제공조 및 범죄관할권 분쟁

미래 인터넷 기술의 발전에 버금가는 인터넷 문화의 성숙이 이루어지지 않는 한 우리는 그러한 전철을 되밟을 것이 분명하다. 따라서 우리는 미래 인터넷 기술이 수반할 수 있는 윤리적 문제들에 대한 진지한 성찰을 통해 기술과 윤리의 공진(co-evolution) 방안을 모색해야 한다. 물론 아직 개발 중에 있는 미래 인터넷 기술이 어떤 윤리적 문제를 낳을 것인지를 예측하는 것은 그리 쉬운 일이 아니다. 이에 여기서는 미래 인터

넷 기술과 관련한 예측 및 미래 인터넷의 특징에 대한 분석을 토대로 하여 미래 인터넷 기술이 수반할 수 있는 윤리적 문제들을 예측해 보고자 한다.

먼저 미래 인터넷과 관련한 윤리문제 예측과 관련하여 미국의 Pew Internet은 2008년 12월 14일 2020년의 미래를 예측한 「Future of the Internet III」을 발표하였다. 방대한 자료분석 및 전문가 의견조사를 통해 발표된 2020년의 미래 모습은 다음과 같다(유지연, 2009, 63-64).

① 시나리오 1 : 인터넷을 연결할 때 가장 중요한 수단으로 모바일 기기가 활용될 것이다. 이 시나리오와 관련하여 강력한 컴퓨팅 파워를 갖춘 스마트폰이 전 세계 인터넷 연결의 주요 플랫폼이 될 것이라는 전망에 약 77%가 동의했다.

② 시나리오 2 : 현재의 인터넷 기술을 향상시키기 위한 차세대 네트워크 기술이 개선되면서 다시 설계될 것이다. 이 시나리오와 관련하여 웹 2.0이 사람들을 더 가깝게 연결해 주기는 하지만, 이러한 연결이 사회적 포용력을 향상시키지는 않을 것이라는 전망에 약 56%가 동의했다.

③ 시나리오 3 : 지적재산권과 저작권 보호에 대한 논의는 계속될 것이지만 콘텐츠의 무단 공유나 복제 등 해커들의 등장과 공격은 계속될 것이다. 이 시나리오와 관련하여 입법부, 법원, 기술업계 및 미디어 업체들이 지적재산권 통제를 효과적으로 행사할 수 없을 것이라는 전망에 약 60%가 동의했다.

④ 시나리오 4 : 인터넷을 기반으로 하는 이용자들 간 음성인식 및 감지기술이 점점 진보되어 보편화될 것이다. 이 시나리오와 관

련하여 사용자 인터페이스가 터치(touch), 말하기(talk), 타이핑(typing) 기능 면에서 획기적으로 개선될 것이라는 전망에 64%가 동의했다.

⑤ 시나리오 5 : 실재와 가상세계와의 구분이 점점 불명확해지며 모든 사람들이 서로 연결되고 가상공간 속에서 상호 교류하는 시간이 증가할 것이다. 이 시나리오와 관련하여 업무 시간과 개인 시간을 분리할 수 있는 회선이 거의 없을 것이나 이러한 현상은 문제가 되지 않을 것이라는 전망에 56%가 동의했다.

⑥ 시나리오 6 : 개인과 기관의 투명성은 향상시킬 것이지만 인간적인 신뢰, 사회적 관용, 용서 등은 증대되지 않을 것이다. 이 시나리오와 관련하여 인터넷으로 인한 개인 및 기관의 투명성 개선이 개인적인 정직성이나 관용을 증대시킬 것인가에 대해서 45%가 동의했고 44%가 부정적이었다.

이러한 예측에 근거해 볼 때 미래 인터넷 기술은 지적재산권과 저작권, 해킹, 인터넷 중독, 사생활 및 인권침해 등의 기존에 제기되었던 윤리문제들을 더욱 심화시킬 가능성이 매우 크다. 미래 인터넷이 기존 인터넷의 취약점을 해소하려는 취지에서 비롯된 것이기는 하지만 어디까지나 미래 인터넷 기술은 보다 완벽한 유비쿼터스 컴퓨팅을 통해 양과 질을 갖춘 서비스를 제공하는 데 우선적인 목적이 있기 때문에 그 기술의 사용방식에서 나타날 수 있는 문제점들을 사전 예방하는 데에는 여전히 취약할 수밖에 없다. 일례로 미래 인터넷은 보안성과 신뢰성 측면에서 지금의 인터넷을 보완할 것이 분명하고, 보편적 서비스의 실현에 기여할 것으로 예측된다. 그러나 사실상 디지털 격차는 빈부의 격차가 근본적으로 해소되지 않는 한 해결이 어려운 문제이므로 미래 인터넷 기술에서도 디지털 격차는 여전히 중요한 사회적 문제로 대두됨과 동시에 사회적 갈등의 소지가 될 수 있다.

유비쿼터스 컴퓨팅 환경은 불건전 정보의 제작 · 유포를 용이하게 함으로써 음란물 · 폭력물의 범람이 지속될 것으로 보인다. 아울러 미래 인터넷 시대에서는 지능화된 사물을 이용한 새롭고 다양한 유형의 사이버 범죄들이 만연할 것으로 예측된다. 반면에 루빈(Rubin)이 지적한 바와 같이 인간의 윤리의식은 정보기술의 유혹 요인에 굴복하여 점점 약화될 것이다. 루빈은 정보통신 기술이 지니고 있는 7가지 유혹(속도, 프라이버시와 익명성, 매체의 본질, 심미적 매료, 최소투자에 의한 최대효과, 파괴력, 국제적 범위)이 우리의 도덕적 나침반을 크게 훼손시키고 있다고 주장한 바 있다(추병완, 2004, 103).

미래 인터넷 기술은 실제와 가상의 구분을 모호하게 만들기 때문에 탈억제(disinhibition)에 의한 윤리적 이탈의 가능성을 크게 만든다. 그러므로 미래 인터넷 시대에서의 윤리적 문제는 지금보다 더욱 심각해질 수 있다. 여기서는 미래 인터넷 기술이 제기하는 대표적인 윤리적 문제 가운데 개인 정보 침해, 도덕적 책임 문제, 인간 소외 문제에 초점을 맞추어 논의하고자 한다.

1) 개인 정보 침해

미래 인터넷 시대에서의 인터넷은 어디에나 내장되어 어디서나 접근이 가능하며, 더 이상 인식되지 않는 동시에 다양한 당사자들이 제공하는 일련의 서비스로 변화된다. 그러나 자동으로 수집되는 개인 정보와 이를 활용한 서비스들의 안전성을 보장할 수 있는 새로운 네트워크 아키텍처와 프로토콜 개발이 제대로 실행되지 못할 경우 사생활 및 인권에 대한 심각한 위협이 제기될 수 있다. 아울러 새로운 형태의 인터넷 사기나 개인 정보 도용 등과 같은 윤리적 문제가 발생할 가능성이 농후하다. 그러므로 미래 인터넷 시대에서는 자유로운 정보 공유에 기반을 둔 미래 인터넷의 새로운 패러다임과 개인 정보 침해의 위험성 사이에서 조화를 이룰 수 있는 규제방안을 모색하는 것이 매우 중요한 관건이 된다.

한편 미래 인터넷 시대에서는 개인 정보를 수집 · 분석 · 가공하여 디지털 블랙박스에 저장하는 서비스를 기반으로 하는 새로운 비즈니스의 출현이 예상된다. 하지만 이러한 서비스는 개인 정보와 관련하여 전혀 새롭고 복잡한 윤리적 논쟁을 초래할 수 있다(EU 2009. 5, 29). 만약 우리가 자신의 디지털 블랙박스의 일부분을 잃어버렸다면 어떤 일이 생길 것인가? 디지털 블랙박스는 우리의 신체적 수명보다 더 오래 살아남아야 하는가? 편리함을 도모하기 위해 디지털 블랙박스의 일부를 생체에 이식하는 것은 어떤가?

2) 도덕적 책임 문제

미래 인터넷 기술의 대표적 특징 가운데 하나인 사물 인터넷은 사물의 오작동시에 그 책임 소재 여부와 관련하여 윤리적 논쟁거리가 될 가능성이 매우 크다. 일례로 지능형 세탁기가 정보 처리 과정에서 오작동을 일으켜 옷이 일부 손상되었을 경우 그 책임을 누구에게 물어야 하는지와 같은 윤리적 논쟁이 일어날 수 있다. 자동화된 기계적 반응을 하는 세탁기와 같은 지능형 객체에 대해 우리가 도덕적 책임을 요구한다는 것은 현실적으로 매우 어렵다. 그렇다고 해서 컴퓨터 시스템 개발자에게 무한정의 책임을 요구할 수도 없는 처지다. 따라서 서로에게 책임을 미루는 책임 회피 혹은 책임 분산 현상이 만연할 것으로 예측된다. 이렇게 볼 때 사물 인터넷에 의한 유비쿼터스 환경은 그 속에서 생활하는 인간 주체의 도덕적 책임의식을 크게 약화시킬 가능성이 많다. 이러한 문제 해결의 한 방안으로서 임상수(2007, 41)는 미래 인터넷 시대에서는 자동 반응하는 지능형 객체들의 오작동에 따른 피해에 대한 보상과 책임범위 등을 사전 고지하는 것을 의무화할 필요가 있음을 제안한 바 있다.

덧붙여 서비스 이용자와 제공자 간의 근본적인 차이가 더 이상 존재하지 않는 서비스 경제에서는 모든 이해 관계자와 인터넷상의 주체들에게 책임을 부여하는 메커니즘이 필요하다. 미래 인터넷 시대는 한편으로는 확대된 인간의 책임을 요구하면서도 다른 한편으로는 책임감의 저하와 분산현상이 만연함으로써 도덕적 책임 논쟁이 가열될 가능성이 매우 크다.

3) 인간 소외 심화

미래 인터넷 시대에서는 모든 시스템 간 끊김없는 통신이 지속되어 시스템과 기기들이 인간의 현재 상황에 맞는 행동을 시간 지연 없이 즉각 수행하는 일이 가능해진다. 집, 사무실, 자동차 등 모든 환경이 상황을 인식하고 인식한 상황에 대한 정보를 공유함으로써 언제 어디서나 유비쿼터스 형태의 서비스를 제공해 준다. 또한 사물의 디지털 정보, 인간의 인터넷 정보가 결합되어 실생활과 디지털 세상의 경계가 더욱 모호해진다. 그 결과 개인의 자아 정체성을 유지하는 것이 매우 어려워질 수 있다.

미래 인터넷은 다양한 시스템과의 통신을 통해 원하는 정보의 취득 및 의사결정을 가능하게 한다. 일상생활에서 수시로 발생하는 의사결정의 순간에 저비용의 신속한 정보 취득은 인간이 효율적이고 명확한 판단을 내릴 수 있도록 지원해 준다. 그러나 이러한 장점 못지않게 과도한 가상세계에의 몰입, 지나친 기계 의존으로 인한 자율성 감소 및 무력감 증가 등으로 인해 휴머니티에 대한 위협이 더욱 가중되어 인간 소외가 심화될 수 있다. 또한 합리성과 효율성을 중시하는 사물 인터넷에 근거한 의사결정은 지금 당장 효과를 보기 어려운 장기적인 결심이나 계획의 중요성을 훼손함으로써 인간의 자유의지를 약화시킬 가능성도 있다.

그러므로 미래 인터넷 기술의 발전에 버금가는 인터넷 문화의 성숙 및 인터넷 윤리의 확산이 이루어지지 않는 한 인터넷 역기능에 직면할 것이 분명하다. 따라서 우리는 미래 인터넷 기술이 수반할 수 있는 윤리적 문제들에 대한 성찰을 통해 기술과 윤리의 공진(co-evolution) 방안을 모색해야 한다.

인간 자신과 인간의 삶에 관한 윤리적 물음들은 사회가 변하고 시대가 흘러도 계속 되어야 한다. 미래 인터넷에 대한 진지한 윤리적 물음은 인간의 모습을 한 기술사회를 구현하기 위한 첫걸음이라고 할 수 있다.

참고문헌

김도현 · 이영희(2008), "미래 인터넷 서비스 기술", 『정보와 통신』, 25(3), 11-20.

김성훈 외 4인(2009), "EU의 미래 인터넷 전망 및 전략", 『CSO Briefing』, 서울 : 한국정보보호진흥원.

라도삼(2001), 『블랙 인터넷』, 서울 : 자우.

박종호 · 서승우(2007), "미래 인터넷 연구 동향", 『정보와 통신』, 24(10), 44-50.

성동규(2002), 『사이버 커뮤니케이션』, 서울 : 세계사.

신명기(2007), "미래 인터넷 기술 및 표준화 동향", 『전자통신동향분석』, 22(6), 116-128.

유지연(2009), "2020년 인터넷의 미래 전망", 『방송통신정책』, 21(2), 통권 455호, 62-64.

이동만 외 3인(2007), "미래 인터넷 서비스 기술 동향", 『전자공학회지』, 34(4), 403-412.

이윤희 · 정영수(2008), 『주요국 정보화 역기능 대응 동향과 시사점』, 서울 : 한국정보문화진흥원.

이혜정(2009), "미래 인터넷 추진동향 및 시사점", 『미래이슈 2009-01』, 서울 : 한국정보화진흥원.

임상수(2007), "유비쿼터스 환경에서 대두되는 정보윤리의 새로운 이슈", 『이슈 심층분석』, 통권 44호, 서울 : 한국정보문화진흥원.

전길남(1996), "인터넷의 기원과 전망", 『계간 과학사상』, 18호, 77-92.

《전자신문》, 2009년 9월 10일자.

최양희 · 김대영(2008), "미래 인터넷 기술과 표준 동향", 『정보와 통신』, 25(3), 5-20.

추병완(2004), 『정보윤리교육론』, 서울 : 울력.

한세억(2008), "성숙한 인터넷 강국을 위한 정책 과제와 시사점", 『이슈 심층분석』, 통권 54호, 서울 : 한국정보문화진흥원.

EU(2009. 1), *Future Internet : The Cross−ETP Document*, available at http://future−internet.eu/

EU(2009. 5), Future Internet 2020, available at http://future−internet.eu/

McLuhan, M, & Fiore, Q.(1964), *The medium is message*, New York : Simon & Schuster.

제2장

클라우드 컴퓨팅과 도덕교육

오늘날 우리는 지식정보 사회에 살고 있다. 지식정보 사회란 정보통신 기술의 비약적 발전으로 말미암아 창의적 지식과 정보가 사회 전반에 핵심적인 요소로 작용함으로써 사회 성원의 가치와 행동양식을 지배하는 사회를 의미한다. 지식정보 사회에서는 물질이나 에너지 이상으로 지식과 정보 자체가 유력한 자원이 됨으로써 경제활동의 중심이 재화의 생산에서 정보, 서비스 그리고 지식의 생산과 활용으로 옮아간다. 이에 따라 기존의 산업사회를 이끌던 관행 · 의식 · 제도의 개선과 혁신이 뒤따른다.

이러한 개선과 혁신을 바탕으로 지식정보 사회는 새로운 공간 개념으로서의 사이버 공간, 새로운 사회 형태로서의 네트워크 사회, 새로운 인류로서의 신유목민, 새로운 정부 형태로서의 전자정부, 새로운 경제 형태로서의 디지털 경제 등 수많은 새로운 개념들을 창출했다(김기환 · 윤상호 · 조주은, 2009, 140). 그리고 이러한 변화를 주도한 핵심은 바로 인터넷이다. 단순한 통신수단으로 시작되었던 인터넷은 이제 지구촌을 실시간으로 연결하면서 세계를 평평하게 만드는 원동력이 되고 있는 것이다. 삶의 필수품 가운데 하나인 인터넷은 지난 41년 간 새로운 서비스를 위한 요구사항들과 속속 발견되는 문제점들에 대한 수정사항들을 수용하면서 발전을 거듭해 왔다(추병완, 2009, 67).

하지만 우리는 인터넷의 발전과 함께 인터넷을 악용하는 사례도 급증하여 인터넷의 역기능이 새로운 사회적 문제로 부각되는 것을 목도했다. 특히 전자우편 스팸, 분산 서비스 공격(DDos) 및 해킹으로 인한 개인 정보 유출 등 침해 사고 문제는 인터넷의 어두운 면을 드러내면서 인터넷 사용의 선순환적 발전을 저해하고 있다. 글로벌 인터넷의 이러한 측면을 라도삼(2001, 14)은 일찍이 '블랙 인터넷'으로 묘사했고, 2009년 8월 30일 AP 통신은 '인터넷, 중년의 위기'로 표현한 바 있다.

"산업화는 늦었지만 정보화는 앞장서자!"는 구호 아래 시작한 우리의 정보화 정책은 양적인 부문에서 급속한 성장을 거두어 IT 강국이라는 명성을 얻게 되었다. 그러나 정보화 과정에서 수많은 역기능을 양산함으로써 정보문화에 관한 한 아직 후진국이라는 오명을 쓰고 있다. 한세억(2008 : 1)이 지적한 바와 같이 우리는 성찰에 바탕을 둔 정보화가 아니라, 생존 차원의 압축적 정보화 과정에서 정보화 역기능의 위험성을 배태했던 것이다.

이러한 인터넷 역기능을 해소하고 건전한 인터넷 문화를 창출하기 위해서는 윤리의 역할이 매우 중요하다. 일찍이 레식(Lessig)은 사이버 공간에서 인간의 행동을 규제하는 기제로서 법, 규범, 시장, 암호를 제시했다(이태건 · 노병철, 2001, 31). 스피넬로(Spinello)는 레식의 틀을 활용하여 사이버 공간에서 인간의 행동을 통제하고 규제하는 데 있어서 윤리가 담당해야 할 역할을 분명하게 밝힌 바 있다. 그는 도덕적 선이 암호, 법, 시장, 사회규범 등이 그 규제력을 행사하는 방식을 가르치고 이끌어야 한다고 주장했다(이태건 · 노병철, 2001, 37). 즉 인간 번영(human flourishing)이라는 궁극 가치는 현실 공간에서는 물론 사이버 공간에서도 우리의 행동에 대하여 내려지는 궁극적인 제약이 된다는 것이다. 도덕성은 사이버 공간에서의 모든 활동과 경계를 정하는 궁극적인 규제자가 되어야 한다. 법, 암호, 시장, 사회규범이 가지는 힘은 사이버 공간에서 이루어지는 모든 상호작용과 거래가 온건하고 공정하며 정의로운 것이 되도록 도덕성을 중심으로 정향 · 조화를 이루어야 한다.

따라서 인터넷 역기능을 해소하고 건전한 사이버 문화를 창출해 가기 위해서는 무엇보다도 사회 성원들이 확고한 사이버 윤리 의식을 지녀야 한다. 인간의 숨결이 느껴지고 상호 의존성에 바탕을 둔 교류와 협력이 자유롭게 이루어질 수 있는 사이버 공간을 만들어 나가기 위해서는 사이버 공간에서 행위 주체들의 성숙한 윤리의식이 절대적으로 필요하게 되며, 바로 이 점에서 사이버 윤리 교육은 그 필요성과 정당성을 확보한다. 그러나 현행 도덕과에서의 사이버 윤리 교육은 아직 명료한 이론체계를 지니지 못한 채 사회윤리적 문제들을 해결하기 위한 도덕과 교육내용의 한 부분으로 자리 잡고 있는 수준에 불과하다. 그러다 보니 교육내용이 미래 인터넷(future Internet) 기술이 수반할 복잡한 윤리문제에 대응하기 위한 전향적(prospective) 관점을 취하기보다는 이제껏 경험한 역기능에 대처하기 위한 후향적(retrospective) 수준에 그치고 있다.

클라우드 컴퓨팅(cloud computing)은 웹 2.0에 이어 급부상하고 있는 미래 인터넷의 핵심 트랜드이다. 클라우드 컴퓨팅은 인터넷이 접속 가능한 공간이면 언제 어디서나 어떠한 단말기로도 컴퓨팅 자원을 이용할 수 있게 해주는 기술이다. 클라우드 컴퓨팅 시대의 개막은 기존의 하드웨어 또는 소프트웨어 중심에서 서비스 중심의 비즈니스 모델로의 전환을 의미하는 것이다. 이에 관련 기업뿐만 아니라 공공기관, 개인에 이르기까지 모든 영역의 서비스 이용자들의 삶에도 큰 변화를 가져올 것이다.

이에 이 장에서는 클라우드 컴퓨팅 환경에서 출현이 예상되는 사이버 윤리 문제에 능동적으로 대응하기 위한 도덕과에서의 사이버 윤리 교육의 실천과제가 무엇인지를 밝히고자 한다. 이를 위해 먼저 미래 인터넷(Future Internet) 기술의 핵심 기술 가운데 하나인 클라우드 컴퓨팅(cloud computing)이 수반하게 될 윤리문제가 무엇인지를 예측하고, 그에 대응하기 위한 도덕과 사이버 윤리 교육내용의 개선방안을 제시하고자 한다.

1. 클라우드 컴퓨팅 기술의 개념과 특징

미래 인터넷의 여러 가지 구체화된 모습 중에서 사용자의 요구를 충족하기 위해 역동적으로 할당된 가상의 컴퓨팅 환경을 의미하는 클라우드 컴퓨팅(cloud computing)은 가장 현실성이 높은 대안으로 꼽히고 있다(Kaufman, 2009, 61). 클라우드 컴퓨팅이라는 개념은 2006년 9월 구글의 한 직원에 의해 구글 CEO 에릭 슈미츠와의 회의에서 제안된 것으로 참여 · 개방 · 공유를 상징했던 웹 2.0에 자유로움(Free)을 추가하여 웹 3.0이라고도 불렸다. 즉 소통과 디지털 민주주의의 상징에서 효율성과 확장성을 추구하는 비즈니스로의 관점 변화를 의미하는 개념이다(이주영, 2010, 2). 클라우드 컴퓨팅으로 진화하기 위해서는 인터넷상의 분산된 시스템과 자원을 공유하는 그리드(Grid) 방식의 분산기술 및 가상화 기술과, 컴퓨팅 파워와 저장 공간에 대한 과금방식이 사용량에 따른 비용 지불 방식인 유틸리티 방식의 과금 모델이 적용되는 인터넷 환경이 요구된다.

클라우드 컴퓨팅은 인터넷을 이용한 IT 자원의 주문형 아웃소싱 서비스로 서버에 개별적으로 저장해 둔 프로그램이나 문서를 인터넷 접속이 가능한 곳이라면 다양한 단말을 통해 웹 브라우저 등 필요한 응용 소프트웨어를 구동하여 작업을 가능케 하는 이용자 중심의 컴퓨팅 환경을 말한다(이수영, 2010, 5 ; Hamm, 2009, 43).

〈그림 1〉 클라우드 컴퓨팅의 개요

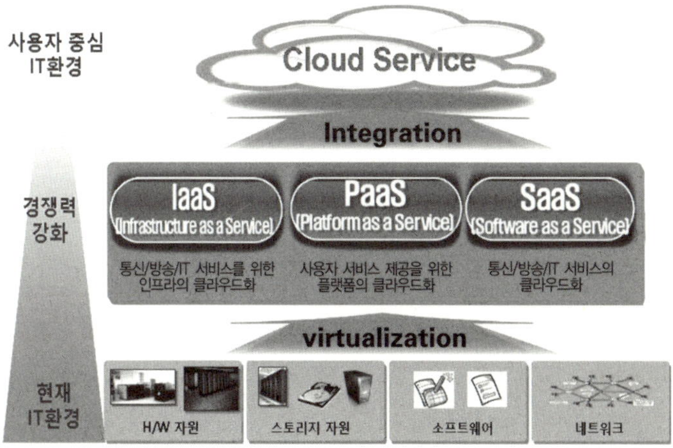

이러한 클라우드 컴퓨팅은 하드웨어와 소프트웨어, 플랫폼을 포함하는 형태이다. 컴퓨팅은 언제나 하드웨어와 소프트웨어의 조합으로 이

루어지며, 클라우드 컴퓨팅은 여기에 플랫폼을 포함하는 형태이다. 최상위에는 SaaS(SW as a Service)가 있다. 이는 시스템 베이스에 관계없이 오직 서비스만을 고려한다. PaaS(Platform as a Service)는 서비스와 인프라스트럭처를 묶어주는 플랫폼이다. 운영체제나 서버 데몬 등이 이 영역에 들어갈 수 있다. IaaS(Infrastructure as a Service)는 서비스를 구동하기 위한 하드웨어적인 플랫폼이다. 프로세서와 디스크 등 하드웨어 영역과 함께 OS 레벨이 여기에 포함된다(방영환, 2009, 109).

클라우드 컴퓨팅과 관련된 요소 기술을 살펴보면, 인터넷상의 분산된 다양한 자원들을 공유하여 가상의 슈퍼 컴퓨터로 활용하는 방식인 그리드 컴퓨팅(Grid computing), 1대의 컴퓨터에 하나의 운영체계만을 사용하는 통상적인 방법에서 벗어나 1대의 컴퓨터에 여러 개의 운영체계를 동작시킬 수 있도록 함으로써 여러 대의 컴퓨터를 사용하는 것과 같이 만들어 주는 가상화(virtualization) 기술, 가스나 전기와 같이 사용량에 따라 사용 요금을 지불하는 방식의 유틸리티 컴퓨팅(utility computing), 서버에 응용 소프트웨어나 데이터를 저장해 두고 필요할 때마다 접속해서 사용하는 방식의 서버 기반 컴퓨팅(server based computing), 응용 소프트웨어는 서버에 두고 작동은 이용자 컴퓨터의 자원을 이용하는 네트워크 컴퓨팅(networking computing) 기술 등이다. 클라우드 컴퓨팅과 관련 기술의 관계를 밝혀보면 〈표 1〉과 같다.

미래 인터넷의 핵심인 "클라우드 컴퓨팅"이 갖는 주요 특징을 김명주(2009, 12-13)는 다음과 같이 요약하였다.

첫째, 소비자 셀프 서비스이다. 서비스 제공자의 개입 없이 소비자가 필요한 서비스를 설치하고 관리하여 종결한다.

둘째, 사용량이나 광고량 기반의 과금체계이다. 서비스 개시를 위

〈표 1〉 클라우드 컴퓨팅과 관련 기술

요소	기술 개념	클라우드 컴퓨팅과의 비교
Grid Computing	많은 IT 자원을 필요로 하는 작업을 위해 인터넷상의 분산된 다양한 자원들을 공유하여 가상의 슈퍼 컴퓨터처럼 활용하는 방식	그리드 컴퓨팅이 인터넷상의 모든 컴퓨팅 자원을 통합하여 사용하는 데 반해, 클라우드 컴퓨팅은 서비스 제공 사업자의 사유 서버 네트워크를 빌려서 활용
Utility Computing	서버, 스토리지 등 컴퓨팅 자원을 보유하지 않은 채 가스나 전기처럼 사용량에 따라 비용을 부과하는 방식	클라우드 컴퓨팅의 과금방식과 동일
Server Based Computing	서버에 응용 소프트웨어와 데이터를 저장해 두고 필요할 때마다 접속해서 쓰는 방식으로 모든 작업을 서버가 처리	클라우드 컴퓨팅은 서비스 제공자의 가상화된 서버를 이용하고 SBC는 특정 기업 내 서버를 이용한다는 차원에서 구분되나 서버 기반 컴퓨팅이 발전하면서 그 구분이 모호해짐
Network Computing	서버 기반 컴퓨팅처럼 응용 소프트웨어를 서버에 두지만 자동은 이용자 컴퓨터의 자원을 이용하여 수행하는 방식	클라우드 컴퓨팅은 이용자 컴퓨터가 아니라 클라우드상의 IT 자원을 이용하는 방식

출처 : 민옥기 외(2009), p. 48.

한 초기 설정비용이 거의 없으며 장기적 고정계약의 부담이 없는 대신에 일정 기간별 사용량을 기반으로 과금하거나 광고 총노출량에 따라 무료 · 유료 사용을 결정하는 과금체계를 따른다. 일종의 유틸리티 과금체계이다.

셋째, 항시 지원체계 및 확장성 지원이 가능하다. 24시간 소비자의 요구를 만족시켜 주는 항시 지원체계가 제공되며, 소비자의 수요변화에 가변적으로 대응하는 확장성 있는 컴퓨팅 자원을 제공한다. 이를 위해 클라우드 컴퓨팅 서비스 조직에는 어느 정도의 규모의 경제(Economy of Scale)가 필요하다.

넷째, 인터넷 기반 접근이다. 인터넷 프로토콜을 사용하는 기존 인터넷망을 활용하며 HTTP, SOAP, REST 등의 웹 기반 프로토콜을 지원한다. 사용자 인터페이스로 운영체제에 중립적인 웹 브라우저와 웹 표준들이 사용된다. 이 특징은 클라우드 컴퓨팅을 '인터넷을 통한 IT 자원의 on-demand outsourcing' 으로 볼 수 있게 해준다.

다섯째, 표준화된 다양한 IT 인프라 스트럭처를 제공한다. 컴퓨팅 장치, 저장장치, 네트워크, 소프트웨어 등 다양하면서도 표준화된 IT 자원을 제공한다.

2. 클라우드 컴퓨팅에서의 윤리문제

미래 인터넷 기술은 아직 연구 개발 중에 있는 상태이기에 그 모습이 구체적으로 어떻게 구현될 것인지를 현 상태에서 정확하게 예상한다는 것은 매우 어려운 일이다. 더구나 그 기술이 수반하게 될 윤리문제가 무엇인지를 예상한다는 것은 더욱 어려운 과제다. 하지만 미래 인터넷은 현재의 인터넷 환경이 안고 있는 문제점을 해결하려는 차원에서 시도된 것이기에 미래 인터넷이 가져올 혜택들을 종합적으로 고려할 경우 미래 인터넷 환경을 어느 정도 예상할 수 있으며, 그러한 환경에서 발생하게 될 윤리문제의 윤곽을 그려보는 것은 부분적으로 가능한 일이다. 특히 클라우드 컴퓨팅 기술은 이미 많은 기업을 통해 상용화 단계에 접어들었기에 윤리문제의 속성을 파악하는 것이 어느 정도 가능하다.

이를테면 지금 우리가 경험하고 있는 바와 같이 클라우드 컴퓨팅은 개인이나 기업이 자신 소유의 정보를 제3자에게 완전히 넘겨주어 통제권을 상실하게 되며, 이에 따라 정보 종속 현상이 심화되는 결과를 가져올 수 있다. 디지털 격차는 우리 사회의 빈부 격차가 근본적으로 해소되지 않는 한, 클라우드 컴퓨팅 환경에서도 여전히 중요한 사회적 문제로 대두됨과 동시에 사회적 갈등의 소지가 될 수 있다. 클라우드 컴퓨팅 환경에서는 불건전 정보의 제작 · 유포가 지금보다 용이해지므로 음란물 · 폭력물의 범람이 지속될 것으로 보인다. 그러므로 클라우드 컴퓨팅 환경에서는 지금보다 더욱 새롭고 다양한 유형의 사이버 범죄들이 만연할 것으로 예측된다. 이에 클라우드 컴퓨팅 환경에서 발생하거나 심화될 수 있는 대표적인 윤리문제를 예상하면 다음과 같다.

1) 개인 정보와 프라이버시 침해 문제

유비쿼터스 사회의 도래에 따라 지금 우리는 컴퓨터에 저장된 개인 신상 정보의 누출뿐만 아니라 개인의 이동경로에 따라 위치 정보, 소비 정보, 의료 정보 등 '실시간 정보' 유출을 걱정하는 사회에 살고 있다. 클라우드 컴퓨팅 환경에서는 개인 정보와 프라이버시 침해 문제가 지금보다 더욱 심해질 것으로 예상된다.

클라우드 컴퓨팅 환경이 아직 본격적으로 도입되지 않은 현재의 컴퓨팅 환경 하에서는 개인 정보의 물리적 저장소에 대한 파악이 비교적 명확하게 이루어지며, 개인 정보 관리자(1차적 관리자)에 대한 파악 역시 명확하게 이루어진다. 그러나 클라우드 컴퓨팅 환경에 들어가게 되면 클라우드 컴퓨팅의 핵심 특성인 가상화 특성에 의하여 개인 정보의 물리적 저장 위치에 대한 파악이 매우 힘들어짐과 동시에 이에 따른 당연한 결과로서 개인 정보의 물리적 관리자(2차적 관리자)에 대한 책임 소재 역시 모호해진다. 따라서 클라우드 컴퓨팅 환경 하에서는 이러한 2차적 관리 책임 추가의 발생 현상에 따라 '프라이버시 보호 및 개인 정보의 국제적 유통에 따른 가이드라인'이라는 OECD의 8원칙 가운데 "공개의 원칙 : 개인 정보 관련 사업 개요는 공개적으로 이루어져야 하고 개인 정보 관리자는 쉽게 파악될 수 있어야 한다"와 "책임의 원칙 : 개인 정보 관리자는 위 원칙들의 준수에 대한 제반조치를 책임진다"를 준수하기가 더욱 힘든 상황에 처할 수 있다(김명주, 2009, 18-19).

2) 해킹 수단의 다양화와 글로벌화

우리는 IT 기술의 발전에 따라 해킹과 바이러스가 조합된 공격기술이 발달하고 공격 대상이나 파급효과도 글로벌화되는 추세를 목도한 바 있다. 현재의 인터넷 사회가 도래하면서 등장한 사이버 테러는 산업사회 이전의 테러와 비교하면 피해범위가 광범위하고 피해속도가 신속했음을 고려해 볼 때, 미래 인터넷 사회에서 예견되는 미래 사이버 테러는 현재 인터넷 사회에서의 사이버 테러보다 더 피해범위가 넓고 피해속도가 더 빠를 수밖에 없다.

클라우드 컴퓨팅 환경에서는 전 세계의 다양한 기업체에서 사용하는 데이터와 소프트웨어, 플랫폼, 인프라 스트럭처가 물리적으로 한 곳(특정한 데이터센터 또는 특정한 서버 시스템)에 집중되어 컴퓨팅 환경을 공용할 수 있기에 특정 데이터센터에 악성 코드가 유입되거나 해킹을 당할 경우 보안상 완벽한 가상화 기술이 지원되지 않는 상황에서는 그

피해가 현재의 인터넷 사회보다 더욱 더 커질 것이 분명하다.

3) 인포데믹스의 확산

우리는 현재의 인터넷을 사용하면서 유언비어나 허위 정보의 확산에 따른 부정적 영향들을 많이 접해왔다. 미래 인터넷 환경에서는 인터넷 공간과 실세계의 구분이 없어지고 인터넷 공동체의 역할이 커지면서 Social Network를 중심으로 한 관계 공동체가 심화될 것이다. 이로 인하여 새로운 인간관계 정립과 사회체계 재구성 현상이 발생할 것이며, 인포데믹스(Infodemics) 등의 부작용을 유발할 수 있는 공통 관심사 공동체 역시 활성화될 것으로 예상된다. 클라우드 컴퓨팅 환경이 지금보다 다양한 커뮤니티 활성화를 주도할 경우 인포데믹스는 심각한 윤리문제로 부각될 수 있다.

어떤 정보나 데이터가 인터넷이나 모바일 같은 정보통신 기술을 통해 급속하게 확산됨으로 인해 나타나는 여러 가지 부정적 영향을 인포데믹스라 한다. 인포데믹스는 정보 확산으로 인한 부작용을 통칭하는 용어이다. 2007년 다보스포럼에서 처음 소개된 인포데믹스는 Information(정보)과 Epidemics(유행병)의 합성어로서, 추측이나 뜬소문이 덧붙여진 부정확한 정보가 인터넷이나 휴대전화를 통해 전염병처럼 빠르게 전파됨으로써 개인의 사생활 침해는 물론 경제, 정치, 안보 등에 치명적인 영향을 미치는 것을 의미한다. 달리 말해 인포데믹스는 정보통신 기술을 통해 근거 없는 공포가 사회 전반에 빠르게 확산되어 정치 · 경제 분야에 각종 부작용이 일어나는 현상이다. 우리나라의 경우 광우병 파동에서 본격적으로 비롯된 인포데믹스는 인권침해는 물론 사회적 혼란을 야기할 수 있다는 점에서 그 심각성이 매우 크다. 주지하는 바와 같이 인터넷은 시공간을 뛰어넘어 매우 빠른 속도로 확산된다. 고의성이 있든 없든지 간에 자신이 인터넷에 올린 조그만 왜곡된 정보가 인터넷을 통해 확산되면 다른 개인이나 기업 또는 국가에게는 커다란 피해를 가져올 수 있다.

3. 도덕과에서 사이버 윤리 교육내용 실태와 과제

1) 도덕과에서 사이버 윤리 교육내용 실태

2007 개정 도덕과 교육과정에 반영된 사이버 윤리 교육내용은 〈표 2〉, 〈표 3〉과 같다. 2007 개정 도덕과 교육과정에서는 사이버 윤리를 다루는 별도의 소단원을 확보하고 있다는 점에서 이전의 7차 교육과정보다 발전된 모습을 보인다. 그러나 내용의 범위와 계열성에 있어서는 뚜렷한 원칙을 찾아보기 어렵다는 점에서 여전히 문제점을 지니고 있다.

취학 전 아동의 50% 이상이 이미 인터넷을 이용하고 있고, 대부분의 학생들이 초등학교 4학년 때 음란물을 접한다는 현실을 고려해 볼 때 인터넷 예절을 초등학교 4학년에서 다루는 것은 적절하지 못하다. 인터넷 예절은 유치원이나 초등학교 1-2학년 시기에 다루는 것이 더욱 적절하다. 왜냐하면 인터넷 예절은 기본 생활습관이나 예절 차원에서 접근하여 습관화시켜야 할 내용 영역이기 때문이다.

초등 5학년에서 게임 중독을 다루고 있는데, 초등학생들에게 있어서 게임 중독은 남학생에게 있어서 지배적으로 나타나는 현상임을 고려

〈표 2〉 '도덕'의 사이버 윤리 교육내용

학년	영역	소단원	내용
4	(2) 우리 · 타인 · 사회와의 관계	(다) 인터넷 예절	① 인터넷에서 어린이들이 경험하는 도덕적 문제 ② 인터넷 예절을 지키지 않았을 때의 문제점 ③ 인터넷 예절의 내용과 실천방법
5	(2) 우리 · 타인 · 사회와의 관계	(라) 게임 중독 예방	① 인터넷 게임 중독의 실태와 위험성 이해 ② 자신의 인터넷 게임 이용상황에 대한 반성 ③ 바람직한 인터넷 게임 이용방법
7	(2) 우리 · 타인 · 사회와의 관계	(라) 사이버 예절	① 사이버 공간의 특성과 도덕적 책임 ② 사생활 존중과 보호 ③ 사이버 공간에서 지켜야 할 일
10	(2) 우리 · 타인 · 사회와의 관계	(나) 사회 윤리의 제 문제	① 지식정보 사회와 윤리의 문제

해 볼 때 이것은 성차를 적절하게 반영하지 못한 학습내용이라고 평가할 수 있다. 초등학교 5학년 학생들의 인터넷 의존도가 높음을 고려하여 인터넷 중독의 여러 유형들을 포괄적으로 다루는 것이 더욱 바람직하다.

중학교의 경우에는 1학년의 '사이버 예절'이라는 소단원에서 사이버 윤리 교육내용이 유일하게 다루어지고 있다. 초등학교와 달리 중학교에서는 사이버 공간의 특성에 대한 인지적 이해 및 사생활 존중과 보호의 중요성을 다루고는 있으나 여전히 강조점은 사이버 공간에서 지켜야 할 예절에 초점이 맞추어져 있어 초등학교 내용과의 중복문제를 피할 수 없는 상태다.

고등학교 도덕의 경우 10학년에서 현대 사회에서 발생하는 사회윤리 문제의 하나로서 지식정보 사회의 윤리문제를 다루고 있다. 지식정보 사회에서 발생하는 대표적인 윤리문제가 무엇인지를 인식하고 그러한 문제점을 해결하기 위한 자세를 갖게 하는 데 초점을 맞추고 있다. 고등학교의 경우 사이버 윤리 교육내용은 '현대 생활과 윤리' 과목에서 비교적 비중 있게 다루어지고 있다. '현대 생활과 윤리' 과목에서는 정보통신 기술과 윤리의 문제, 사이버 공간과 자아 정체성의 문제를 다루고 있으며, 이전의 도덕과에서 다룬 사이버 윤리 교육내용과는 차별적인 새로운 주제들이 언급되고 있다. 그러나 '현대 생활과 윤리'가 선택과목이라 다수의 학생들이 학습하지 못한다는 현실을 고려해 볼 때 사이버 윤리 교육의 활성화를 위해서는 오히려 이 내용이 고등학교 10학년 도덕과에서 다루어진다면 더욱 효과적일 것이다.

현행 2007 개정 도덕과 교육과정의 '현대 생활과 윤리'에서는 정보통신 기술과 윤리의 관계를 심층적으로 다루고는 있으나 그 정보통신 기술의 범주에 미래 인터넷의 핵심 기술인 클라우드 컴퓨팅이 포함되어 있는 것은 아니다. 또한 현행 2007 개정 도덕과 교육과정에서 다루어지

〈표 3〉 '현대 생활과 윤리'의 사이버 윤리 교육내용

학년	대단원	소단원	내용
고등학교	(3) 과학 · 생태 · 정보 윤리	(라) 정보통신 기술과 윤리	① 정보통신 기술의 발전에 따른 인간상 및 사회변화 현상 ② 정보통신 기술의 발전에 따른 윤리의 본질 및 위상 ③ 정보통신 기술의 특징이 인간의 윤리의식에 끼치는 영향 ④ 유비쿼터스 사회에서의 일탈 행동과 범죄 유형 및 윤리적 해결
		(마) 사이버 공간과 인간의 자아 정체성	① 사이버 공간에서의 인간의 심리 ② 사이버 공간에서의 만남, 자아 정체성 ③ 사이버 공동체의 기능, 유형, 규범

고 있는 사이버 윤리 교육내용은 배타적으로 정보 이용자의 측면에서만 윤리문제를 바라보고 있을 뿐, 정보 공급자나 정보 관리자가 가져야 할 윤리의 중요성은 포괄하지 못하는 단점이 있다. 전반적으로 볼 때 현행 도덕과 교육과정에서의 사이버 윤리 교육내용은 미래 사회의 윤리문제에 전향적으로 대응하려는 측면보다는 이제껏 밝혀지거나 경험한 역기능에 소극적으로 대처하려는 측면이 강하다고 평가할 수 있다.

2) 도덕과에서 사이버 윤리 교육내용의 개선

지금까지 살펴본 바와 같이 현행 도덕과 교육과정에서 다루고 있는 사이버 윤리 교육내용은 클라우드 컴퓨팅 시대에서 발생하는 심각한 윤리적 문제에 효율적으로 대응하는 데에는 근본적으로 한계가 있다. 이에 향후 도덕과에서 새롭게 강조해야 할 사이버 윤리 교육의 내용을 제시하면 다음과 같다.

첫째, 정보 이용자의 윤리만을 강조하던 것에서 벗어나 정보 공급자 및 정보 관리자의 윤리가 강화되어야 한다(김명주, 2009, 19). 현재의 사이버 윤리에서는 '수집–저장 및 관리–이용 및 제공–파기'라는 개인 정보의 라이프 사이클을 중심으로 개인 정보 보호를 법적으로 보호하고 있다. 따라서 지금까지의 개인 정보를 운용하던 핵심 주체인 공공기관이나 기업체가 주된 법적 제재의 대상이었고, 이들 조직에 소속된 해당 업무 구성원에 대한 정보 공급자 윤리가 강조되었다. 클라우드 컴퓨팅 시대에서는 클라우드 컴퓨팅 서비스를 제공하는 기업의 구성원 모두가 정보 공급자로서의 윤리를 준수해야만 한다. 개인 정보는 물론 제반 정보가 개인이 소유한 디지털 개인 장비보다는 클라우드 컴퓨팅 서비스 공급 업체에 중복 저장되어 관리되므로 정보 공급자의 윤리는 지금보다 더 필요해진다.

클라우드 컴퓨팅 환경이 아직 도입되지 않은 현재의 컴퓨팅 환경하에서는 개인 정보의 물리적 저장소에 대한 파악이 비교적 명확하게 이루어지며 개인 정보 관리자(1차적 관리자)에 대한 파악 역시 명확하게 이루어는 반면, 클라우드 컴퓨팅 환경에 들어가게 되면 클라우드 컴퓨팅의 핵심 특성인 가상화 특성에 의하여 개인 정보의 물리적 저장 위치에 대한 파악이 힘들어지며, 이에 따른 당연한 결과로서 개인 정보의 물리적 관리자(2차적 관리자)에 대한 책임 소재 역시 모호해진다. 그러므로 클라우드 컴퓨팅 환경에서는 정보 관리자 측면에서의 윤리가 한층 더 강화되어야 한다.

둘째, 개인 정보 및 프라이버시 보호 및 존중과 관련된 내용을 강화할 필요가 있다. 클라우드 컴퓨팅 시대에서는 다양한 서비스가 출현하고, 또 기존 서비스와 융합되며 쌍방향 통신과 풍부한 인터페이스가 제공됨에 따라 개인 정보가 지속적으로 미래 인터넷 환경 속으로 유입되고 교환될 것이다. 그러므로 지금보다 개인 정보의 대량집결 현상이 더욱 두드러질 것이다. 그러므로 도덕과에서는 정보의 자기 통제권에 대한 인식을 심화시켜 줌과 동시에 타인의 개인 정보 및 프라이버시를 존중하고 보호하려는 자세를 심어주어야 한다.

셋째, 인포데믹스, 아이템 해킹, 저작권 침해 등의 경우에서 볼 수 있는 바와 같이 학생들이 쉽게 가해자가 될 수 있다는 사실에 유념하여 향후 사이버 윤리 교육내용에서는 사이버 범죄에 대한 내용을 비중 있게 다루어야 한다. 사이버 범죄는 사이버 공간에서 벌어지는 범죄가 아니라 사이버 공간을 이용해서 저질러지는 범죄이다(김성천, 2010, 208).

지금까지 우리는 학생들이 피해자라는 단순 논리에서 출발하여 어떻게 하면 유해한 환경으로부터 그들을 보호할 것인가의 문제에만 골몰하였다. 그리고 정보 이용자의 측면에서 최소한으로 지녀야 할 인터넷 예절을 초등학교에서부터 중학교까지 긴 교육기간 동안 배타적으로 강조함으로써 사이버 공간에서의 윤리문제에 대한 도덕적 판단력과 비판적 성찰력을 함양시키는 데에는 매우 소홀했다. 그러나 클라우드 컴퓨팅 시대에서는 인포데믹스의 경우에서 볼 수 있는 바와 같이 특정 학생들도 쉽게 가해자가 될 수 있다. 도덕과의 사이버 윤리 교육에서는 클라우드 컴퓨팅 사회에서 발생할 수 있는 여러 유형의 사이버 범죄에 대한 심층 이해를 세공해 주어야 한다. 특히 정보통신 기술의 어떤 속성이 어떤 경로를 통해 우리의 윤리의식을 마비시키는 가운데 사이버 범죄를 유발할 수 있는지에 대한 명확한 지적 이해를 학생들에게 제공해 줄 수 있어야 한다.

■ 참고문헌 ■

김기환 · 윤상호 · 조주은(2009), "디지털 세대의 특성과 가치관에 관한 연구", 『정보화정책』, 16(2).

김도현 · 이영희(2008), "미래 인터넷 서비스 기술", 『정보와 통신』, 25(3).

김명주(2009), 『미래 인터넷 환경에서의 인터넷 윤리』, 미간행 연구 보고서, 서울 : 인터넷 정보보호협의회 클린인터넷 분과위원회.

김성천(2000), "사이버 범죄에 대한 법적 대응", 『중앙법학』, 12(1).

라도삼(2001), 『블랙 인터넷』, 서울 : 자우.

민옥기 외(2009), 『훤히 보이는 클라우드 컴퓨팅』, 서울 : 전자신문사, 2009. 10.

박종호 · 서승우(2007), "미래 인터넷 연구 동향", 『정보와 통신』, 24(10).

방영환(2009), "한국 과학기술의 미래를 위한 클라우드 컴퓨팅 환경", 『정보처리학회지』, 16(2).

성동규 (2002), 『사이버 커뮤니케이션』, 서울 : 세계사.

이동만 외 3인(2007), "미래 인터넷 서비스 기술 동향", 『전자공학회지』, 34(4).

이윤희 · 정영수(2008), 『주요국 정보화 역기능 대응 동향과 시사점』, 서울 : 한국정보문화진흥원.

이종숙 · 박형우(2009), "국내외 클라우드 컴퓨팅 동향 및 전망", 『정보처리학회지』, 16(2).

이주영(2010), "클라우드 컴퓨팅의 특징 및 사업자별 제공 서비스 현황", 『방송통신정책』, 22(6).

이태건 · 노병철 공역(2001), 『사이버 윤리』, 고양 : 인간사랑.

이혜정(2009), 『미래 인터넷 추진 동향 및 시사점』, 미래이슈 2009-01, 서울 : 한국정보화진흥원.

전길남(1996), 인터넷의 기원과 전망, 『계간 과학사상』, 18호.

추병완(2006), 『정보윤리교육론』, 서울 : 울력.

추병완(2009), "미래 인터넷 기술의 윤리문제", 『철학논집』, 제19집.

한세억(2008), "성숙한 인터넷 강국을 위한 정책과제와 시사점", 『이슈 심층분석』, 통권 54호, 서울 : 한국정보문화진흥원.

Steve Hamm, S. (2009. 6. 15), "Cloud Computing's Big Bang for Business", *Business Week*.

Kaufman, L. M. (2009, July/Aug), "Data Security in the World of Cloud Computing", *Ieee Security and Privacy*.

제3장 저출산 · 고령 사회와 도덕교육

교육과정을 구성할 때 우리는 흔히 '3S'로 표현되는 세 가지 변인을 중시한다. 사회(society), 학생(student), 교과(subject)가 바로 그것이다. 즉 교육과정을 구성할 때 우리는 사회, 학생, 교과에 대한 세심한 고려를 통해 무엇을 가르치고 배울 것인지를 명확하게 규정한다. 이 가운데 사회에 대한 고려는 그 사회의 정치 · 경제 · 문화적 특징과 요구를 정확하게 사정 · 반영하는 것을 의미한다. 사회에 대한 고려의 측면에서 볼 때 도덕교육이 고려해야 할 우리 사회의 시급한 사회 현안 중 하나가 바로 저출산 · 고령화 문제다.

우리나라의 경우 1960년 6.0명에 이르렀던 합계 출산율이 2009년 1.15명으로 감소하는 등 저출산 현상이 지속되고 있고, 고령화는 일본, 독일, 미국 등 주요 선진국에 비해서도 매우 급속하게 진행되고 있다. 『2010년 OECD 통계연보』에 의하면, 2008년 우리나라의 합계 출산율(가임 여성 1명당 평생 낳을 것으로 기대되는 자녀 수)은 전년(1.25명)보다

소폭 낮아진 1.19명으로 OECD 회원국 중 최하위를 기록했다. 합계 출산율은 OECD 평균(1.71명)에도 크게 못 미치는 상태다.

고령화도 매우 빠르게 진행되고 있다. 2010년 현재 우리나라의 65세 이상 고령 인구 비중은 11.0%로 OECD 평균치인 14.8%보다는 양호한 수준이다. 하지만 고령 인구 비중은 2010년 11.0%, 2020년 15.6%, 2030년 24.3%, 2040년 32.5%, 2050년 38.2% 등으로 급속히 증가할 것으로 예상된다. 이런 추세라면 2019년에는 65세 이상의 고령 인구 비중이 14%를 넘게 되어 우리나라는 고령 사회로 분류된다.

그러므로 우리는 저출산 · 고령 사회가 가져오게 될 변화와 그 변화로 파생되는 다양한 사회문제들, 그리고 그러한 사회적 변화들로 인한 개인적 삶의 변화에 대처하기 위한 국민들의 인식의 공유와 확대 및 가치관 변화에 지속적인 관심을 기울일 필요가 있다. 특히 삶의 대부분을 이러한 저출산 · 고령 사회에서 영위하게 될 현재의 아동 및 청소년들에게 저출산 · 고령 사회에 대한 이해와 인식을 도모하고 가족 친화적 가치관을 형성하게 하는 것은 매우 중요한 의미를 지닌다. 왜냐하면 자신이 앞으로 살아가게 될 사회의 변화를 직시하고, 그에 따라 개인적 삶을 적절하게 구성하도록 준비시키는 교육이야말로 교육의 본질 목적인 자아실현의 개념과 일맥상통하기 때문이다. 또한 저출산 · 고령 사회에 대한 교육은 미래의 출산력을 결정하게 될 현재의 아동 및 청소년의 가치관 형성에 영향을 미친다는 점에서, 그리고 노인 인구 부양문제로 인해 향후 발생하게 될 세대 갈등을 예방한다는 측면에서 매우 중요한 의미를 지닌다.

저출산 · 고령화 현상을 경험한 선진국들은 적극적인 이민정책을 통해 외국인을 유입함과 동시에 임신, 출산, 자녀 양육, 노인 부양에 대한 사회적 배려와 책임을 강화하는 정책을 동시에 추진했다. 나아가 가족 친화적인 인구교육을 통해 결혼과 가정생활, 노인 공경 및 노인 부양에 대한 건전한 가치관을 형성하게 하는 정책을 추진했다. 이렇듯 가족 친화적 가치교육 접근은 저출산 · 고령화 현상을 해결하기 위한 효과적인 대안의 하나로서 각광을 받은 바 있다. 이에 이 장에서는 저출산 · 고령 사회에 대비한 도덕과에서의 가족 친화적 가치교육 방향을 탐색하고자 한다.

1. 저출산 · 고령 사회의 이해

1) 저출산 현황과 문제점

저출산 사회는 일반적으로 한 사회가 일정 시점의 인구구조를 계속 유지하기 위하여 필요한 인구 대체 수준이 2.1 이하인 상태에 있는 사회를 말한다. 이것은 가임 여성(15–49세) 한 명이 2명의 자녀를 낳아야 인구가 줄지도 늘지도 않는 안정된 정체상태를 유지할 수 있다는 것을 의미한다(장혜경 · 윤옥화, 2004, 16). 우리나라의 합계 출산율(total fertility rate)은 1960년에 6.0명으로 매우 높은 수준이었으나 1983년에는 인구 대체 수준인 2.1명에 도달했다. 이러한 추세는 2000년 이후에도 계속되어 2000년 1.47명, 2001년 1.30명, 2002년 1.17명으로 세계에서 가장 낮은 수준을 기록했다.

이렇듯 지속적으로 감소하던 합계 출산율이 2005년 1.08명에서 2007년 1.25명으로 다소 증가하기는 하였으나 2008년 1.19명, 그리고

〈그림 2〉 합계 출산율 추이

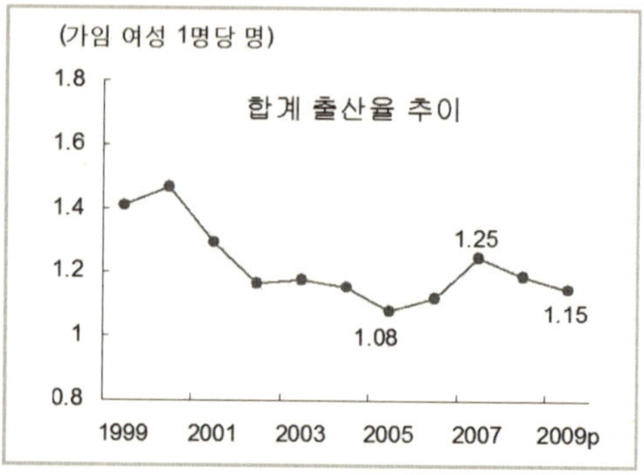

2009년 1.15명으로 다시 낮아지고 있다(통계청 보도자료, 2010년 2월 24일자).

저출산은 인구학적 요인, 사회경제적 요인, 개인의 가치관 변화 등 매우 다양한 요인들이 복합적으로 작용하여 나타나는 현상이다. 출산율은 초혼 연령과 유배우 출산율(기혼 여성의 출산율)이라는 두 인구학적 요소에 의해 결정되는데, 우리나라에서 초혼 연령 상승은 가임기간을 단축시키는 동시에 고령 임신으로 인한 비자발적 불임 및 임신 소모 증가 등의 주된 요인으로 작용하여 출산율을 감소시키고 있다(이삼식, 2006, 8). 한국보건사회연구원(2006, 11)에 의하면, 우리나라 저출산의 원인 가운데 혼인 연령 상승의 기여도가 51%이며, 유배우 출산율 감소의 기여도가 49%라고 한다. 즉 결혼의 연기·포기와 출산의 축소·포기가 저출산 현상의 주된 요인으로 작용한 것이다.

2004년 현재 초혼 연령은 남성 30.6세, 여성 27.5세로 20년 전에 비해 약 4세가 높아졌다. 여성의 초혼 연령 상승이 저출산율의 직접적 원인이 되는 것은 이것이 임신과 출산이 시작될 수 있는 시기를 의미하기 때문이다. 초혼 연령의 상승은 미혼 인구를 증가시키고, 미혼 인구의 증가는 실질적인 가임 여성(유배우 여성)의 감소로 이어진다. 유배우 출산율의 관점에서 볼 때 우리나라의 경우 기혼 여성의 1명당 평균 출생아 수는 1980년 2.85명에서 1990년 2.13명, 2000년 1.81명으로 줄어들어 20년 전에 비해 1명이 감소했다. 그런데 이러한 인구학적 요소는 개인의 가치관과 사회경제적 현상의 영향을 받는다.

사회 환경변화에 따른 가치변화 가운데 저출산과 관련하여 주목할 현상은 결혼관과 자녀관의 변화이다. 이제 결혼은 일종의 선택사항이 되고 있으며, 반드시 자녀를 두어야 한다는 인식도 줄어들고 있다. 미혼자들은 결혼을 반드시 해야 하는 것이 아니라 자신의 주체적인 선택사항으로 여기고 있으며, 자녀의 필요성에 대한 태도는 1997년 경제위기를 겪은 후 급격히 낮아졌다. 이는 적어도 현재 기혼 여성의 경우 자녀의 선호도는 여전히 높으나 경제적 불안정이 태도 변화의 주된 원인으로 작용했으리라 짐작된다(이삼식, 2007, 118). 그리고 일과 육아의 양립이 어려운 사회적 여건, 실업과 고용 불안정, 육아 및 교육비용 과다, 가계 불안정 및 지출 과다 등과 같은 여러 가지 요인들이 저출산의 원인이 되고 있다.

저출산은 국가적 측면에서는 생산 가능 인구의 감소에 따른 경제 활력 저하와 국가경쟁력 약화를 초래하고, 사회적 측면에서 노인 인구 부양을 위한 생산 가능 인구의 조세 · 사회보장비 부담 증가로 세대 간 갈등을 야기하며, 개인적 측면에서는 개인과 가족의 삶의 질을 저하시키는 등 국가 · 사회 · 개인 모두에게 전반적으로 부정적인 영향을 가져다준다.

2) 고령화 현황과 문제점

땅 표면이 흔들리고 갈라지는 것이 지진(earthquake)이라면 에이지케이크(agequake)는 인구의 노화로 특정 사회가 근본부터 흔들리는 것을 말한다. 영국의 인구학자 폴 윌리스는 『에이지퀘이크』에서 고령 사회가 세계 경제에 줄 충격을 지진에 비유한 바 있다. 그는 "베이비붐 세대가 은퇴하는 2020년경 세계 경제는 에이지퀘이크로 뿌리째 흔들릴 것인데, 그 강도가 리히터 규모 9.0에 달할 것"이라고 예측하였다(연합뉴스, 2007년 2월 22일자). 이렇듯 인류 전체가 고령화의 위기에 내몰린 상태이지만 그 중에서 고령화 문제가 가장 심각한 나라 가운데 하나가 바로 우리나라다.

우리나라의 노인 인구는 1970년 99만 명으로 전체 인구의 3.1%에 불과했으나 2005년 438만 명으로 전체 인구의 9.1%로 증가했으며, 2026년 1,035만 명(20.8%), 2050년 1,579만 명으로 전체 인구의 37.3%를 차지할 것으로 예상된다. 그런데 우리의 경우 더욱 심각한 것은 고령화 그 자체보다 고령화 속도에 있다. 우리는 2000년에 이미 65세 이상 노인 인구 비율이 7% 이상을 차지하는 고령화 사회로 진입했으며, 통계청의 장기 인구추계에 따르면 노인 인구는 2018년 14%, 2026년 20%로 급격히 증가할 전망이다. 이러한 속도라면 2050년 34.7%로 OECD 국가 중 최고 고령화 국가가 될 것이다(한국보건사회연구원, 2006, 5).

일반적으로 노인 인구가 전체 인구의 7%를 상회하면 고령화 사회, 14%를 넘으면 고령 사회, 20%를 넘으면 초고령 사회로 규정하는데, 이 기준에 의하면 우리 사회는 이미 고령화 사회에 접어들었으며 2018년에

〈표 1〉 고령화 사회에서 고령 사회 진입에 소요되는 기간

	노인 인구 비율 7%(고령화 사회) → 14%(고령 사회)	소요기간(년)
한국	2000년 → 2018년	18
일본	1970년 → 1994년	24
프랑스	1864년 → 1979년	115
독일	1932년 → 1972년	40
영국	1929년 → 1976년	47
스웨덴	1887년 → 1972년	85

는 고령 사회로, 2026년에는 초고령 사회로 진입할 것이 예상된다.

위의 〈표 1〉에서 보는 바와 같이 고령화 사회에서 고령 사회 진입에 소요되는 시간은 18년으로 세계적으로 고령화가 가장 빠르게 진행되고 있다. 그리고 고령 사회에서 초고령 사회로 이행하는 데 8년 정도 걸릴 것으로 보인다(한국보건사회연구원, 2006, 5). 이와 같이 우리나라의 고령화 속도가 빠른 것은 보건의료의 빌진에 의한 선상수명 및 평균수명의 비약적 증가, 그리고 그에 수반한 사망률 하락, 출산율의 저하가 주된 원인이다.

이렇듯 우리나라는 선진국 중 가장 낮은 출산율과 가장 빠른 고령화 속도로 인해 멀지 않은 장래에 심각한 사회경제적 문제가 야기될 가능성이 커지고 있다. 생산 가능 인구의 감소와 함께 노동력도 고령화하여 결국 노동 생산성의 저하를 초래하게 되며, 저출산과 고령화 현상은 소비 · 저축 및 투자를 감소시킴으로써 성장동력의 감소와 국가 경쟁력의 약화로 이어지게 된다. 또한 노인 부양 부담을 위한 조세, 사회보장비 부담은 지속적으로 증가하나 이를 부담할 부양세대는 축소되어 젊은 세대의 부담이 폭증됨으로써 세대 간 갈등의 폭이 커질 전망이다(조명덕,

2010, 13). 또 고령화가 심화됨에 따라서 노인문제가 사회문제로 대두된다. 우리나라에서 노인 문제는 경제적 빈곤 문제, 질병 문제, 역할 상실의 문제, 고독과 소외 문제, 노인 부양 문제, 노인 학대 문제, 황혼 이혼 문제, 노인 자살 문제 등과 같은 여러 가지 현상으로 나타나고 있다.

2. 저출산 · 고령 사회에 대비한 학교 교육의 방향

1) 저출산 · 고령 사회 대비 학교 교육의 목표 및 내용체계

저출산 · 고령 사회에 대비한 학교 교육의 목표와 관련한 대표적 연구로는 윤인경 외 5인의 연구를 들 수 있다. 이 연구에서는 저출산 · 고령 사회 대비 학교 교육 목표를 총괄 목표와 이를 달성하기 위한 4개 대영역 목표로 구성하였다. 먼저 총괄 목표는 "저출산 · 고령 사회에 대한 체계적 이해를 바탕으로 생명과 인권 존중, 성 평등과 세대 평등의 가치를 구현하여 우리 사회의 인구 적정화와 복지사회 구현에 기여할 수 있다"로 제시되어 있다(윤인경, 2007, 93). 저출산 · 고령 사회 대비 학교 교육의 총괄 목표와 대영역 목표는 다음의 〈표 2〉와 같다.

한편 저출산 · 고령 사회에 대비한 학교 교육의 내용체계는 다음의 〈표 3〉과 같다(윤인경, 2007, 98-100).

〈표 2〉 저출산 · 고령 사회 대비 학교 교육의 목표

총괄 목표	대영역 목표
저출산 · 고령 사회에 대한 체계적 이해를 바탕으로 생명과 인권 존중, 성 평등과 세대 평등의 가치를 구현하여 우리 사회의 인구 적정화와 복지사회 구현에 기여할 수 있다.	① 인간 존중 : 생명에 대한 소중함을 알고 성과 연령에 대한 평등의식을 바탕으로 인간 중심으로 생활하려는 태도를 갖는다.
	② 인구 : 인구의 기본 개념에 대한 체계적인 이해를 바탕으로 현재 우리나라가 처한 출산 관련 가치관의 관계를 분석함으로써 저출산 · 고령화 문제에 대한 체계적인 관점을 형성한다.
	③ 가족 : 사회변화에 따라 변화하는 가족의 특성을 알고, 출산과 양육에 대한 지식과 방법을 습득하여 바람직한 부모 역할을 수행하고 노년기를 성공적으로 보낼 수 있도록 준비하는 태도를 갖는다.
	④ 복지 : 저출산 · 고령 사회에 필요한 지원제도에 관한 이해와 평생교육적 측면에서 직업생활 설계를 통해 자아를 실현하고 건강한 가족생활을 영위할 수 있다.

〈표 3〉 저출산 · 고령 사회 대비 학교 교육의 내용체계

대영역	중영역	소영역	내용요소
Ⅰ. 인간 존중	1. 인권	1) 생명 존중과 태아 보호	• 생명의 소중함 • 태아의 생명과 건강 • 인공 임신중절
		2) 아동의 인권	• 아동 양육과 보호 • 자녀들에 대한 평등한 대우 • 혼혈아 및 입양아의 이해
		3) 고령자의 인권	• 올바른 고령자관 • 고령자의 사회참여와 현황

	2. 평등	1) 성 평등	• 여성에 대한 사회적 차별 • 임신 및 출산 여성에 대한 배려 • 부부 평등
		2) 연령 평등	• 연령 차별 • 연령 평등과 고령자 존중 • 세대 차이와 세대 갈등 • 세대 공동체의 구현
II. 인구	1. 인구 변동	1) 인구변동과 구조	• 인구의 의미 • 인구성장 • 인구이동 · 분포와 인구구조
		2) 인구동향과 사회	• 세계와 한국의 인구변화 • 미래 인구 추계 • 인구변동과 근대화 • 사회변화와 가족 · 인구 문화
	2. 저출산	1) 사회변화와 저출산	• 사회변화와 출산의식의 변화 • 여성의 사회진출과 보육정책의 변화 • 결혼관과 자녀관의 변화
		2) 출산정책	• 인구정책의 변화 • 출산억제정책과 저출산
		3) 저출산의 전망	• 저출산의 현황 • 저출산의 전망
	3. 고령화	1) 고령화와 고령화 사회	• 고령화의 의미 • 고령화의 단계와 특징 • 우리나라 고령화의 특징
		2) 고령화의 명암	• 수명의 연장과 장수 사회 • 고령화의 성별 · 지역별 · 세대별 격차 • 사회의 고령화와 생산력 감소 • 사회의 고령화와 노년 인구의 부양
		3) 고령화의 전망	• 세계와 한국의 고령화 현상 • 한국 인구의 고령화 전망

III. 가족	1. 변화하는 가족	1) 다양한 가족	• 입양 · 동거 가족에 대한 이해 • 독신과 만혼 • 다양한 가족형태의 특성
		2) 가족원의 역할	• 가족 역할의 공유 • 가족과 직업 역할의 조화 • 역할 갈등 해결방안
		3) 자녀 양육과 노인부양	• 가족 기능의 약화 • 자녀 양육의 사회화 • 노인 부양의 사회화
	2. 가족원의 역할	1) 부모됨	• 부모됨의 의미와 선택 • 전 생애적 부모-자녀 관계 • 임신과 출산 • 고령 출산
		2) 양육	• 자녀의 발달 특징에 따른 양육 • 아버지의 양육 참여 • 보육시설의 선택과 이용
	3. 자녀 양육과 노인 부양	1) 고령자에 대한 이해	• 평생 발달적 관점에서의 노년기 • 고령자의 특성 • 고령자의 역할 • 새로운 고령자상
		2) 노년기 준비	• 신체적 건강 • 경제적 자립 • 여가생활 • 죽음에 대한 준비
IV. 복지	1. 지원제도	1) 출산 및 양육지원제도	• 출산 · 육아 휴직과 수당 • 직장탁아와 보육시설 • 양육지원 수당, 세금감면
		2) 건강 가정 지원제도	• 가족생활 교육 • 가족상담
		3) 고령자 지원제도	• 소득 및 고용보장정책과 제도 • 보건 및 의료보장정책과 제도 • 주거보장정책과 제도 • 여가 및 교육보장정책과 제도
	2. 직업	1) 직업세계의 변화	• 직업의 변화와 현실 • 저출산 · 고령화 사회 관련 직업
		2) 직업	• 직업생활 설계 • 직업 발달과 평생교육 • 노년기의 직업

2) 저출산 · 고령 사회 대비 관점에서 본 초등 도덕과 교육

저출산 · 고령 사회에 대비한 학교 교육의 목표 및 내용체계를 분석해 볼 때 초등 도덕과는 그 목표와 내용을 구현하는 데 매우 적합한 교과이다. 2007 개정 초등 도덕과 교육과정에 반영된 저출산 · 고령 사회 관련 내용요소를 추출하면 다음 〈표 4〉와 같다.

〈표 4〉에서 볼 수 있는 바와 같이 저출산 · 고령 사회 대비를 위한 학교 교육의 내용체계 중 초등 도덕과에서 접근 · 전개할 수 있는 영역은 인간 존중, 가족, 복지 영역이다. 인간 존중 영역에서 생명 존중, 아동 및 고령자의 인권, 성 평등 및 연령 평등은 도덕과에서 접근이 용이한 내용이다. 이 영역은 2007 개정 도덕과 교육과정의 3학년부터 6학년까지 일관되게 가르쳐질 수 있는 장점이 있다.

가족 영역에서 가족원의 역할, 노인 부양, 부모와 고령자 존중 등은

〈표 4〉 도덕과 교육과정에 반영된 저출산 · 고령화 내용요소

	인간 존중	인구	가족	복지
3학년	• 소중한 나의 삶 • 가족 사랑과 예절 • 감사하는 마음의 표현 • 생명의 소중함			
4학년	• 공중도덕			• 자신의 일을 스스로 하는 삶
5학년	• 서로 돕는 생활		• 이웃 간의 도리와 예절 • 대화와 갈등 해결	
6학년	• 공정한 행동 • 편견 극복과 관용		• 남을 배려하고 봉사하는 삶	• 준법과 규칙 준수 • 평화로운 세상

초등 도덕과에서 접근이 용이하다. 2007 개정 초등 도덕과 교육과정에서는 구성원 간에 예절을 지키고, 대화를 통해 갈등을 해결하며, 서로 배려하고 봉사하는 삶을 강조하고 있다.

끝으로 복지 영역에서 직업 준비와 선택, 지원제도 등도 도덕과에서 접근이 용이한 내용요소다. 2007 개정 초등 도덕과 교육과정에서는 자신의 미래에 대한 설계, 준법과 규칙 준수, 평화로운 세상을 통해 이 영역의 내용요소들을 학습할 수 있도록 되어 있다.

이렇듯 도덕교과는 인간의 삶에 필요한 도덕규범과 예절을 익히고, 자신뿐만 아니라 사회와 관련된 도덕문제를 주체적으로 성찰하고 실천하도록 하여 자신의 삶을 바람직하게 영위하도록 하며, 나아가 우리 사회와 세계의 발전에 기여할 수 있도록 도와주는 교과이므로 저출산 · 고령화 사회 대비를 위한 학교 교육의 목표와 내용체계를 아동의 발달단계에 맞추어 체계적으로 구현하는 데 이상적인 교과 가운데 하나다.

3. 저출산 · 고령 사회에 대비한 가치교육 방향

1) 저출산 사회에 대비한 가치교육 방향

저출산 문제에 대응하기 위한 초등 도덕과에서의 보다 효과적인 가치교육 방향을 모색하기 위해 여기서는 최근 초 · 중등학생의 결혼 및 자녀관에 관한 실태조사 결과를 분석하고, 저출산 원인 문제와 관련하여 초등 도덕과 교육이 새롭게 중시해야 할 가치교육의 구체적인 영역을 제시하고자 한다.

초 · 중등학생의 결혼 및 자녀관 실태조사 결과에 의하면(김태헌, 2006, 18) 응답자 가운데 92.3%의 학생들이 "결혼할 생각이 있다"라고 응답해 대부분의 학생이 결혼할 의향이 있는 것으로 나타났다. 한편 "결혼에 대해 어떻게 생각하세요?"라는 질문에 대해 초 · 중등학생의 16.8%가 "반드시 해야 한다"라고 응답했다. 이것은 2002년도 15세 이상 인구를 대상으로 조사한 결과에서 나타난 25.6%보다 감소했음을 보여준다. 한편 "해도 좋고 안 해도 좋다"와 "하지 않는 게 낫다"라고 응답한 학생이 남학생 21.5%에 비해 여학생은 41.3%로 나타나 여학생이 결혼의 필요성에 대해 남학생보다 훨씬 부정적인 태도를 보여주었다.

"사람들은 어른이 되면 반드시 자녀가 있어야 한다고 생각하세요?"라는 질문에 대하여 "있는 것이 없는 것보다 나을 것이다"라는 학생들의 응답이 48.2%로 나타났다. "꼭 있어야 한다"와 "있는 것이 없는 것보다 나을 것이다"라는 응답까지 합치면 75% 이상의 학생들이 자녀의 필요성에 대해 긍정적인 인식을 갖고 있다는 것을 알 수 있다. "없어도 상관없다"는 견해에서는 여학생(21.8%)이 남학생(13.2%)보다 높게 나타나 자녀의 필요성에 대해 성별로 차이가 있음을 알 수 있다. 또한 "장래에 자녀를 둘 생각이세요?"라는 질문에 대한 학생들의 응답은 "반드시 자녀를 가지고 싶다"가 33.8%, "가능하면 가지고 싶다" 49.1%로 약 83%의 학생들이 자녀를 갖고 싶다고 인식하고 있었다. 17%의 학생들은 자녀를 갖지 않겠다고 응답했는데, 이것은 미혼 남녀 성인을 대상으로 조사한 결과에 비해서 오히려 낮은 수치다. 성인에 비해 학생들이 자녀를 갖겠다는 비율이 낮음을 알 수 있다. 이렇듯 초 · 중등학생들의 결혼과 자녀에 대한 가치관은 매우 낮으며 불안정한 상태를 보이고 있으므로 학교 교육에 있어서 적극적인 가치관 교육이 요청된다.

그렇다면 저출산 문제에 대응하기 위한 초등 도덕과에서의 가치교육은 구체적으로 어떻게 이루어져야 하는가? 저출산과 관련한 사실적 정보의 제공이나 자식을 많이 낳으라는 식의 가치 전수적 측면은 한계가 있다. 저출산 문제에 대응하기 위한 초등 도덕과에서의 가치교육은 학생들의 반성적 가치선택 과정 혹은 가치화 과정(valuing pro-cess)을 중시하는 방향으로 전개되어야 한다. 즉 학생들의 자발적 선택에 기초한 가치교육이 이루어져야 하며, 그러한 선택이 프레리(Freire)가 말했던 의식화(conscientization), 다시 말해 비판적 의식의 발달로 연결되어야 한다.

여기서 의식화 개념은 특정한 이슈나 관심에 대한 다양한 관점들을 인식 · 조사 · 평가하고 사정할 수 있는 능력을 발달시키는 것, 그리고 지배적인 제도나 사회적 관행에 대하여 비판적인 안목을 지니는 것을 포함한다. 달리 말해 저출산 문제를 촉발시킨 우리 사회의 제도와 관례, 특히 가치들을 비판적으로 분석하고 이러한 제도와 관례, 가치들을 개선되어야 할 모습으로 바꾸고 개혁하는 데 필요한 계몽된 자아(enlightened self)를 기르는 데 가치교육의 목적을 두어야 한다.

저출산 문제를 촉발시킨 동인으로서 우리 사회의 다양한 제도나 관례, 가치들은 여러 가지다. '일과 가정생활을 양립하기 어렵게 만드는 기업문화', '여성에게 양육과 가정생활의 일차적 책임을 맡기는 관습이나 관례 및 가치들', '성별 분리적 고정관념', '양성 평등하지 않은 여러 가치들', '결혼과 가정생활의 부정적 측면만 과장시킨 잘못된 관념들', '핵가족만을 정상화하는 신화적 핵가족관' 등 이루 헤아릴 수 없이 많다(왕석순 · 전미경, 2006, 53). 이러한 제도와 관례 및 가치들에 대하여 적극적으로 성찰하고 이러한 제도, 관례, 가치들에 대하여 적극적으로 부딪

쳐서 이를 개선하고 변혁하려는 데 참여하려는 계몽된 자아를 기르는 것이 저출산 문제에 대응하기 위한 도덕과에서의 가치교육의 목적이 되어야 한다.

이를 위해 교사는 초등 도덕과 교육내용에서 이러한 저출산 현상 관련 교육의 내용을 충분히 인식하고 있는지를 스스로 자주 점검해 보아야 한다. 자신이 가르치는 학년의 도덕과 교육내용에서 저출산 현상을 촉발시킨 사회의 불합리한 제도나 관례, 가치관 등이 다루어진다면 교사는 그 내용에 대해 학생들이 비판적으로 분석해 볼 수 있는 기회를 제공해 주어야 한다. 예를 들어 관행화되어 온 가정생활에서의 양성 평등하지 않은 가사노동 분배와 관련한 내용들이 나올 때 학생들은 의식하지 못하는 가운데 그 내용을 무비판적으로 수용함으로써 왜곡된 성 정체성을 형성할 수 있다. 따라서 이러한 교육내용을 다룰 때 의식적으로 비판적인 성찰의 기회를 제공해 주는 것이 필요하다.

지금까지의 논의를 기초로 판단해 볼 때 저출산 사회에 대비한 초등 도덕과에서의 가치교육은 다음과 같은 교육내용을 중시해야 한다.

(1) 결혼, 가족, 출산에 대한 긍정적 가치관 제고

초등 도덕과에서는 학생들이 장차 결혼과 출산 등에 대한 부정적 인식과 자녀 양육에 대한 심리적 불안감을 해소할 수 있도록 결혼 · 가족 · 출산 친화적인 가치관을 지니도록 도와주어야 한다. 초등 도덕과에서는 결혼의 소중함, 부모가 된다는 것의 보람과 가치, 자녀로부터 얻는 기쁨, 인구의 사회적 가치 등을 강조하는 교육내용이 강조되어야 한다.

이를 위해 먼저 초등 도덕과에서는 사회 환경변화에 따른 다양한 가족 형태의 내용을 반영해야 한다. 다자녀 가정과 다양한 가족 형태에 대한 학습내용을 보다 풍부하게 하여 학생들로 하여금 가족에 대한 편향적 시각을 갖지 않도록 해야 한다.

그리고 부모와 자녀의 관계를 서로에게 도움이 되는 상호성(reciprocity)의 관점에서 보도록 해주는 학습내용이 포함되어야 한다. 현재 학생들이 학습하는 내용은 부모와 자녀의 관계에서 일방적인 관계를 주로 강조한다. 가정의 화목을 위해서 자녀는 부모에게 효도하고 형제 자매간에 우애 있게 지내야 한다는 식으로 구성되어 있어 부모와 자녀의 관계를 일방적인 관계로 묘사하고 있다. 따라서 자녀의 효용성 및 자녀의 정서적 가치를 강조함으로써 부모와 자녀의 관계를 상호성의 관점에서 접근하는 내용들이 강조되어야 한다.

나아가 결혼, 자녀 출산, 자녀 양육을 통해 얻는 보람과 기쁨은 그 어느 것으로도 대체할 수 없다는 것을 강조함으로써 자녀에 대한 개인적 가치 평가 및 인구에 대한 사회적 가치 평가를 제고할 수 있도록 해주어야 한다(박강용, 2006, 73). 즉 자녀에 대한 개인적 가치 평가 제고와 더불어 사회경제적 발전을 위해 적정 인구의 유지가 필요하다는 사회적 가치관을 강조함으로써 학생들의 출산에 대한 의지를 고양시켜 주어야 한다.

(2) 양성 평등의식 제고

저출산 현상의 원인 가운데 하나는 일과 육아의 양립이 어려운 우리의 사회구조이다. 그러므로 여성의 자아실현 욕구와 일과 가정이 영립할 수 있는 사회제도의 마련이 요구된다. 이런 점에서 볼 때 여성의 역할이 단순히 자녀 출산과 양육을 넘어서서 사회개발의 일원으로서 남성과 동등한 지위를 가지고 있음을 인식시키고 남성 또한 가사와 육아의 책임을 가지고 있음을 강조하는 양성 평등 교육이 실현되어야 한다. 초등 도덕과는 학생들로 하여금 사회생활에서의 성 차별 관행의 문제점을 이해하고 가족 내에서 양성 평등적 역할 분담을 실천할 수 있도록 양성 평등의식 제고에 힘써야 한다.

양성 평등 수준이 높은 사회 혹은 가족 내 남녀 간 가사 분담이 공평하게 이루어지는 사회일수록 일정한 출산력 수준을 유지하고 있음을 볼 때(김용문 · 오영희, 2006), 저출산 현상에 대응하기 위해 초등 도덕과는 양성 평등 교육의 실현에 더욱 적극성을 보여야 한다. 흔히 양성 평등 교육은 성별에 관계없이 동등하게 교육받을 수 있는 기회를 제공하는 것으로 인식되거나 학생들에게 양성 평등의식을 가르치는 교육으로 인식되는 경향이 있다. 그러나 양성 평등 교육은 교육받을 수 있는 기회를 보장하는 문제를 넘어서는 것이며, 학생들에게 양성 평등의식을 가르치는 것만을 의미하는 것도 아니다.

양성 평등 교육은 학생들에게 양성 평등의식을 명시적 · 의도적으로 가르치는 것은 물론 교사의 교수 · 학습 과정을 비롯하여 학교 교육활동의 구성 및 운영 전반에 걸친 교육활동이 갖는 성 차별성을 파악하고 이를 부단히 개선하는 한편, 학생의 성차를 해소하기 위한 교육활동을 제공함으로써 학생들이 성 정형화된 교육경험을 갖는 것을 방지하고, 더 나아가서는 전통적인 성관계(gender relation)를 극복할 수 있는 교육경험을 갖도록 하는 것이다. 이러한 교육의 결과는 개인적으로는 사회적 성취로 이어져 가족과 사회에서의 성별 분업이 제거되고, 궁극적으로는 여성 또는 남성으로서가 아니라 하나의 인간으로서 자율적 선택에 의한 다양한 삶을 가능하게 하는 한편, 사회적으로는 가부장적 질서에 기반을 둔 위계적 성관계가 와해되고 탈위계적 성관계를 정립하는 데 기여하게 된다.

이런 점에서 볼 때 초등 도덕과에서의 양성 평등 교육 방안을 제시한 박병춘(2005, 172-173)의 연구는 매우 고무적이다. 그는 양성 평등한 초등 도덕과 교육을 위한 개선방안으로 다음의 5가지를 제안한 바 있다.

첫째, 삽화 및 이야기에 등장하는 남녀 인물의 성비를 비슷하게 구성해야 한다.

둘째, 교과서에서 역사적으로 훌륭한 업적을 남겼거나 도덕적 모범을 보인 인물을 제시하거나 교과서 이야기의 주인공을 선정할 때 남녀 인물의 성비를 고려함과 동시에 이야기의 내용이나 역사적 인물의 활동 내용이 남녀 어느 한쪽 성에만 친화적인 내용이 되지 않게 해야 한다.

셋째, 교과의 목표 및 내용을 설정하고 구성하는 데 있어서 정의 도덕성에서 강조하는 남성적인 도덕적 특성이나 덕목만을 강조하기보다는 배려 윤리가 강조하는 여성적인 도덕적 특성 및 덕목도 함께 반영해야 한다.

넷째, 우리 사회에 내재해 있는 성 역할 고정관념과 성 편견, 성 차별의 실태와 그 원인 및 문제점을 파악하고, 그 해결방안을 모색해 볼 수 있는 내용이나 활동을 교과서 내용에 포함시켜야 한다.

다섯째, 학생을 가르치는 교사 자신이 양성 평등적인 의식과 태도 및 신념을 가져야 한다.

이에 덧붙여 향후 초등 도덕과는 양성 평등한 가정문화와 고용문화를 강조하는 교육내용을 더욱 강화시켜야 한다. 여성/어머니의 직장생활과 가정의 양립, 남성/아버지의 직장생활과 가정의 양립 문제를 양성 평등의 관점에서 접근해야 한다(박수미, 2007, 31). 나아가 일과 직업에 대한 가치관을 양성 평등하게 제시해 주어야 한다. 일과 가족의 양립은 단지 여성에게만 국한된 선택의 문제가 아니며, 현대 사회를 살아가는 여성과 남성 모두의 역할과 의무라는 관점이 강조되어야 한다. 또한 개인적인 차원에서 성 역할 고정관념을 깨뜨리고 다양한 직업 영역으로 진출하는 사례들을 제시함으로써 고용문화에서의 양성 평등의식을 제고해야 한다.

(3) 생명 존중에 대한 인식 제고

저출산 현상에 대응하기 위해 도덕과는 생명 존중에 대한 학생들의 올바른 지식구성을 촉진시켜 주는 교육을 실행해야 한다. 도덕과에서는 생명의 소중함에 대한 인식을 제고시켜 줌과 동시에 생명의 탄생을 막거나 의도적으로 죽이는 임신중절 행위의 부도덕성 등에 대해 학생들이 성찰할 수 있도록 해주어야 한다. 또 도덕과에서는 새로운 생명을 탄생시키고 이를 잘 보호하는 것이 우리 모두의 의무이며 행복한 일임을 진정으로 깨달을 수 있도록 도와주어야 한다.

2) 고령 사회에 대비한 가치교육 방향

고령 사회에 대응하기 위한 도덕과 교육과정은 현재 매우 취약한 상태이다. 7차 교육과정 및 2007 개정 도덕과 교육과정에는 인구 고령화에 대응한 학습내용이 제대로 담겨 있지 않다. 그러므로 인구 고령화를 단순히 통계학적으로 설명하는 데 그치지 않고 우리 사회 전반에 미치는 영향을 구체적으로 이해시키고, 이에 대한 개인적 · 사회적 대응방안을 마련할 수 있도록 해주는 교육적 개입이 요구된다. 특히 현재의 초등학생들은 인구 고령화의 영향을 가장 많이 받을 세대이기에 충분한 사전 준비가 필요하다.

학교 교육에서 고령 사회에 대응한 가치교육의 중요성은 노인기의 준비, 세대 갈등의 극복, 노인 관련 직업의 증가라는 세 가지 측면에서 찾을 수 있다(김향은, 2003). 먼저 인간은 누구나 언젠가는 노인이 된다는 사실을 생각해 볼 때 고령 사회에 관한 교육은 노인에 대한 준비교육으로서 커다란 의미를 갖는다. 학생들은 노인과 노화에 대한 지식을 습득함으로써 다가올 노인기에 대한 예상적 사회화(anticipated socialization)가 가능해진다. 고령 사회의 심각한 문제 가운데 하나인 세대 간 갈등을 이해하기 위해서는 서로에 대한 이해를 확장하는 것이 필요한데, 고령 사회에 대응한 가치교육은 노인 세대에 대한 이해력 제고에 기여할 수 있다. 끝으로 고령 사회에서는 실버 산업과 관련한 다양한 직업들이 늘어날 전망이다. 고령 사회에 대한 대응 교육은 학생들의 다양한 진로 탐색에도 많은 도움을 줄 수 있다.

그렇다면 도덕과에서 고령 사회에 대응한 가치교육은 어떠한 방향으로 추진되어야 하는가? 고령 사회에 대한 현재의 논의들은 인구 고령화에 따른 부정적 영향에만 초점을 맞추는 경향이 강하다. 도덕과 교육을 통한 고령 사회 대응방안을 모색함에 있어서 우리는 인구 고령화가 위기 요인이면서 동시에 개인의 삶의 질을 제고시키고, 동시에 국가 발전을 지속시킬 수 있는 새로운 기회가 될 수 있음도 강조하는 균형 있는 시각을 견지할 필요가 있다.

(1) 노년기에 대한 올바른 이해

고령 사회에 대응한 도덕과 교육은 먼저 노인기에 대한 올바른 이해력을 제고해 주어야 한다. 노인기는 아동기, 청소년기, 성인기와 마찬가지로 인간의 전체 생애에 걸친 발달과정의 일부분임을 인식시키기 위해 인간의 생애 발달에 대한 학생들의 올바른 지식구성의 기회를 제공해야 한다. 이러한 시도에 있어서 우리는 노인이란 특별한 사람이 아니며 연속적인 인생의 한 지점에 있는 인간이라는 인식의 확대, 그리고 노화란 단지 신체적인 쇠퇴만을 의미하는 것이 아니라 또 다른 의미에서 성장과 발달이라는 인식의 전환을 유도하는 것에 초점을 맞추어야 한다.

나아가 학생들에게 노인들이 겪고 있는 신체적 · 사회적 · 심리적 변화들과 노인들의 여러 가지 특징들을 이해시키고 자신에게도 일어날 그러한 변화에 대한 구체적인 준비와 태도를 갖도록 해주어야 한다. 즉 학교는 학생들이 노인을 일방적인 부양의 대상으로만 고려하지 않고 가정생활의 행복을 위하여 함께 협동해야 할 가족 구성원으로 인식하도록 하고, 노인기에 가지게 될 다양한 특성에 대하여 알되 부정적인 측면만이 아니라 긍정적 측면도 인식하게 하여 노화에 대하여 가지고 있는 무조건적인 두려움이나 부정적 인식 또는 차별적 인식을 제거할 수 있는 교육을 제공해야 한다. 아울러 고령 사회에서 왜 노인들과 더불어 사는 것이 중요하고, 그러기 위해서는 어떻게 해야 할 것인가에 대한 학생들의 결단을 촉구할 수 있는 교육내용을 강화시켜야 한다.

(2) 연령 통합적 사고의 고취

우리 사회는 노동을 준비하기 위한 교육의 단계인 청소년기와 노동의 시기인 중년기, 은퇴 후 사회로부터 분리되어 여가를 즐기는 노년기로 구분되어 모든 정책과 제도가 마련되어 있는 연령 분리적인 사회이다. 그러나 급속한 인구 고령화를 경험하고 있는 우리 사회가 발전을 지속하기 위해서는 연령 통합적인 사회구성 원리를 가진 사회로 변화해야 하며, 학교는 교육을 통해 이러한 인식을 확대시켜야 한다. 왜냐하면 생물학적 연령에 기초한 경직된 사회문화는 고령 사회에서 요구하는 다양한 개인의 욕구와 각 사회구성원이 갖고 있는 잠재력의 발현을 불가능하게 만들기 때문이다.

연령 통합적 사회문화는 생애에 걸쳐 개인이 역할을 수행하는 데 있어서 연령 장벽이 없다는 것, 그리고 상이한 연령층 간의 상호작용이 이루어진다는 것을 특징으로 한다. 그러므로 도덕과는 학생들에게 이러한 연령 통합적 사고를 고취시킬 필요가 있다. 특히 이러한 교육에 있어서 연령 통합적 사고는 먼 미래의 자신들에게 있어서도 유익한 사회구성의 원리임을 일깨워 주어야 한다.

도덕과는 인류의 역사를 통해 노인들의 지혜와 경륜을 활용했던 것이 인류의 역사 발전에 있어서 얼마나 큰 기여를 하였는지 일깨워 줌으로써 학생들의 노인에 대한 막연한 편견을 해소시켜 나가야 한다. 동시에 학생들이 장차 노인이 되어 연령 분리적인 사회구성 원리에 의해 피해를 보게 될 때의 느낌을 예상하여 상상해 보게 함으로써 노인에 대한 이해와 공감능력을 제고시켜 주어야 한다. 또한 연령에 상관없이 사회에서 생산적인 구성원으로서의 삶을 영위할 수 있는 것이야말로 참된 인간 행복의 실현인 동시에 우리가 지향하는 민주사회와 열린 사회의 전제조건임을 강조해야 한다.

(3) 노인 부양에 대한 책임의식 강화

노인 부양의 근간이 아직은 가족 부양에 의존하고 있는 우리의 현실을 고려해 볼 때 도덕과는 가치교육을 통하여 노인 부양에 대한 학생들의 책임의식을 제고시켜 주어야 한다. 도덕과에서는 도덕성의 행동적 영역과 관련하여 학생 자신이 도덕적 주체로서 미래의 부모 입장 되어 보게 하기, 독거노인 돕기, 노인 복지시설에서 봉사활동 하기, 노인 편의 시설 설치를 위한 서명이나 편지쓰기 등과 같은 다양한 실천 프로그램의 기회를 제공하여 노인 공경 및 노인 부양에 대한 책임의식을 제고할 수 있도록 해주어야 한다.

참고문헌

교육인적자원부(2007), 『도덕과 교육과정』, 서울 : 교육인적자원부.

김태헌(2006), "초 · 중등학생의 결혼 및 자녀 가치관 정립 방안", 『보건복지포럼』.

김향은(2003), "중학생을 대상으로 하는 노인교육 수업안의 개발", 『한국가정교육학회지』, 15(1).

박강용(2006), "저출산 시대에 대비한 사회과교육의 방향 모색", 『사회과교육연구』, 13(1).

박병춘(2005), "양성 평등한 도덕과 교육방법 연구", 『국민윤리연구』, 58호.

박수미(2007), "미래세대의 성 평등한 가족문화 및 고용문화 조성을 위한 연구", 『보건복지포럼』.

연합뉴스, 2007년 2월 22일자.

왕석순 · 전미경(2006), 『저출산 · 고령 사회 관련 교과서 개편 지침자료 개발』, 보건복지부 학술용역결과 보고서.

윤인경 외 5인(2007), "저출산 · 고령화 사회에 대비한 학교 교육의 목표 및 교육내용 구성에 관한 연구", 『직업교육연구』, 26(2).

이삼식 외 9인(2005), 『인구 관련 교과내용 실태와 개선방향』, 서울 : 한국보건사회연구원.

이삼식(2007), "가치관의 변화가 결혼 및 출산 행태에 미치는 영향", 『보건사회연구』, 26(2).

______(2006), "저출산 원인 구조와 정책방향", 『보건복지포럼』.

장혜경(2004), "저출산의 현황과 원인 및 대책, 그리고 전망", 『지방행정』.

조명덕(2010), "저출산 · 고령 사회의 원인 및 경제적 효과 분석", 『사회보장연구』, 26(1).

통계청 보도자료, 2010년 2월 24일.

한국보건사회연구원(2006), 『저출산 고령 사회에 대비한 국가전략』, 서울 : 한국보건사회연구원.

제2부

글로벌 · 다문화의 도전과 도덕교육

제4장 글로벌 다문화 시대의 도덕교육

오늘날 다문화와 세계화 현상은 도덕과 교육의 새로운 방향설정을 요구하는 대표적인 사회환경적 요구사항이다. 국제적 인구이동의 증가에 따라 우리 사회의 다문화 현상은 날이 갈수록 심화될 것이 분명하므로 도덕과 교육은 우리 사회를 구성하고 있는 상이한 문화와 인종 및 종족에 대한 민감성과 공감적 이해, 그리고 공존의 논리를 반영해야만 한다. 한편 세계화 · 정보화의 진전에 따라 우리는 점점 좁아지고, 복잡하며, 상호 의존적인 세계에 살게 될 것이다. 우리가 당면한 문제 가운데 상당수는 국제적 · 세계적 해결을 필요로 하기에 도덕과 교육은 지구 공동체에 대한 올바른 인식과 태도를 심화시켜야 한다.

이러한 사회환경적 요구는 도덕과 교육에서 다문화 교육(multicultural education)과 세계 교육(global education)의 실천이 매우 중요함을 잘 일깨워 준다. 하지만 다문화 교육과 세계 교육 자체는 상당히 논쟁적인 주제이므로 이를 도덕과 교육에 접목하는 데에는 세심한 주의가 필요하다. 다문화 교육과 세계 교육은 서로 다른 역사적 맥락에서 발생했으며, 각 교육의 목적과 목표에 대한 교육자들의 보편적 합의를 찾기도 매우 어렵기 때문이다(Wells, 2008, 142). 달리 말해 다문화 교육과 세계 교육은 각기 다른 역사적 배경과 전제에 근거하고 있으므로 두 교육의 요구사항을 도덕과 교육에 기계적으로 적용하고자 할 경우 상당한 불협화음이 생길 수 있다. 서구의 교육경험에 비추어 볼 때 다문화 교육과 세계 교육은 상당한 공통의 목적과 목표를 공유하고 있음에도 불구하고, 연구자들이 학교 교육에서 각기 자체의 목적만을 구현하려고 시도한 결과 시너지 효과를 제대로 발휘하지 못했다. 게다가 현장 교사들은 다문화 교육과 세계 교육을 개념적으로 명확하게 구분하지 못한 채 상호 교환적으로 활용하고 있으며, 두 교육이 학생들에게 왜 중요한 것인지에 대해 제대로 이해하지 못하고 있는 것으로 드러났다(Lucas, 2010, 211).

이에 따라 다문화적 세계 교육(multiculturalized global education) 혹은 세계적 다문화 교육(global multicultural education)이라는 이름 아래 두 교육의 접점을 찾아 학교 교육에 반영하려는 새로운 학문적 움직임이 주목을 받고 있다. 그 이유는 이러한 노력들이 국내적 현실을 무시한 채 세계 문제 해결을 위한 교육을 강조한 세계 교육의 추상성과 비현실성을 약화시키고 세계 문제에 도외시한 채 국내의 문화적 다원성 문제에만 집착하는 다문화 교육의 폐쇄성과 소극성을 극복하게 해주는 현실적 대안으로 여겨졌기 때문이다.

그러므로 다문화 · 세계화 시대에서 도덕과 교육은 다문화 교육과 세계 교육의 공통된 개념을 찾아 그것을 도덕과 교육에 용해 · 적용해야 하는 중요한 과제를 안고 있다. 이에 이 글에서는 다문화 교육과 세계 교육의 가능한 접점에 관한 선행 연구 분석을 통해 두 교육이 공통적으로 강조하고 있는 학문적 개념이 무엇인지를 밝히고, 그것을 도덕과 교육에 어떻게 적용해야 할 것인지에 대해 논의하고자 한다. 이를 위해 이 장에서는 문헌 분석에 근거하여 다문화 교육과 세계 교육에 내포된 두 교육의 공통적 개념을 찾아내고, 그것을 도덕과 교육의 내용 및 교수 · 학습 과정에 반영 · 실천하는 적절한 방법을 제안하고자 한다.

1. 세계 교육과 다문화 교육에 관한 이해

1) 세계 교육의 개념과 목적

세계화의 진전에 따라 세계 교육의 중요성이 커진 것은 사실이지만 세계 교육의 역사적 뿌리는 그보다도 훨씬 깊다. 1920년대 미국의 진보주의 학자들은 『새로운 시대』(*The New Era*)라는 학술지를 통해 이미 세계 교육에 대한 관심을 표명한 바 있다. 1960년대에 영국의 학자들은 교육과정에서의 세계적 차원을 강조한 '세계 연구'(World Studies)라는 용어를 만들어냈으며, 이에 근거하여 1970년대부터 '세계 연구' 프로젝트를 시작했다(Hicks, 2003, 266).

하지만 세계 교육을 한 마디로 정의하는 것은 그리 간단하지 않다. 세계 교육은 국제 교육, 국제이해 교육, 세계 연구, 세계 중심적 교육, 개발 교육, 교육에서의 세계적 관점 등의 여러 교육 개념들과 중첩 · 혼재되어 있기 때문이다. 세계 교육은 특히 국제이해 교육과 동일시되는 경우가 많은데, 사실 양자 간에는 미묘한 차이가 있다. 국제이해 교육은 1974년 이후 주로 유네스코(UNESCO)에 의해 주도된 개념이다. 이와는 달리 세계 교육은 1970년대 이후 영국과 북미지역 학자들에 의해 주도된 개념이다. 두 교육 모두 세계 시민 육성의 중요성을 강조하고 있기는 하지만, 국제이해 교육은 일국의 시민으로서 타국 또는 인류 전체의 이슈에 대해 관여하는 시민을 상정하는 반면에, 세계 교육에서의 시민은 세계 시민으로서의 소속감과 정체성을 가진다는 점에서 약간의 차이가 있다.

커크우드(Kirkwood, 2001, 10)는 세계 교육이 다음과 같은 4가지 철학적 토대에 근거를 둔다고 규정했다.

첫째, 인간은 연령, 능력, 계급, 종족, 젠더, 국적, 성적 지향, 사회경제적 지위, 인종 등에 상관없이 모두 평등하게 창조되었다.

둘째, 인간의 행위는 인종이 아닌 문화에 의해 결정된 것이다.

셋째, 인류의 모든 성원들은 기본적인 인권을 소유하고 있다.

넷째, 세계 교육은 도덕적 목적을 가지고 있다.

세계 교육의 목표에 대한 논의는 세계 교육의 변천과정 속에서 매우 다양하게 논의되어 왔으나 오늘날과 같은 세계 교육의 개념화 작업에 가장 큰 영향을 미친 사람은 바로 로버트 한비(Robert Hanvey)이다(Lamy, 1990, 53). 그는 1976년에 학생들로 하여금 세계적 인식을 갖도록 하기 위해 세계 교육에서 강조해야 할 5가지 차원을 다음과 같이 제시했다(Hanvey, 1976, 9).

첫째, 관점 의식(perspective consciousness)은 세계에 대해 사람 및 국가들이 갖고 있는 다양한 인식을 이해하는 것을 뜻한다.

둘째, 지구상태 인식(state−of−the planet awareness)은 지구 공동체가 직면하고 있는 세계적 이슈와 사건들을 인식하는 것을 뜻한다.

셋째, 문화 간 이해(cross−cultural awareness)는 유사성과 차이점의 관점에서 세계 문화를 이해하는 것을 의미한다.

넷째, 지구 역학에 대한 지식(knowledge of global dynamics)은 지구를 복잡한 특성과 기제, 예측할 수 없는 결과를 가진 상호 연관된 하나의 체계로서 이해하는 것을 의미한다.

끝으로, 인간의 선택에 대한 인식(awareness of human choices)은 인간의 선택은 지역적 · 국가적 · 국제적으로 상이할 수 있으며, 서로에게 영향을 준다는 것을 인식 · 검토하는 것을 뜻한다.

1982년 미국의 사회과교육학회는 세계 교육이란 문화, 인류, 지구 사이의 상호 연관성을 강조하는 세계에 대한 관점을 학생들에게 심어주기 위한 시도라고 정의하면서 세계 교육의 목적은 제한된 천연자원과 인종적 다양성, 문화적 다원주의, 점증하는 상호 의존성을 특징으로 하는 세계 속에서 효과적으로 생활하는 데 필요한 지식 · 기능 · 태도를 계발하는 것이라고 선언했다(NCSS, 1982, 1−2).

닙(Kniep, 1986, 437)은 세계 교육이 다른 교육과 구별되는 독특성은 바로 다원주의, 상호 의존성, 변화의 특성을 가진 세계 그 자체로부터 나오는 현실적 · 실제적인 문제에 초점을 맞춘 것이라고 주장했다. 그는 동시에 세계 교육은 인간 가치에 대한 연구, 세계 체제에 대한 연구, 세계 문제와 이슈에 대한 연구, 인간 · 문화 · 국가 간의 접촉과 상호 의존의 역사에 대한 연구를 주된 내용으로 삼아야 한다고 주장했다.

타이(Tye, 1990, 9)는 세계 교육은 국경을 초월하는 문화와 이슈, 그리고 문화 · 생태 · 정치 · 경제 · 기술 체계의 상호 연관성에 대한 학습을 포함한다고 주장했다. 또한 세계 교육은 우리와는 상이한 문화적 배경을 가진 이웃들을 이해하고 인정하기 위한, 타인의 눈과 마음을 통해 세계를 바라보기 위한, 그리고 타인들이 우리와는 다르게 삶을 바라보고는 있지만 세계 모든 사람들은 동일한 것을 필요로 하고 원하고 있다는 것을 깨닫게 하기 위한 학습을 포함한다고 주장했다.

그런가 하면 메리필드(Merryfield, 1994, 4)는 세계 교육은 상호 의존성, 문화적 다원주의, 한정된 제한을 둘러싼 경쟁의 증가라는 특징을 가진 세계 속에서 의사결정 및 참여에 필요한 지식 · 기능 · 태도를 계발하는 데 목적이 있다고 주장했다. 동시에 그는 세계 교육은 '인간의 신념과 가치, 세계 체제, 세계 이슈와 문제, 세계사, 문화 간 이해와 상호작용, 인간의 선택에 대한 인식, 분석 · 평가적 기능의 계발, 참여와 관여를 위한 전략'을 주요 내용으로 한다고 주장했다(Brown & Kysilka, 2009, 8).

한편 1980년대 중반 영국에서는 다문화 사회와 상호 의존적 세계에서 살아가는 데 적합한 지식 · 태도 · 기능을 가르치기 위한 '세계 연구' 프로젝트가 매우 활성화되었다(Lynch, 1989, 16). 당시 '세계 연구' 프로젝트는 지식의 영역에서 '우리 자신과 타인, 부자와 빈자, 평화와 갈등, 우리의 환경, 미래의 세계'를, 태도 영역에서 '인간의 존엄성, 호기심, 공감, 정의와 공정, 타문화의 인정'을, 그리고 기능 영역에서 '탐구, 의사소통 기능, 개념 파악, 비판적 사고, 정치적 기능'을 강조했다(Fisher & Hicks, 1986, 25).

비슷한 시기에 캐나다의 파이크와 셀비(Pike & Selvy, 1988, 34–35)는 세계 교육은 지구적 안목을 형성하는 것이라고 주장하면서 세계 교육의 5가지 목적을 다음과 같이 제시했다.

첫째, 체계적 의식(systematic consciousness)이다. 학생들은 하나의 체계 모드에서 사고할 수 있는 능력, 세계의 체계적 성격을 이해할 수 있는 능력, 자신들의 능력과 잠재력에 대하여 전체적인(holistic) 개념화를 만들어낼 수 있는 능력을 획득해야만 한다.

둘째, 관점의식(perspective consciousness)이다. 학생들은 자신들이 보편적으로 공유되지 않는 하나의 세계관을 갖고 있다는 것을 인정하고 다른 관점에 대한 수용성을 계발해야만 한다.

셋째, 지구 건강에 대한 인식(health of planet awareness)이다. 학생들은 지구의 상황, 지구의 개발 및 추세에 대한 이해와 인식을 획득해야만 한다. 학생들은 정의 · 인권 · 책임에 대해 심층적으로 알고 있어야 하며, 그것을 지구의 상황 및 지구의 개발과 추세에 적용할 수 있어야만 한다. 또한 지구의 건강에 대한 성찰에 있어서 미래지향적 관점을 발달시켜야만 한다.

넷째, 참여의식(involvement consciousness)이다. 학생들은 개인적 · 집단적으로 그들이 내린 선택과 그들이 취한 행동이 지구의 현재와 미래에 영향을 준다는 것을 알아야만 한다. 학생들은 민초로부터 세계 시민 수준에 이르기까지 다양한 수준에서 민주적 의사결정에 효과적으로 참여할 수 있는 사람이 되는 데 필요한 사회적 · 정치적 행동 기능을 발달시켜야만 한다.

다섯째, 과정정신(process-mindedness)이다. 학생들은 학습과 개인적 발달이 고정되거나 최종적인 행선지가 없는 지속적 여정임을 학습해야만 한다. 또한 생학생들은 세계를 위험에 빠뜨리지 않고 갱신할 수 있는 새로운 관점을 학습해야만 한다.

이렇듯 영국과 북미를 중심으로 전개되어 온 세계 교육에서 찾아볼 수 있는 공통된 개념은 바로 상호 의존성과 연관성을 지닌 체계로서의 세계에 대한 인식, 다양한 관점, 문화에 대한 이해와 인식, 지구문제에 대한 지식이다(Kirkwood, 2001, 12). 그러나 미국의 학자들이 주로 조화와 유사성을 강조하는 가운데 국가 발전의 측면에서 세계 교육에 접근했던 반면에, 영국과 캐나다의 학자들은 국가 발전보다는 인류와 지구의 공통 이해관계 및 개인적 발달에 초점을 맞추는 가운데 부와 권력, 인권에서의 차이점을 강조하는 경향이 강했다(Hicks, 2003, 270).

세계 교육의 전개과정에서 우리는 지속성과 차이점을 찾을 수 있다. 세계 교육의 전개과정에서 지속적으로 논의되어 온 사항은 바로 세계 시민성의 개념이다. 원래 시민성이라는 개념은 소속감, 권리, 의무, 참여를 구성요소로 한다. 세계 시민성은 전 세계와 그 안의 거주자들을 포함하기 위하여 국가 시민성의 영역을 확장한 것이다(O'Byrne, 2003, 5). 세계 교육의 중요성이 부각됨에 따라서 세계 시민성(global citizenship)이라는 오래된 개념이 다시 주목을 받은 것이다. 사실 세계 시민성 개념은 서구 사상에 있어서 스토아 학파에서 유래되어 르네상스 시기에 번성했으며 18세기 계몽주의 시대에 정교화되었다(Carter, 2001, 1). 세계 시민성의 아이디어는 코스모폴리타니즘(cosmopolitanism)의 개념과 아주 밀접하게 연관되어 있는데, 코스모폴리타니즘은 기본적 인권, 타문화 존중, 평화로운 공존을 위한 열망을 담고 있다(Carter, 2001, 3).

물론 세계 시민성의 개념에 대해 비판적인 사람들은 시민성을 위한 세계적 조건이 존재하지 않으므로 기껏해야 그것은 은유적 개념에 지나지 않는다고 비판한다(Carter, 2001, 5). 하지만 세계 교육 학자들은 인간의 존엄성과 평등을 바탕으로 인류가 직면한 세계 문제의 해결을 위해서는 세계 시민성 개념이 반드시 필요한 것이라고 본다. 세계 시민은 글로벌 이슈에 대해 인식하고 이를 해결하는 데 있어 책임감을 가지고, 가치의 다양성을 존중하며, 세계를 보다 정의롭고 지속 가능한 공동체로 변화시키려는 시민이다. 따라서 세계 시민성 개념은 지구 공동체 구성원으로서의 우리의 도덕적 책임과 의무를 규정해 준다(Dower, 2002,

33). 모든 인류는 인간으로서 우리 모두가 갖고 있는 권리와 의무의 관점에서 세계 시민이다. 하지만 세계적 관심을 추구하는 책임을 수용한 사람만이 진정한 세계 시민이다. 세계 시민이 된다는 것은 세계 윤리 틀을 수용하는 단순한 문제가 아니라, 지구라는 더 큰 공동체에 소속되고 거기에 참여하는 사람이다. 달리 말해 세계 시민은 지구 시민사회의 다양한 제도 속에서 자신을 표현해야 한다(Dower, 200, 40).

세계 교육에서 세계 시민성에 대한 논의는 세계 교육의 초점 이동(focus shift)을 초래했다. 그러기에 세계 교육의 전개과정에서 찾을 수 있는 차이점은 바로 내용상의 강조점이다. 세계 교육에 대한 초기의 논의들은 주로 지적 이해를 강조했으나 최근의 접근법들은 사회적 사고와 토론 및 사회적 행위를 강조하고 있다. 따라서 오늘날 세계 교육은 변혁을 추구하는 하나의 과정으로 인식되고 있다(Brown & Kysilka, 2009, 10).

2) 다문화 교육의 개념과 목적

다문화주의는 민족과 인종의 다양성을 존중하고 모든 인간이 평등하게 사회참여를 할 수 있는 국가를 형성하기 위해 도입된 개념이다(Kincheloe & Steinberg, 1997, 2). 달리 말해 다문화주의는 문화권의 배경에 따라 특정 집단의 구성원이 차별받지 않고 상호 간의 존중과 공존의 방향을 모색하고자 도입된 개념이다. 이렇듯 다문화주의는 상이한 국적, 체류자격, 인종 · 문화적 배경, 성 · 계층적 귀속감 등에 관계없이 모든 인간이 인간으로서의 보편적 권리를 향유하고 각각의 특수한 삶의 방식을 존중하며 공존할 수 있는 다원주의적인 사회 · 문화 · 제도 · 정서적 인프라를 만들어내기 위한 집합적인 노력을 의미한다.

다문화 교육은 이러한 다문화주의 철학을 반영하는 몇 가지 가정에 기반을 두고 있다(Salili & Hoosain, 2001, 9-10).

첫째, 문화적 다양성은 긍정적이고 풍부한 경험이며, 사람들로 하여금 서로의 문화에 대해 학습하도록 도와줌으로써 인간을 더욱 완전한 존재로 만들어 준다.

둘째, 다문화 교육은 모든 학생들을 위한 것이지 소수 집단에게만 해당하는 것이 아니다.

셋째, 교수활동은 문화 교차적인 만남이다.

넷째, 다문화 교육은 전체 교육과정 속에 스며들어야 한다.

다섯째, 교육체제가 모든 학생들에게 동등한 도움을 주지 못했다.

다문화 교육에 관한 이론화 작업에 있어서 가장 선도적인 미국의 경우를 보면 1960년대 이후로 다문화 교육이 몇 가지 형태를 띠면서 발전해 왔음을 알 수 있다. 깁슨(Gibson, 1984, 95)은 미국 내 다문화 교육을 옹호하는 논문들에 대한 분석을 토대로 하여 5가지 접근법을 확인하였다.

첫째, '문화적으로 다른 학생을 위한 교육' 혹은 '박애주의 다문화 교육'은 문화적으로 상이한 학생들을 주류 사회 · 문화에 효과적으로 합류시키는 것을 도와주는 방법을 찾는 것이다.

둘째, '문화 차이에 대한 교육'은 모든 학생들에게 상이한 문화 간 상호 이해를 증진하려는 시도로서 여러 문화의 차이점들을 가르치는 것이다.

셋째, '문화적 다원주의를 위한 교육'은 각 민족 · 종족의 문화를 지키고 소수 민족 · 종족의 영향력을 높이기 위한 교육이다.

넷째, '이중 문화 교육'은 학생들이 두 문화권 속에서 성공적으로 적응할 수 있도록 준비시키는 것이다.

끝으로, '인간의 정상적 경험으로서의 다문화 교육' 은 학생들이 다양한 문화적 · 인종적 환경에서 살아갈 수 있도록 가르치는 것이다.

이에 근거하여 슬리터와 그랜트(Sleeter & Grant, 1988, 27−28)는 미국 내 다문화 교육의 접근법을 역사적으로 고찰한 결과를 발표했다. 그들의 연구결과에 의하면 1960년대에는 3가지 서로 다른 접근법들이 출현했다.

첫째는 '예외적이고 문화적으로 상이한 학생들을 가르치는 것' 이었다. 이 접근법은 하위 계층, 노동자 계층, 장애 학생, 제한된 영어 능력을 가진 학생, 표준화 시험 통과가 절실한 여학생 혹은 주요 과목의 성적이 뒤처진 유색인종 학생들이 주류 교육에서 성공할 수 있도록 돕는 데 초점을 맞추고 있었다.

둘째는 '인간관계 접근법' 으로서 이것은 학생들 사이에서 긍정적 정서를 유발하고 고정관념을 감소시킴으로써 다양한 사람들로 구성된 사회에서 일치를 도모하고 관용정신을 발전시키는 데 초점을 맞추었다.

셋째는 '단일집단 연구' 로서 이것은 여성학 및 민족지학의 발전에 근거하여 특정 집단의 억압에 대한 의식을 제고하고 사회적 행동을 취하도록 하는 데 초점을 맞추었다.

1970−1980년대에는 두 개의 접근법이 추가로 등장했다. 하나는 '다문화 교육 접근법' 이다. 이것은 문화적 다원주의와 기회균등에 근거하여 미국의 다양성을 인정하는 학교 정책과 실제를 창출하는 것에 초점을 맞추었다. 다른 하나는 '다문화적 사회정의 교육' 혹은 '다문화적 사회 재구성 접근법' 으로, 이는 '다문화 교육 접근법' 을 사회적 행위, 교수 · 학습 상황 및 사회 자체의 재구성으로까지 확대한다. 이 접근법은

미래의 시민들이 유색인종, 빈곤층, 여성, 동성애자, 성전환자, 장애인 등의 이해관계를 더 잘 배려할 수 있는 공정한 사회를 재건할 수 있도록 준비시키는 데 초점을 맞추고 있다(Sleeter, 1989, 63). 따라서 이 접근법은 내용뿐만 아니라 과정과 맥락을 강조하며, 학생들을 공정한 사회 구축을 위한 의사 결정자 및 사회변혁가로 교육시키는 것을 강조한다.

이렇듯 다문화 교육은 단순히 문화적 다양성을 예찬하는 교육에 그치지 않는다. 뱅크스와 뱅크스(Banks & Banks, 2001, 1)는 다문화 교육은 하나의 아이디어, 교육개혁 운동, 그리고 하나의 과정이라고 보았다. 그러기에 그들에게 있어서 다문화 교육의 주된 목적은 교육제도의 구조를 변화시킴으로써 남학생과 여학생, 예외적인 학생, 다양한 인종 · 민족 · 언어 · 문화 집단의 성원인 학생들이 학교에서 학업성취를 위한 평등한 기회를 가지게끔 하는 데 있다.

또한 니토(Nieto, 2000, 305)는 다문화 교육은 인종차별주의에 반대하고 인류평등주의적이고 포함적인 하나의 확산적인 교육학적 과정이라고 보았다. 그에게 있어서 다문화 교육은 교육과정과 학교에서 활용되는 제도적 전략뿐만 아니라 교사 및 학생과 학부모 사이의 상호작용, 나아가 학교가 교수 · 학습의 본질을 개념화하는 방식까지 스며든다. 즉 다문화 교육은 기저의 철학으로서 비판교육학을 활용하며, 사회변화의 근간으로서 지식 · 성찰 · 실천에 초점을 맞추고 있기 때문에 사회정의라는 민주적 원리를 촉진시켜 준다.

이렇듯 다문화 교육은 학교에서 변화의 과정을 시작하여 그것이 사회로 확대되게끔 하는 일종의 사회운동이다(Sleeter, 1996, 230). 그러므로 다문화 교육은 기회에서의 민족적 · 인종적 불균형을 없애기 위해 사회를 개혁하려는 의지를 지닌 사회변화의 주체세력이 갖추어야 할 태도 · 가치 · 습관 · 기능을 계발하는 것에 초점을 맞춘다. 학생들은 다문화 교육을 통하여 자신들의 민족적 이슈에 대한 지식을 확대하고 의사결정 능력, 사회행위 기능, 리더십 능력, 정치 효능감, 인간 존엄성과 평등에 대한 도덕적 결단을 계발하게 된다.

2. 세계 교육과 다문화 교육의 접점

1) 세계 교육과 다문화 교육의 연계

이렇듯 세계 교육과 다문화 교육은 공통점을 갖고 있으면서도 상이한 강조점을 보여준다. 세계 교육과 다문화 교육은 공히 문화적으로 다양한 사회에 효과적으로 참여하기 위한 지식 · 기능 · 태도 · 행위를 계발하는 과정이다. 다문화 교육이 한 국가 안에서의 개인과 문화집단을 강조하고 있다면 세계 교육은 세계적 맥락 속에서 세계 문제와 상호연관성을 강조한다. 세계 교육과 다문화 교육은 개인, 집단, 제도들이 지역적 · 국가적 · 국제적으로 더 나은 세상을 만들기 위해 어떻게 협력해야 하는가라는 단일 주제에 대한 두 측면들을 잘 보여준다. 세계 교육과 다문화 교육은 복잡하고 다원적이며 상호 연계된 세계에 능동적으로 참여하기 위한, 그리고 더욱 공정하고 인간적인 세계를 만들기 위해 개인 및 제도 안에서의 변화를 촉진하고 협력하기 위한 지식 · 기능 · 가치를 획득하게 하는 교육적 과정인 셈이다(Brown & Kysilka, 2009, 11).

세계 교육과 다문화 교육을 결합하려는 시도는 크게 보아 두 가지이다. 하나는 다문화 교육 관점에서 세계 교육의 관점을 통합하려는 것이고, 다른 하나는 세계 교육의 관점에서 다문화 교육의 관점을 통합하려는 것이다. 베넷(Bennett)이 다문화 교육의 관점에서 세계 교육의 관점을 통합하고자 한다면 메리필드(Merryfield)와 린치(Lynch)는 세계 교육의 관점에서 다문화 교육의 관점을 통합하려는 입장을 보인다.

베넷(2007, 32)은 포괄적인 다문화 교육과정의 개념 모델을 제안하면서 다문화 교육의 핵심 가치와 목표를 제시한 바 있다. 그에 의하면 다문화 교육의 핵심 가치는 문화적 다양성의 수용과 인정, 인간 존엄성과 보편적 인권의 존중, 세계 공동체에 대한 책임, 지구 존중이다. 한편 다문화 교육의 목표는 다양한 역사적 관점의 이해, 문화적 의식의 개발, 간문화적 능력의 개발, 인종차별주의 · 성차별주의 및 모든 형태의 억압 · 차별과의 항쟁, 지구와 세계 공동체의 상태 및 역학에 대한 인식의 제고, 사회행위 기능의 계발이다.

이렇듯 베넷은 다문화 교육의 목표에 세계 교육에서 강조하는 두 가지 목표를 통합하였다. 지구와 세계 공동체의 상태 및 역학에 대한 인식 제고는 지구의 현재 상태와 보편적인 변화경향, 발전과정을 인식하는 것이다. 전 세계는 다양한 하위 체계들이 상호 밀접하게 연계되어 있는 거대한 하나의 생태계이며, 작은 사건들에 의해서 심각한 영향을 받을 수도 있음을 이해하는 것이다. 한편 사회행위 기능의 계발은 지구의 미래와 인류의 행복을 위협하는 문제들을 해결하는 데 필요한 지식과 태도, 행동을 의미한다. 베넷은 다문화 교육의 관점을 세계적 차원으로 확대하여 다문화 교육에서 지구의 현재 상태에 대해 가르치고 책임감 있는 세계 시민을 육성하는 것이 중요함을 강조했다.

한편 세계 교육의 관점에서 다문화 교육 관점을 통합하려는 시도는 메리필드와 린치에 의해 시도된 바 있다. 다문화 교육과 세계 교육을 연계할 이유에 대해 메리필드(1996, 1)는 다음의 3가지 사실을 들고 있다.

첫째, 인간다움을 유지함에 있어서, 그리고 보다 정의롭고 공평하고 평화로운 세계를 만드는 데 있어서 보편적인 것(universals)이 존재한다. 전 세계라는 하나의 공동체 안에서 사람들은 동일한 기본적 문제를 공유하고 있고 인간 조건을 개선하기 위한 유사한 담색을 하고 있다.

둘째, 학생 · 사회 · 세계 공동체의 욕구를 충족함에 있어서 인간의 다양성이 강조되어야 한다. 문화적 다양성과 문화적 다원주의는 개인의 국지적 이웃으로부터 국가, 종교, 세계까지의 많은 수준에서 중요한 것이다.

셋째, 상호 연관성이 존재한다. 과거 · 현재 · 미래의 모든 사람들은 서로 연결되어 있고, 사람들은 서로의 종 및 지구 생태 시스템의 한정된 자원과 상호 의존적이다. 인간, 다른 종, 지구의 존속은 공평, 다양성, 상호 연관성에 대해 잘 알고 있고 그것에 대해 헌신하고 기꺼이 행동하는 사람들에 달려 있다. 이러한 의미에서의 세계 교육은 세 가지 측면에서 전통적인 세계 교육과 차이를 드러낸다. 즉 다문화 교육의 관점을 통합한 세계 교육은 세계 문화의 보편성 및 다양성을 강조하는 교육, 세계적 문제의 상호 의존성 강조를 위한 통합적 시각 교육, 지역과 세계의 상호 연계성 인식에 기반은 둔 의사결정 및 참여에 관한 교육을 그 특징으로 삼는다.

린치(1989, ix−x) 역시 문화적 다양성의 문제를 보다 확대된 세계적 맥락에서 보아야 한다고 주장하면서 세계 교육의 관점에서 다문화 교육 관점을 통합하려는 시도가 중요함을 일깨워 준다. 그는 국민국가의 경계 밖에 놓여 있는 인권과 자유의 문제를 무시하는 다문화 교육은 생명력이 결여된 것이라고 비판했다. 그는 문화적 다양성의 문제를 세계적 차원에서 다루는 교육을 일컬어 세계적 다문화 교육이라고 부른다. 세계적 다문화 교육은 문화적 기능, 사회적 기능, 경제적 기능, 환경적 기능을 위한 준비를 포함해야만 한다(Lynch, 1989, 44-45). 즉 세계적 다문화 교육은 학생들로 하여금 평생 학습자로서 뿐만 아니라 지역 공동체의 개별 성원으로서, 그리고 국가와 세계 공동체의 시민 및 성원으로서 여가 · 노동 · 교육 분야에서의 문화적 기능, 가정에서의 역할 및 협동적인 이웃관계, 그리고 참여적이고 민주적인 시민성을 위한 사회적 기능, 경제적 배려에 대한 결단을 가진 상태에서 책임 있는 근로자 및 소비자로서의 역할을 위한 준비에서의 경제적 기능, 다른 차원들 간의 상호 의존을 강조하는 환경적 기능을 갖게 하는 것이라고 본다.

2) 세계 교육과 다문화 교육의 공통 개념

세계 교육과 다문화 교육은 공히 다양성 안에서의 통일성을 확보하려는 교육적 시도이다. 두 교육은 무엇보다도 인간의 상호 의존성과 문화 간 이해 및 협력의 중요성을 강조하고 있으며, 동시에 사회변혁의 중요성을 함축하고 있다. 즉 외견상의 차이점에도 불구하고 세계 교육과 다문화 교육은 상당한 공통 개념을 갖고 있다. 하지만 그러한 공통 개념들이 교육과정 설계에 직접적으로 반영되지는 못했다. 세계 교육과 다문화 교육의 공통 개념을 찾아 교육과정에 반영하려는 구체적인 노력은 코울(Cole, 1984, 153)에 의해 비로소 가능해졌다. 그는 세계 교육과 다문화 교육의 의미와 가정에 대한 상세한 분석을 토대로 하여 두 교육이 공유하고 있는 공유된 목적과 목표를 다음의 5가지로 제시했다.

첫째, 집단 안에서의 사회적 삶에 대한 학생들의 이해를 증진한다.

둘째, 종족 · 문화적 인식에 있어서 타자(the other)에 대한 이해를 돕는다.

셋째, 상호 관련성과 상호 의존성에 대한 이해를 촉진한다.

넷째, 다양성을 지닌 생활기능의 계발을 돕는다.

다섯째, 미래를 위하여 변화에 대한 적응력을 돕는다.

한편 브라운과 카이실카(Brown & Kysilka, 2009, 23)는 코울의 논의를 더욱 발전시켰다. 그들은 코울이 제시한 5가지 사항들을 교실 수업에 활용하기 위한 6가지 지침을 다음과 같이 제시했다.

첫째, 다양성을 예찬해야 한다.

둘째, 인권을 존중해야 한다.

셋째, 다양한 관점을 추구해야 한다.

넷째, 상호 연관성과 상호 의존성을 발달시켜야 한다.

다섯째, 공동 책임을 실천해야 한다.

여섯째, 지구 사회를 체험해야 한다.

코울이 세계 교육과 다문화 교육의 공통된 목적과 목표를 제안했다면 브라운과 카이실카는 그러한 목적과 목표를 달성하기 위한 교수 · 학습의 내용과 방법을 제안한 것이라고 평가할 수 있다. 글로벌 · 다문화 시대에서 도덕과 교육이 현재와 미래에 당면하는 도전들에 능동적으로 대처해 나가기 위해서는 두 교육의 공통 개념들을 도덕과 교육에 용해하여 글로벌 · 다문화 도덕과 교육으로 거듭나야 한다. 이에 아래에서는 세계 교육과 다문화 교육의 공통 개념들을 도덕과 교육에 통합 · 적용하기 위한 구체적인 방안에 대해 논의하고자 한다.

3. 도덕과 교육의 새로운 지향

세계 교육과 다문화 교육의 공통된 목적과 목표를 도덕과 교육에서 제대로 구현하기 위하여 우리가 도덕과 교육 내용 및 교수 · 학습 과정에서 고려해야 할 사항을 밝히면 다음과 같다.

1) 다양성과 인권의 존중

세계 교육과 다문화 교육의 공통 개념들은 도덕과 교육에서 다양성과 인권의 존중을 중요한 학습내용으로 삼아야 함을 시사해 준다. 도덕과 수업을 통해 학생들은 개인 및 집단, 국가 간의 다양성은 인간 경험의 자연스런 한 부분임을 인식할 수 있어야 한다. 문화적 다양성은 사회를 분열시키는 것이 아니라, 오히려 인간으로서의 완전성을 실현시켜 주는 데 도움을 주고, 문제 해결을 위한 다양한 관점을 제공하며, 인간 및 자연과의 건전한 관계 형성에 영향을 미치는 창조적 힘으로 인식해야 한다. 학생들은 국가 및 세계 공동체는 다양성과 통일성의 조화 속에서 그 기능을 가장 잘 발휘할 수 있다는 것을 인식할 필요가 있다. 동시에 학생들은 인간의 삶에는 다양한 관점이 존재한다는 것을 인식하고 다양한 타인의 관점을 이해하고 존중하려는 자세를 학습해야 한다.

세계를 다양한 타인의 관점에서 이해하는 것은 책임 있는 판단행위에 있어서 필수적인 것이다(Nussbaum, 1997, 10). 문화적으로 다양한 세계 시민사회의 책임 있는 구성원이 되기 위해서는 전 세계적으로 생활 및 사고방식에서의 다양성이 존재하지만 다른 것이 반드시 좋음 혹은 나쁨을 함의하지는 않으며, 익숙한 것이 반드시 더 나은 것임을 함의하는 것도 아님을 이해해야 한다. 오히려 자기 나름의 생활방식 및 자기 국가의 정책이 세계와 그 성원들에게 미치는 효과를 이해하는 것이 중요하다(Heater, 2002, 155).

따라서 교사는 다양성을 도덕과 교수 · 학습 과정에서도 매우 중시해야 한다. 교사는 학생들이 어떤 도덕적 문제나 사건을 이해함에 있어서 다양한 관점에서 그것을 바라볼 수 있도록 촉구해야 한다. 지역적 사건이나 국가적 · 국제적 사건들을 이해할 때에도 다수 집단과 소수 집단의 관점 혹은 다양한 여러 나라의 관점에서 이해할 수 있도록 도와주어야 한다.

한편 다문화 교육과 세계 교육의 핵심에는 인권이 존재한다(Lynch, 1992, 67). 도덕과 교육에서는 지구 공동체의 모든 성원들이 인간으로서 타고난 기본적 인권을 소유한 존엄한 존재임을 강조해야 한다. 인권은 도덕과의 중요한 학습내용인 동시에 도덕과 교수 · 학습 과정에서도 중시되어야 한다. 모든 개별 학생들은 교실 공동체의 구성원으로서 안전하고 존중을 받고 있다는 느낌을 가질 수 있어야 한다. 따라서 교사는 학생들이 심리적 위협을 받거나 고립되지 않는 가운데 다양한 도덕적 견해들을 표출할 수 있는 열린 학습 공동체를 구축해야 한다.

2) 유연한 복합 정체성

다문화 교육과 세계 교육은 정체성을 고정되고 불변하는 것으로 여기지 않는다. 오히려 정체성은 유연하고, 복합적이며, 가변적인 것이다. 세계화 · 다문화 시대가 요구하는 정체성은 바로 유연하고 복합적인 정체성의 형성이다. 도덕과 교육에서는 학생들이 개인으로서, 문화집단의 성원으로서, 국민으로서, 세계 시민으로서의 유연하고 복합적인 정체성을 형성할 수 있도록 해주어야 한다. 따라서 교사는 학생들이 개인으로서의 자아 정체성, 문화집단 성원으로서의 문화적 정체성, 국가 공동체 성원으로서의 국가 정체성, 세계 시민사회 성원으로서의 세계 정체성을 형성하는 것이 중요함을 인식하게 해주어야 한다. 이것을 개념적으로 쉽게 이해시키기 위해 교사는 각 개인이 4개의 중요한 부분으로 구성된 하나의 커다란 모자이크라는 비유를 사용할 수 있다. 즉 하나의 커다란 모자이크는 각 개인을 고유하게 만들어 주는 개인적 특성, 특정한 문화집단의 성원으로 만들어 주는 문화집단의 특성, 국가의 책임 있는 국민으로 만들어 주는 국가적 특성, 인류의 성원으로 만들어 주는 인간적 특성으로 구성된다. 교사는 개인적 특성을 이루고 있는 네 부분들이 균형을 유지하는 가운데 개별적인 정체성을 필요로 하는 시점에서 그것을 적절하게 표현하는 것이 매우 중요함을 강조해야 한다. 어느 한 부분을 지나치게 강조하는 것은 다른 세 부분에 부정적인 영향을 미칠 수 있기 때문이다.

따라서 도덕과 교육을 받은 학생들은 그들 자신의 정체성에 대하여 신뢰감을 갖고 자신이 속한 문화집단 수준에서, 그리고 국가 및 지구적 수준에서 평화 · 인권 · 정의 · 민주주의를 실현하기 위하여 자신의 도덕적 책임을 다할 것으로 기대된다. 달리 말해 학생들은 도덕적 행위자로서 개인의 도덕적 책임을 수용하고, 자신의 관점이 개인적 · 사회적 역사와 문화적 전통에 의해 형성된다는 것을 인식하며, 국가적 혹은 지구적 수준에서 시민적 관여와 헌신의 중요성을 자각하여 공정하고 민주적인 사회를 실현하는 데 기여할 수 있어야 한다.

3) 간문화 역량

세계화 · 다문화 시대에서 개인 및 집단에게 요구되는 필수 역량들 가운데 가장 중요한 것은 바로 간문화 역량이다. 간문화 역량은 다른 문화권의 사람들과 성공적으로 소통하고 행동할 수 있는 능력을 의미한다(Deardorff, 2011, 66). 즉 간문화적 역량은 자신과 다른 표현적 의사소통(언어, 기호, 몸짓)과 무의식적인 신호들(신체 언어), 문화적 관습을 해석할 수 있는 능력을 의미한다. 상이한 문화적 배경을 갖고 있는 사람들이 상대방의 행동과 사고방식을 접했을 때는 자신의 문화적 조건에 기초해서 상대방에 대해 여러 가지 가정들을 하게 되는데, 이렇게 자신의 문화적 조건에 기초해서 만들어진 가정들을 비판적으로 자각하게 하는 것이 간문화 역량 계발의 궁극적인 목적이다.

간문화 역량은 지식 및 이해, 기능, 태도로 구성되어 있다(Deardorff, 2011, 67). 지식 및 이해는 문화적 자기 인식, 심층적인 문화적 지식, 사회언어적 지식으로 구성된다. 기능은 경청 · 관찰 · 평가할 수 있는 기능과 분석 · 평가 · 관계형성 기능으로 구성된다. 그리고 태도는 존중(타문화를 소중하게 여기는 것), 개방성(판단을 보류하는 것), 호기심 및 발견(모호성을 관용하기)으로 구성된다.

학생들은 자기 문화의 관점에서 타문화를 재단하거나 타문화에 대한 고정관념이나 편견을 갖기가 쉽다. 따라서 도덕과 수업을 통해 교사는 학생들의 간문화적 역량의 구성요소들을 발달시켜 줄 수 있는 지속적인 노력을 경주해야 한다. 이를 위해 교사는 도덕과 수업에서 간문화적 훈련 프로그램들을 활용할 필요가 있다. 이 프로그램의 목적은 내집단 성원으로 하여금 외집단 성원들의 행동을 그 외집단 문화의 관점에서 설명할 수 있도록 하는 것이지, 집단 간 차이의 존재를 인식하도록 하는 것이 아니다. 내집단 성원들이 외집단 성원의 특정한 관행이 뿌리를 두고 있는 문화적 맥락을 이해하지 않는 한, 그런 관행들은 쉽게 거부될 수 있다. 현재 통일교육의 한 방법으로 학교 현장에서 널리 활용되고 있는 문화 이해지(cultural assimilator)는 학생들로 하여금 외집단의 주관적 문화를 그 집단의 맥락에서 이해하게 하는 데 큰 도움을 줄 수 있다.

또한 학생들이 세상을 타집단의 관점에서 바라보고 타집단의 고통에 민감해지도록 배우는 것은 집단 간 편견 감소에 도움을 준다. 집단 간 관계에 대한 연구결과에 의하면, 타집단 성원들을 그들 역사의 맥락에서 바라보도록 만드는 것은 집단 차이에 대한 이해 및 관용에 큰 도움을 준다. 그리고 타집단의 고통을 마치 자기 것인 양 지각하는 것은 타집단을 향한 부정적 고정관념과 태도의 유지를 어렵게 만든다(Stephan, 1999, 90). 따라서 도덕과 수업을 통해 교사는 학생들에게 다양한 역할채택 및 공감의 기회를 제공해 주어야 한다.

4) 공동 책임과 참여의식

세계화 · 다문화 시대에서 도덕과 교육은 하나의 체계로서의 지구 공동체에 대한 공동 책임을 인식하고 지역적 수준에서 문제 해결을 위해 능동적으로 참여하는 도덕 행위자를 길러내야 한다. 따라서 도덕과 교육에서는 지구 공동체의 존속과 발전을 위한 개인적 책임과 더불어 인류 공동의 연대 책임을 강조해야 한다. 또한 그러한 책임은 미래 세대 및 자연환경을 포함하는 확대된 그리고 예방적인 책임이 되어야 한다.

세계화 · 다문화 시대가 요구하는 교육적 인간상은 평화와 공존을 직접 몸과 마음을 다해 실천하는 인간이다. 학생들은 문화적 지식 및 세계적 지식의 획득 수준에 그치는 것이 아니라, 보다 평화롭고 정의로운 민주사회를 만들기 위해 실제로 참여하고 행동하여 유의미한 사회변화를 만들어내야 한다. 세계 교육과 다문화 교육이 사회변혁의 과정을 강조하듯이 도덕과 교육에서는 의미 있는 사회변화를 만들어낼 수 있는 변화 제조자(change makers)로서의 도덕 행위자를 길러내야 한다. 즉 학생들은 지역사회 봉사학습(community service learning)을 통해 그들이 학습한 지식과 기능을 그들이 살고 있는 국지적 환경에 참여하여 실천함으로써 사회를 더욱 평화롭고 민주적으로 만들 수 있어야 한다. 따라서 교사는 학생들이 세계적 문제 해결에 있어서 단순히 관객이 아닌 능동적인 참여자가 되도록 지속적으로 촉구해 주어야 한다. 부분과 전체가 서로 영향을 주고받는 거대한 살아 있는 생태체계로서의 지구의 존속과 발전을 위해 학생들은 자신이 살고 있는 지역과 무대에서 그들이 할 수 있는 도덕적 행위를 지속적으로 실천해 나가야 한다.

교육은 사회적 변화를 유도하는 동시에 사회적 변화를 반영해야 하는 이중적 과제를 안고 있으며, 도덕과 교육 또한 예외가 될 수 없다. 글로벌 · 다문화 시대라는 시대 조류 속에서 도덕과 교육은 세계화 현상과 다문화 현상이 요구하고 초래하는 변화에 능동적으로 대응해 나갈 수 있는 인재를 양성해야 한다.

■ 참고문헌 ■

Banks J. A. & Banks, C. A. M. (2001), *Multicultural education : Issues and perspectives* (4th ed.), Boston : Allyn & Bacon.

Bennett, C. I. (2007), *Comprehensive multicultural education*, Boston : Pearson.

Birkel, L. F. (2010), "Multicultural education : It is education first of all", *The Teacher Educator*, 36 (1), 22–28.

Brown, S. C. & Kysilka, M L. (2002), *Applying multicultural and global concepts to classroom and beyond*, Boston : Allyn and Bacon.

Cole, D. J. (1984), "Multicultural education and global education : A possible merger", *Theory into Practice*, 23 (2), 151–154.

Deardorff, D. (2011), "Assessing intercultural competence", *New Directions for Institutional Research*, 149, 65–79.

Dower, N. (2002), "Global citizenship : Yes or No?", Dower, N. & Williams, J. (eds.), *Global citizenship : A critical introduction*, New York : Routledge, 30–40.

Fisher, S. & Hicks, D. (1986), *World studies 8–13 : A teachers handbook*, New York : Boyde.

Gibson, M. A. (1984), "Approaches to multicultural education in the United States : Some Concepts and Assumptions", *Anthropology & Education Quarterly*, 15 (1), 94–120.

Hanvey, R. (1976), *An attainable global perspective*, Denver : Center for Teaching International Relations.

Hicks, D. (2003), "Thirty years of global education : a reminder of key principles and precedents", *Educational Review*, 55 (3), 265–275.

Kincheloe, J. L. & Steinberg, S. R. (1997), *Changing multiculturalism*, Buckingham : Open University Press.

Kirkwood, T. F. (2001), "Our global age requires global education : Clarifying definitional ambiguities", *The Social Studies*, 92 (1), 10–15.

Kniep, W.(1986), "Defining a global education by its content", *Social Education*, 50(10), 437–466.

Lamy, S. L.(1991), "Global education : A conflict of images", In Tye, K. A.(ed.), *Global education : From thought to action*, Alexandria : ASCD.

Lucas, A. G.(2010), "Distinguishing between multicultural and global education : The challenge of conceptualizing and addressing the two fields", *The Clearing House*, 83, 211–216.

Lynch, J.(1989), *Multicultural education in a global society*, London : The Falmer Press.

Merryfield, M. M.(1994), *Teacher education in global and international education*, Washington, DC : American Association of Colleges for Teacher education.

Merryfield, M. M.(1996), *Making connections between multicultural & global education : Teacher educators & teacher education programs*, Washington, DC : AACTE Publications.

National Council for the Social Studies(1982), *Position statement on global education*, Washington, DC : NCSS.

Nieto, S.(2000), *Affirming diversity : The sociopolitical context of multicultural education*, New York : Longman.

Nussbaum, M. C.(1999), *Cultivating humanity : A classical defence of reform in liberal education*, Cambridge : Harvard University Press.

O'Byrne, D. J.(2003), *The dimensions of global citizenship : political identity beyond the nation–state*, London : Frank Class.

Pike, G. & Selvy, D.(1988), *Global teacher, global learner*, London : Hodder & Stoughton.

Salili, F., & Hoosain, R.(2001), "Multicultural education : History, issues, and practices", In F. Salili & R. Hoosain(eds.), *Multicultural education : Issues, politics and practices*, Greenwich : Information Age Publishing.

Sleeter, C. E. & Grant, C.(1988), *Making choices for multicultural education : Five approaches to race, class, and gender*, Columbus : Merrill.

Sleeter, C. E.(1989), "Multicultural education as a form of resistance to oppression", *Journal of Education*, 171(3), 51–71.

Sleeter, C. E.(1996), *Multicultural education as social activism*, Albany : SUNY Press.

Stephan, W.(1999), *Reducing prejudice and stereotyping in schools*, New York : Teachers College Press.

Tye, K. A.(1990), "Setting the stage", In Tye, K. A.(ed.), *Global education : School–based strategies*, Orange : Interdependence Press.

Wells, R.(2008), "The global and the multicultural : Opportunities, challenges, and suggestions for teacher Education", *Multicultural Perspectives*, 10(3), 142–149.

제5장

도덕과에서의 공평교수법

한국 사회가 다문화 사회로 변화함에 따라서 최근 몇년 간 다문화 교육에 관한 연구 및 실천이 급증했다. 불과 2-3년 사이에 다문화 교육을 소개하는 단행본 저 · 역서만도 이미 수십 권이 출판되었으며, 다문화 교육에 관한 학술논문과 연구 보고서는 수백 편에 달한다. 다문화 교육은 일종의 신성불가침한 교육 영역으로 여겨져 다문화 교육에 대한 비판과 반대 논의 자체를 무력화시키고 있다. 우리는 지금 '다문화 교육 붐' (multicultural education boom)을 마음껏 향유하고 있다고 해도 과언이 아닐 정도다.

그러나 그 많은 노력에도 불구하고 교육 대상인 우리의 학생들이 다문화 교육의 관점에서 크게 달라졌다는 제대로 된 연구결과를 찾기가 어렵다. 지금 우리는 다문화 교육에 대한 공통된 정의도 제대로 마련하지 못한 채 자의적 기준에 따라 다문화 교육이라고 생각하는 것의 실천과 보급에만 열을 올릴 뿐, 이론 개발을 체계적인 연구나 사후 평가에는 매우 게으른 편이다. 이런 상황 속에서 우리의 다문화 교육 현황을 객관적 · 비판적으로 진단하는 연구들이 시작되었다는 것은 대단히 고무적인 현상이다(장인실, 2003 ; 모경환 · 황혜원, 2007 ; 박남수, 2007 ; 박윤경 · 성경희 · 조영달, 2008 ; 김옥순 · 전성민, 2009 ; 조영달 외 3인, 2010 ; 추병완, 2010 ; 황정미, 2010).

이러한 연구결과에 의하면 현재 우리의 다문화 교육은 지나친 동화주의적 관점에 편향되고 있다는 점, 다문화 교육을 우리와는 다른 인종 · 종족 · 문화 집단에 관한 내용을 다루는 관점으로만 보고 있다는 점, 정규 교육과정보다는 비정규 교육과정을 통해 일회성 행사로 진행된다는 점, 다문화 교육에 대한 교사의 지식과 전문성이 부족하다는 점, 전체 학생을 위한 다문화 교육이 아닌 다문화 가정 학생 위주의 소극적 교육이 진행되고 있다는 점, 국가 차원에서 다문화 교육의 이념 및 비전이 부재하다는 점 등의 문제점을 갖고 있는 것으로 나타났다.

다문화 교육은 학교 개혁의 일환으로서 학교의 교육과정과 교수전략을 포괄하며, 교사 간의 상호 관계, 학생과 부모 그리고 학교가 교수 · 학습의 본성을 어떻게 개념화하는지에 대한 내용을 총괄하고 있다(Nieto, 2001). 다문화 교육이 모든 학생들의 지적 · 사회적 · 개인적 발달의 가능성을 최대한 촉진하기 위해서는 하나의 기본교육(basic education)이 되어야 한다. 즉 다문화 교육은 모든 학생들을 대상으로 하는 것이어야 하며, 특정 교과가 아닌 학교생활의 모든 측면을 통해 이루어져야 한다(Grant & Ladson-Billings, 1997). 이를 위해서는 우선적으로 다문화 교육이 정규 교육과정의 모든 교과를 통해 다루어질 수 있어야 한다. 그러나 일부 교사들은 다문화 교육을 외국문화 이해 교육과 동일시하거나 특정 교과에 국한된 활동으로 간주하여 다문화 교육에 대한 거부나 무

관심을 노골적으로 드러낸다.

일찍이 뱅크스(Banks, 1994)는 다문화 교육을 5개의 상호 관련된 차원을 가진 종합학문 분야로 개념화하였다. 내용 통합은 교사들이 자신의 교과나 학문 영역에 등장하는 주요 개념, 원칙, 일반화, 이론을 설명하기 위해서 다양한 문화 및 집단에서 온 사례, 자료, 정보를 가져와 활용하는 정도를 지칭한다. 지식구성 과정은 특정 학문 영역에 내재하는 문화적 가정, 준거틀, 관점, 편견 등이 해당 학문 영역에서 지식이 형성되는 과정에 어떠한 영향을 미치는지를 학생들이 이해 · 조사 · 판단할 수 있도록 교사가 돕는 것을 의미한다. 편견 감소는 학생들의 인종적 태도의 특징과 학생들이 보다 긍정적인 인종적 · 종족적 태도를 습득할 수 있도록 하는 데 활용할 수 있는 전략을 다룬다. 공평교수법은 교사가 다양한 인종, 종족, 사회계층 집단에서 온 학생들의 학업성취도를 향상시키기 위하여 수업을 수정하는 것을 칭한다. 이것은 여러 문화적 · 인종적 집단 내에 존재하는 독특한 학습 습관에 부합하는 다양한 교수법을 사용하는 것을 포함한다. 학생들에게 기회를 제공하는 학교문화와 사회구조는 다양한 인종, 민족, 언어, 사회계층 집단에서 온 학생들이 장차 교육적 평등과 권한 부여를 경험하도록 학교의 문화와 구조를 재구성하는 과정을 뜻한다. 이것은 모든 집단에서 온 학생들이 평등한 성공의 기회를 가질 수 있도록 학교를 변화의 단위로 개념화하고 학교 환경을 구조적으로 변화시키는 것을 의미한다.

이와 유사하게 베넷(Bennett, 2007)은 다문화 교육의 차원을 4가지로 제시했다. 공평교수법은 모든 학생들에게 공정하고 평등한 교육 기회를 제공하는 것을 의미한다. 교사는 긍정적인 교실풍토를 창조하고, 학생들의 성취를 위해 문화 감응 교수를 활용하며, 교수 · 학습에 대한 접근에 있어서 빈부와 같은 조건뿐만 아니라 문화적 양식 및 문화에 기반을 둔 아동의 사회화를 고려한다. 교육과정 개혁은 백인 위주의 전통적인 교육과정을 재고하여 개혁하는 것을 의미한다. 다문화 능력은 민족적 정체성을 발달시키고, 주류문화와 토착문화 간의 분열적인 이분법을 회피하며, 다문화주의를 정상적인 인간 경험으로서 인식하여 편견을 해소하는 것을 의미한다. 사회 정의를 지향한 교수는 적절한 이해 · 태도 · 사회 행위 기능의 발달을 통하여 인종차별주의, 성차별주의, 계급차별주의에 맞서려는 결단력을 키워주는 것을 의미한다.

현재 우리의 다문화 교육은 다문화 교육의 복합적인 차원을 간과한 채 다문화 교육을 내용 통합이나 편견 해소의 측면에만 초점을 맞추어 배타적이고 분리된 방식으로 접근한다는 데 큰 문제점이 있다. 이러한 현상은 도덕과의 경우도 예외가 아니다. 도덕과에서 다문화 교육의 실천과 관련된 대부분의 논의들은 문화적 다양성의 존중, 편견 해소와 같은 내용 영역의 보완에 국한되고 있기 때문이다.

뱅크스와 베넷이 제시하는 다문화 교육의 차원 중 우리가 새롭게 관심을 조명해야 할 것이 바로 공평교수법이다. 공평교수법은 두 학자가 공통적으로 강조하고 있는 다문화 교육의 중요한 차원일 뿐만 아니라, 학생 중심의 교실 수업 방법 및 교실환경 개선을 포함하고 있어 모든 교과에서 적용이 가능하므로(Banks & Banks, 1995 ; Grant & Sleeter, 2011) 기본 교육으로서의 다문화 교육을 활성화하는 데 많은 도움을 줄 수 있다. 그럼에도 불구하고 공평교수법에 대한 국내의 연구는 매우 미진한 상황이다. 이에 이 장에서는 다문화 교육의 차원 중 공평교수법의 개념과 특징을 살펴보고, 이를 도덕과에서 활용하기 위한 방안을 구체적으로 탐색하고자 한다.

1. 공평교수법의 개념과 특징

1) 공평교수법의 의미와 기본 가정

다문화 교육의 한 차원으로서 공평교수법이란 무엇인가? 공평교수법은 다양한 인종 · 종속 · 문화 집단 학생들이 정의롭고 인간적이며 민주적인 사회에서 효율적으로 기능함과 동시에 그러한 사회를 창조하고 존속시키는 데 필요한 지식 · 기능 · 태도를 획득하도록 돕는 교수전략과 교실환경을 의미한다(Banks & Banks, 1995). 이러한 개념 정의는 사회에 존재하는 전제나 패러다임, 그리고 헤게모니적인 특성들에 대한 비판적 의문을 제기하지 않은 채 지배적인 규범 내에서 읽고 쓰고 셈하는 것을 배우도록 학생들을 돕는 것만으로는 학교 교육이 충분하지 않다는 것을 보여준다. 공평교수법의 본질은 바로 민주사회에서 학생들이 성찰적이고 활동적인 시민이 될 수 있도록 돕는 교육활동이다.

확실하면서도 유해한 사회계층 구분, 인종 · 종족 · 성에 따른 계층화라는 특징을 지닌 현재의 사회구조 안에서 학생들로 하여금 단순히 사회계층의 이동을 경험하거나 순응하도록 가르치는 교육은 민주적이고 공정한 사회를 건설하는 데 도움이 되지 않는다. 공평교수법은 학생들이 공정하고 민주적인 사회를 만들어내는 효율적인 개별 주체가 되기 위한 기본 기능을 습득하도록 가르칠 뿐만 아니라, 이러한 기능을 사용하도록 가르친다. 다원화되고 민주적인 사회의 교육은 학생들이 성찰을 통하여 알고, 깊이 생각하고, 사려 깊게 행동하는 데 필요한 내용 · 태도 · 기능을 획득할 수 있도록 도와주어야 하기 때문이다(Banks, 2007a,

2007b, 2010).

공평교수법은 본래 공평 지향 운동(movement for equity)에 기반을 둔 것이다(Bennett, 2007). 공평 지향 운동은 모든 아동 및 청소년, 특히 소수 민족이나 경제적으로 불리한 여건에 있는 아동 및 청소년에게 교육기회를 공평하고 동등하게 제공하는 것을 목적으로 한다. 학교에서 공평을 지향·증대하는 것은 소수 집단이나 저소득층 학생들이 학교에서 직면하는 문제들을 완화시켜 주고 보다 높은 수준의 학업성취를 가능하게 해줄 것이라는 신념에서 출발한 것이 바로 공평교수법이다.

그러므로 공평교수법은 다양한 인종·문화·성·사회계층 집단 배경을 가진 학생들의 학업성취를 촉진하기 위하여 교사가 자신의 교수 방식을 수정하는 것에서부터 시작한다(Grant & Ladson-Billings, 1997). 다양한 배경을 가진 학생들의 학습범위와 문화적 특징에 상응하는 다양한 교수양식과 접근법을 활용할 줄 아는 것이 공평교수법의 핵심이다. 나아가 공평교수법은 학교에서의 공평을 지향하기 위해 학교 환경의 총체적인 변화, 특히 학생에 대한 교사의 기대, 학습집단 편성과 지도전략, 학생 훈육정책, 교실 분위기 등에 나타나는 잠재적 교육과정의 변화를 시도한다(Bennett, 2007).

공평교수법은 다음과 같은 기본 가정에 바탕을 두고 있다(Banks & Banks, 1995).

첫째, 공평교수법의 중요한 속성들을 구성하는 일정한 지식·기능·태도의 실체가 존재한다.

둘째, 공평교수법의 중요한 속성들은 식별 가능하고 교수·학습이 가능하다.

셋째, 공평교수법에서 역량은 공식 수업, 생활경험의 반영, 다양한 집단의 학생 및 동료들과의 협력기회를 통해 계발될 수 있다.

넷째, 공평교수법 및 그와 관련된 교수전략들은 모든 학생들에게 유익하므로 모든 교사들은 이를 능숙하게 실행할 수 있어야 한다.

다섯째, 교과 · 교수법 · 학생문화에 대한 심층 지식은 교사들이 공평교수법을 성공적으로 실행하기 위한 선결조건이다.

여섯째, 공평교수법에서의 역량은 성찰과 성장의 과정을 필요로 한다.

일곱째, 공평교수법은 다문화 교육의 다른 네 가지 차원(내용 통합, 지식구성 과정, 편견 해소, 학교문화와 사회구조의 역량 강화)과 매우 복합적으로 상호 관련되어 있으므로 절대 분리하여 실행될 수 없다.

이렇듯 다문화 교육에서 공평교수법은 교사가 다양한 인종 · 민족 · 성 · 사회계층 집단 배경을 가진 학생들의 학업성취도를 향상시키고 성찰적 · 활동적인 민주시민을 육성하기 위해 사용하는 교수법을 통칭한 것이다. 즉 학생들의 자기 계발에 도움을 주는 학급 및 학교 풍토를 조성하고, 학생들의 학업성취를 높이기 위해 학생의 문화적 배경 특성을 고려한 교수전략을 사용하며, 교수 · 학습 과정에서 학생의 경제적 조건뿐만 아니라 문화적 양식과 사회화 과정까지도 세심하게 고려하는 행위를 포괄한 교수법을 통칭하여 공평교수법이라고 부른다.

2) 공평교수법의 특징

학생들의 학업성취를 높이기 위해 그들의 문화적 배경을 고려한 다양한 교수전략을 활용한다고 해서 공평교수법이 저절로 구현되는 것은 아니다. 기존의 가정과 구조 안에서 그러한 교수전략이 활용된다면 그것은 분명 공평교수법이 아니다. 공평교수법은 교수활동, 학생, 학습, 사회 특징에 대한 기존 및 현재의 가정들을 비판적으로 조사하여 재구성할 것을 요구한다(Banks, 2007b). 달리 말해 공평교수법은 불평등을 조장하는 기존의 학교 구조를 폐지할 것을 요구한다. 인종차별주의, 성차별주의, 불평등이 만연하는 사회정치적 맥락에서는 공평교수법이 절대 실현될 수 없는 것이다.

공평교수법은 효과적 교수기법과 방법을 찾아내어 활용하는 것뿐만 아니라, 그것이 활용되는 맥락에도 초점을 맞추는 매우 역동적인 교수과정이다(Banks & Banks, 1995 ; Banks, 2007b). 예컨대 협동학습은 공평교수법의 실천을 위한 매우 효과적인 교수기법이다(Slavin, 1983). 그러나 그것이 학생들 간의 지위의 차이 같은 맥락적 쟁점에 대한 인식이 없는 채 사용된다면 오히려 교실에서의 고정관념과 불평등을 강화할 수 있다(Cohen & Roper, 1972 ; Banks, 2010)

공평교수법은 교사들에게 학습과정을 촉진할 수 있는 교수전략을 사용하도록 한다. 공평교수법이 구현되는 교실에서 학생들은 권위자들이 구성한 지식의 암기에 초점을 맞추는 대신 지식을 생성하고 해석하며 새로운 이해를 창출하는 것을 배운다(Banks, 2007b). 공평교수법은 지식구성 및 생산과정에 학생들을 적극적으로 참여하게 한다(Banks, 2007a ; Banks, 2010). 그것은 교사는 지식의 아성이라는 전통적 이미지와 교수활동은 사실의 전수라는 관념, 그리고 학생은 지식의 수동적인 수용자라는 생각에 대해 근본적인 이의를 제기한다.

이렇듯 공평교수법은 학생들이 지식을 습득하고, 질문을 제기하며, 사회변화를 위해 지식을 사용할 수 있는 새로운 가능성을 열어주는 환경을 제공해 준다는 데에 특징이 있다. 지식구성이 진행되는 동안 학생들은 아이디어와 관점을 연계하고 판단과 평가를 한다. 교사는 학생들에게 문제에 대한 한 가지 정답을 찾도록 하는 대신에 다중적 해결방안과 관점들을 산출하도록 지속적인 격려를 해준다. 학생들은 또한 어떻게 문제가 발생하고, 그 문제가 다른 문제, 쟁점, 개념들과 어떻게 관련되어 있는지를 탐구한다.

공평교수법에서는 학생들에게 실제적이고 의미 있는 지식구성을 중시한다(Banks, 2007b). 21세기의 학생들은 이전 시대의 학생들과는 달리 구체적인 사실들로는 설명될 수 없는 복잡한 이슈들을 다루어야 한다. 이를 효과적으로 하기 위해 학생들은 그들이 필요로 하는 정보를 어디에서 얻는지, 적절한 정보에 접근할 수 있도록 하는 질문들을 어떻게 만드는지, 가치뿐만 아니라 인지적인 측면에서 정보를 어떻게 평가하는지, 그 정보를 다른 정보들과 어떻게 통합하는지, 그리고 그들이 구성할 수 있는 최적 정보를 기반으로 어떻게 성찰적 결정을 내리는지 알아야만 한다. 공평교수법은 지식구성을 통해 학생들이 이러한 기능을 습득할 수 있도록 도와준다는 데 그 특징이 있다.

한편 공평교수법은 교수활동의 본질을 다문화와의 만남으로 규정한다(Banks, 2010). 교사와 학생은 모두 연령, 사회계층, 성, 인종, 종족 등과 같은 변수들에 의해 구분되는 다양한 집단에 속한다. 공평교수법은 교사들이 다문화 교실의 상호작용에 의미를 부여하는 데 도움을 줄 수 있는 자원으로서 다양성을 적극적으로 활용하도록 도와준다(Bennett, 2007 ; Banks, 2010). 공평교수법 역량을 갖춘 교사들은 다양성을 두려워하거나 무시하는 대신에 오히려 교수 · 학습 활동을 풍부하게 해주는 요소로서 다양성을 폭넓게 활용할 수 있다.

공평교수법은 학생들을 학교 교육의 중심에 놓으려고 노력하는 학교 개혁과정의 일부이다. 공평교수법을 옹호하는 교사들은 모든 학생들이 학습능력을 가지고 있다고 전제한다. 그들은 학생의 잠재력을 발전시키려고 노력하며, 성공을 위한 기회와 격려로 충만한 교실을 창조해내려고 한다. 그러므로 공평교수법이 효과적으로 구현된다면 교사와 학생들의 관계 개선 및 그들의 생활을 더욱 풍요롭게 해주고, 학생들이 긍정적인 자아 개념과 미래에 대한 건설적인 비전을 갖게 하며, 더욱 인간적이고 배려하는 사회를 창조하는 데 기여할 수 있다.

2. 도덕과 수업에서 공평교수법의 활용

공평교수법은 지식의 구성 및 활용, 문화 감응 교수(culturally responsive teaching)와 협동학습의 중요성을 강조할 뿐, 아직 어떤 특정한 구체적인 수업전략으로 구현되어 있지는 않다(Banks, 2007b). 다문화 교육에서 공평교수법이 차지하는 위상과 중요성에도 불구하고 미국을 비롯하여 국내에서 공평교수법에 대한 연구 및 실천이 현실적으로 부족한 이유도 바로 그 때문이다. 그러나 공평교수법이 지향하고 있는 이념과 철학을 면밀하게 검토한다면 교과 수업을 통해 이를 어떻게 활용할 수 있는지, 그리고 현재 우리가 지닌 교육적 관행들이 어떤 문제점을 갖고 있는지에 대한 분명한 시사점을 얻을 수 있다. 이에 여기서는 먼저 도덕과 수업에서 공평교수법의 활용방안을 탐색하고자 한다.

1) 지식의 구성 및 활용 촉진

공평교수는 구성주의 학습 이론에 근거하여 지식구성 및 생산과정에 학생들이 적극적으로 참여하는 것을 중시한다(Wood, 1998). 교실 수업 개선과 관련하여 도덕과 수업에서도 대화와 토론 중심 수업의 중요성이 끊임없이 강조되어 왔음에도 불구하고 여전히 많은 교사들은 도덕적 지식의 전수에 골몰하고 있다. 그러다 보니 수업의 초점이 학생들 스스로 자기 나름의 도덕적 지식을 구성하는 데 맞추어져 있는 것이 아니라, 이미 권위 있는 인물들이 구성해 놓은 산물들을 의심 없이 수용하는 데 맞추어져 있다. 학생들은 교과서에 제시되어 있는 타인의 추상적인 도덕적 구성물을 정확하게 기억했다가 시험을 통해 재생산해낼 것을 요구받고 있다(추병완, 2002).

이러한 수업방식이 가져다 주는 폐해는 매우 크다. 도덕 교과서에 제시된 도덕적 결론은 오직 하나이고, 교사는 그러한 결론을 학생들에게 그대로 전수해 주고 있기에 학생들은 도덕문제에 대한 해결은 오직 한 가지라는 그릇된 인상을 받게 된다. 현실 세계의 복잡함과 도덕문제의 복잡함을 제대로 반영하지 못하고 있는 교과서 속의 추상화된 도덕 지식은 실생활에서 활용되지 못하는 무기력한 관념(inert ideas)으로 전락하고 만다. 심사숙고한 도덕적 선택과 결정의 과정이 생략되어 있는 교과서 속의 추상적인 도덕적 지식이 학생들 입장에서의 성찰과 결단 없이 그대로 전수될 경우 도덕적 지식과 도덕적 실천의 괴리는 점점 커질 수밖에 없다.

이와 관련하여 공평교수법은 도덕과 수업방법에 의미 있는 시사점을 제공해 준다. 도덕 수업을 통해 학생들은 도덕문제에 대한 한 가지 이상의 관점이 존재한다는 사실을 인지하고, 교과서 속의 한 가지 해석을 믿기보다 다양한 관점을 추구하고 기대하는 것을 배워야 한다. 학생들은 자신의 도덕적 경험과 그러한 경험에서 사용한 자신의 의도나 전략 등에 대하여 성찰해 봄으로써 보다 고차적인 도덕적 지식과 이해를 구성할 수 있어야 한다. 이를 위해 교사는 학생들에게 낯익은 도덕문제들에 대한 다양한 관점을 제공하고, 학생들이 이러한 관점들을 분석하도록 격려하여 학생들이 교과서에 제시된 학자들의 결론 혹은 교과서 저자의 결론이 아닌 자신의 도덕적 결론에 도달하도록 유도해야 한다.

공평교수법은 지식의 활용과 관련해서도 도덕 수업에 중요한 시사점을 제공한다. 공평교수법은 사회변화를 위한 지식의 활용을 강조한다. 교과서를 통해 제시된 도덕적 지식들은 대부분 도덕적 사회화에 초점을 맞추고 있기에 기존의 도덕 질서에 잘 순응하는 인간을 형성하는 데 치중한다. '2007 개정 도덕과 교육과정'에서 시민참여 및 시민 불복종에 관한 내용이 도입되기는 했지만 여전히 도덕과의 학습내용은 성찰적이고 활동적인 시민보다는 순응적인 시민을 기르는 데 초점이 맞추어져 있다. 또한 개인의 도덕적 실천이 사회의 도덕적 질을 개선할 수 있다는 개인 윤리적 관점에 근거하고 있다. 도덕과 수업은 학생들이 소아적 관점에서 개인의 도덕적 자기 완성에만 탐닉하게 하는 것에서 벗어나 사회의 부도덕·부정의한 현실을 비판적으로 인식하고 그러한 문제를 해결하기 위해 책임감을 갖고 능동적으로 참여할 수 있도록 해주어야 한다.

이렇듯 공평교수법은 도덕 수업을 통해 사회문제 해결을 위한 책임감과 참여의식을 가진 능동적인 도덕적 행위자를 길러낼 것을 요구한다. 또한 공평교수법은 도덕문제의 해결은 개인의 양심에 호소하는 개인 윤리적 접근이 아니라, 사회 구조 · 제도 · 정책의 개선을 통해 이루어져야 한다는 사회윤리적 접근의 중요성도 시사해 준다.

2) 문화 감응 교수 적용

공평교수법은 구체적인 수업전략으로서 문화 감응 교수를 채택한다. 문화 감응 교수는 학습의 모든 측면에서 학생의 문화적 준거를 포함하는 것의 중요성을 인정하는 교수방식이다(Ladson-Billings, 1995 ; Gay, 2000). 달리 말해 문화 감응 교수는 인종적 · 종족적 · 문화적으로 다양한 학생들이 지닌 독특한 문화적 지식, 이전 경험, 준거체제, 관점, 학습유형, 수행양식 등을 적극적으로 활용하여 그들의 학습경험을 보다 효과적이게끔 만들려는 교수방식을 뜻한다(추병완, 2010a, 2010b). 문화 감응 교수에 대한 연구결과가 지적하고 있는 점은 학생들의 문화적 · 언어적 강점에 기반을 둔 교수전략과 활동이 있을 때, 혹은 교사들이 학생들의 문화에 대한 문화적 적응력을 가지고 있을 때 유색인종, 저소득 계층 학생들의 학업성취가 증진된다는 것이다. 교사는 학생들의 학업에 대해 높은 기대를 가질 필요가 있다. 또한 명시적으로 학생들에게 교실을 지배하는 힘의 규칙은 상호작용에 있다는 것을 가르쳐야 하며, 교실에서 지위 평등상황을 만들어야 한다는 것이다(Banks, 2007a, 2007b).

문화 감응 교수를 활용한 교실 수업 전략은 교실환경 조성을 위한 전략, 수업설계를 위한 전략, 수업전개를 위한 전략으로 구분할 수 있다. 교실환경 조성을 위해 교사는 지지적 · 촉진적 교실환경을 구축하고 학생에 대한 높은 기대를 가져야 한다. 수업설계에 있어서 교사는 문화적으로 매개된 수업과 학생 중심적인 수업을 지향해야 한다. 끝으로 수업 전개에 있어서 교사는 학생들에게 적절한 비계 설정을 해줌과 동시에 다양한 협동학습의 기회를 부여해 주어야 한다(추병완, 2010a).

다문화 교실의 도덕 수업에서 교사가 문화 감응 교수를 효과적으로 실행하려면 주류 학생 및 소수 집단의 역사와 생활양식의 특성, 집단 내부의 상이성들을 깊이 이해할 필요가 있다. 이와 같은 내용과 개념적 지식은 교사가 학생들에게 적합한 교수자료를 설계하고 도와주는 기반을 제공해 줄 수 있고, 문화적으로 민감한 교육을 언제 활용할지에 대해 전문적인 결정을 내리게 해주며, 학생들의 개인적인 특성들을 언제 중점적으로 반영할 것인지 결정할 수 있게 해주기 때문이다(Banks, 2007b). 이를 위해 미국은 교사 양성과정에서 예비 교사들로 하여금 지역사회에 대한 다문화 봉사학습(multicutural service learning)에 적극적으로 참여할 것을 권장하고 있다(Boyle-Baise, M. 1998 ; Wade, 2000). 지역사회의 다양한 문화적 배경을 가진 사람들과의 만남 및 그들을 위한 봉사활동을 통해 얻게 되는 경험은 소수 집단의 문화적 배경과 특성에 대한 이해를 제고함으로써 향후 그들이 정식 교사가 되어 문화 감응 교수를 전개하는 데 큰 도움을 줄 수 있기 때문이다.

이제껏 도덕 수업에서 학생의 배경문화에 대한 교사의 이해 필요성은 크게 제기되지 않았다. 다른 교과의 수업과 마찬가지로 도덕 수업도 단일문화적 배경을 가진 학생들을 가르치는 문제로 여겨져 왔기 때문이다. 도덕 딜레마 토론 수업의 경우 학생의 도덕 판단 단계를 고려한 수업의 중요성이 강조되긴 했지만, 대부분의 교사들이 학생들의 도덕 판단 단계를 식별할 능력을 갖추고 있지 못하기에 사실상 모든 학생들을 거의 같은 단계로 취급하는 획일적 수업이 전개되어 왔다고 해도 과언이 아니다.

그러나 다문화 가정 학생의 급격한 증가로 인해 다문화 교실 상황이 눈앞에 펼쳐지고 있는 만큼 교사는 도덕 수업을 통해 문화 감응 교수를 실천할 수 있는 능력을 가져야만 한다. 국제결혼 가정 자녀, 외국인 근로자 가정 자녀, 북한 이탈 주민 자녀들은 한국어 습득의 어려움으로 말미암아 추상적인 용어로 표현된 도덕적 가치 · 덕목을 이해하는 데 어려움을 겪는 일이 많다. 이러한 문제를 해소하기 위해 도덕과 수업을 전개할 때에 교사는 도덕적 가치 · 덕목들을 그들의 민족적 · 문화적 요소를 활용하여 알기 쉽게 설명해 주어야 한다. 나아가 교사는 다문화 가정 출신 학생들이 가정의 문화와 학교 문화 간의 불일치를 경험하지 않도록 가급적 수업환경을 그 학생의 민족적 · 문화적 요소를 담은 필름, 사진, 동화 등으로 구성할 필요가 있다. 다문화 가정 학생이 없는 일반적인 교실상황의 경우 도덕 발달에 있어서의 성차를 고려한 수업을 전개하는 것도 우리의 입장에서는 문화 감응 교수의 전형적인 한 방법이 될 수 있다.

3) 협동학습의 활용

다문화 교육을 통해 우리는 학생들이 다문화주의를 정상적인 인간 경험으로 인식하고, 자신과는 다른 민족 · 문화 · 사회계층 · 젠더 · 종교 등에 대한 편견을 해소하며, 자신의 민족적 · 문화적 정체성을 형성할 것을 기대한다. 공평교수법은 협동학습이 이러한 기대를 충족시키는 데 가장 이상적인 방법이라고 여긴다(Banks, 2007a, 2007b).

협동학습에 관한 실험 연구결과들은 접촉 가설의 기본 조건들이 교실에서 충족되었을 때 학생들은 전통적으로 구조화된 교실상황에 있었을 때에 비해 자신의 인종집단 밖의 친구들을 사귀는 경향이 훨씬 많아졌음을 보여준다(Stephan & Stephan, 1996 ; Stephan, 1999). 협동학습 방법은 인종 간 관계에서 뿐만 아니라 특히 유색인종 학생들의 학업성취에 있어서 긍정적인 효과가 있는 것으로 나타났다(Slavin, 1983 ; Ponterotto & Pedersen, 1993 ; Johnson & Johnson, 2001). 협동학습 방법이 이질적으로 집단화된 교실에서 실행되고 다문화 교육과정에 융합되었을 때에는 상이한 종족적 · 인종적 배경을 가진 학생들 사이에 공평한 상호작용을 창출할 뿐만 아니라 세계화 시대, 다문화 시대의 요구에 더욱 잘 부응하는 학생들을 길러낼 수 있다(추병완, 2010a, 2010b).

협동학습은 학생들의 참여를 이끌어낼 수 있는 집단활동의 한 형태이다. 협동학습은 집단의 책임뿐만 아니라 개인의 책임도 포함하고 있어 무임승차를 예방하는 가운데 각자의 성취를 위해 책임을 공유하는 방법을 학습하게 할 수 있는 장점이 있다. 상당수의 교사들이 도덕 수업 시간에 집단탐구 모델, 직소 모델, 팀별 게임 모델 등의 활용을 통해 협동학습을 실천하고 있다. 그러나 겉보기와는 달리 협동학습을 활용하기 위해서는 교사의 많은 준비가 필요하다. 도덕과 수업에서 협동학습을 전개하다가 중도에 포기하는 교사들이 안고 있는 공통적인 문제점은 그들이 충분한 준비 없이 모델의 적용에만 성급하다는 것이다. 즉 그들은 집단 역학의 중요한 부분인 함께 협력하여 활동하는 데 필요한 충분한 태도와 기능을 학생들에게 사전에 가르치는 데 소홀하다는 점이다. 협동학습의 효과는 학생들이 공동의 목표 달성을 위해 서로 협동할 때 얻어질 수 있는 것이다. 경청하는 방법, 협동하는 방법, 의견 차이를 줄이는 방법, 참여를 고무시켜 주는 방법 등에 대한 사전 준비가 충분히 갖춰

지지 못한 상태에서 성급하게 모델의 적용에 나서다 보니 실패하는 경우가 많은 것이다.

협동학습이 실패하는 원인은 모델 자체의 결함보다는 주로 교사의 기술적인 문제에서 비롯된다는 사실에 유념하여(Sleeter & Grant, 2007) 도덕과 수업에 임하는 교사들은 협동에 필요한 사회적 기능과 태도를 학생들에게 학습시키는 데에도 많은 관심과 노력을 기울여야 할 것이다. 나아가 학생들 간 지위의 차이 같은 맥락적 쟁점에 대한 인식 없이 협동학습이 사용된다면 오히려 교실에서의 고정관념과 불평등을 강화할 수 있다는 선행연구의 결과에 대해서도 교사들은 깊은 관심을 기울여야 할 것이다.

3. 도덕과 평가에서 공평교수법의 활용

공평교육은 평가에도 중요한 시사점을 준다. 뱅크스(1995, 2007b, 2010)는 공평교수법을 채택하는 교사들은 학교에서 행해지고 있는 전통적인 시험방식과 학점 부여 방식에 대하여 심각한 질문을 해보아야만 한다고 말하면서 서술형 평가와 포트폴리오 평가를 적극적으로 활용해야 한다고 주장한다. 이에 여기서는 공평교수법이 도덕과 평가에 주는 시사점을 중심으로 논의를 전개하고자 한다.

1) 서술평가

모든 학생들이 학습능력을 가지고 있다는 전제에 기초한 평가전략은 학습 수행을 향상시킬 수 있는 기회를 제공한다. 공평교수법을 활용하는 교사는 과제물을 제대로 수행하지 못한 학생들에게 과제에 대한 상세하고 구체적인 피드백을 자주 제공해 주어야 하며, 그들의 과제를 재검토하여 제출하도록 요구해야 한다. 그러므로 공평교수법에 입각한 도덕과 평가는 학생들의 과제에 대해 백분위 점수나 A, B, C 등의 등급 학점을 대체하는 서술형 평가를 적극적으로 활용해야 한다. 서술형 평가방식은 학생의 향상과 개선을 위한 전략을 제안할 뿐만 아니라, 학생이 어떤 영역에 능력이 있는지 확인할 수 있는 기회를 제공한다(Banks, 1995, 2007b, 2010)..

수행평가 제도의 의무적 도입에 따라 대부분의 도덕과 평가에서 서술형 평가방식이 폭넓게 활용되고 있다. 그러나 중 · 고등학교 도덕과 평가의 경우 교사 1인이 평가해야 할 학생 수가 지나치게 많다 보니 학생들의 과제물에 대한 평가에 있어서 상세하면서도 구체적인 피드백을 제공해 주는 교사가 그리 많지 않다. 교사 1인이 평가해야 할 대상이 수백 명에 이르다 보니 교사들은 상대적으로 처리가 용이한 백분위 점수나 등급 표기 방식에 의존하는 경우가 많다.

도덕과 평가가 평가를 위한 평가가 아니라 학생의 도덕적 성장 및 발달을 촉진하기 위한 구체적 자료로 활용되기 위해서는 서술형 평가를 통해 학생의 향상과 발달을 위한 구체적인 전략을 제공할 수 있어야 한다. 교사는 적절한 피드백을 수시로 제공하여 학생들로 하여금 자신의 강점과 약점에 대해 인식하게 하고, 약점을 보완할 수 있는 방안에 대해 학생들 스스로 성찰해 보게 해야 한다.

도덕과 평가에서 피드백을 제공할 때 교사는 분명하고 명확한 피드백을 제공해야 한다. 학생들은 명백하면서도 문제의 구체적인 면을 지적해 주는 피드백으로부터 많은 이로움을 얻는다. 피드백은 분명하고 구체적이어야지, 불필요한 정보를 담고 있어서는 안 된다. 학생들이 막연하고 애매모호한 교사의 논평을 수행의 참고로 삼을 것이라고 기대해서는 안 된다. 도움을 주어야 하는 구체적인 부분이 잘 지적되고 학생들이 이해할 수 있는 언어로 표현된다면 피드백은 분명한 것이 될 수 있다.

2) 포트폴리오

포트폴리오 평가 역시 장기간에 걸친 학생들의 성장을 확인할 수 있는 기회를 제공하고 교사들이 지속적인 지원과 격려를 할 수 있도록 해준다. 학생들은 공부한 것의 복합성과 개별성을 상세하게 기록하고 학습과정과 향상이 필요한 영역에 대해 성찰해 보기 위해 포트폴리오를 사용할 수 있다. 포트폴리오는 신뢰할 수 있는 평가결과와 학생의 발전에 기여하며, 학생 수행의 정도와 질을 총체적으로 나타내는 자료들을 제공하고 묘사한다. 또한 포트폴리오는 교수와 학습을 연결시키고 교사와 학생들에게 보다 나은 이해에 필요한 구조를 제공한다(Banks, 1995, 2007b, 2010).

도덕과 평가에서 학생들은 포트폴리오를 통해 자기 자신의 변화과정을 알 수 있고 자신의 강점이나 약점, 성실성 여부, 잠재 가능성 등을 스스로 인식할 수 있으며, 교사들은 학생들의 과거와 현재의 상태를 쉽게 파악할 수 있을 뿐만 아니라 앞으로의 발전방향에 대한 조언을 쉽게 할 수 있다. 이 평가방법은 단편적인 영역에 대해 일회적으로 평가하지 않고 학생 개개인의 변화 · 발달 과정을 종합적으로 평가하기 위해 전체적이면서도 지속적으로 평가하는 것을 강조하는 것이기에 도덕과 수행

평가의 대표적인 방법 중의 하나로 각광받고 있다.

공평교수법 관점에 근거한 도덕과 평가방법으로서 포트폴리오가 갖는 또 다른 의의는 이러한 평가방식이 학생의 도덕적 자아 및 정체성의 발달에 도움을 줄 수 있다는 점이다. 최근 도덕 발달과 관련한 연구결과들에 의하면 도덕적 자아 개념과 도덕적 정체성, 그리고 도덕적 정서는 도덕적 지식과 행동 간의 괴리를 줄여주는 중요한 연결 고리가 된다고 한다(Blasi, 2004 ; Hoffman, 2000 ; Kristjànsson. 2010). 포트폴리오는 '평가'인 동시에 '활동'이라는 수행평가의 본질을 잘 반영하고 있을 뿐만 아니라, 학생 스스로 자신의 성장 · 변화 과정을 확인할 수 있는 장점이 있기에 도덕적 자아 개념 및 정체성의 발달, 그리고 과제 수행에 소홀한 것에 대한 도덕적 수치심이나 건설적 죄책감을 유발하여 도덕적 정서의 발달에도 큰 도움을 줄 수 있다.

현행 도덕과 평가에서 포토폴리오 평가방식과 관련하여 개선해야 할 사항은 크게 보아 두 가지이다. 하나는 평가결과에 대한 교사의 피드백이 불충분하다는 것이고, 다른 하나는 평가기준이 모호하다는 것이다. 서술평가와 마찬가지로 피드백의 부재는 학생 수의 과다에서 비롯되고 있으나 평가기준의 모호함은 포트폴리오에 대한 교사의 이해 및 준비 부족에서 기인하는 것이다. 포트폴리오 평가가 학생의 도덕 발달에 기여할 수 있으려면 교사가 학생들에게 명확한 평가 루브릭(rubric)을 제공해 주어야 한다. 내용구성, 자료수집 능력, 자료분석 및 종합 능력, 조직 및 편집 능력 등의 명확한 평가요소들을 학생들에게 분명하게 해주어야 함에도 불구하고 대부분의 교사들이 이에 대한 세심한 준비와 노력을 기울이지 못하고 있다. 따라서 도덕과 평가에서 포트폴리오를 활용할 경우 교사는 학생들에게 구체적이고 명확한 피드백을 제공하고, 학생들이 이해하고 수용할 수 있는 구체적이고 객관적인 평가기준을 제공해 줄 수 있어야 한다.

교과교육의 지속적인 발전을 위해 필요한 것 가운데 하나는 교과 고유의 이론체계 및 방법론에서 과감히 탈피하여 제3의 관점에서 교과를 들여다 보는 용기이다. 왜냐하면 교과교육 연구자들은 교과 나르시시즘에 빠져 교과의 상대적 약점이나 문제점을 파악하는 데 근본적인 한계가 있을 수 있기 때문이다. 일례로 도덕과의 경우는 무엇을 가르칠 것인가의 문제에 대해 '덕'과 '원리'의 이분법 논쟁에서 여전히 벗어나지 못하고 있다. 그러다 보니 새로운 교육적 필요에 대응함에 있어서 신속성과 유연함을 갖지 못하는 경우가 많다. 다문화 교육은 각 교과 교육이 앞으로 풀어나가야 할 중요한 시대적 · 사회적 과제다. 다문화 교육이 성공을 거두기 위해서는 모든 교과 및 학교생활의 모든 측면에서 다문화 교육이 실행될 수 있는 여건과 환경이 만들어져야 한다.

다문화 교육과 도덕교육은 각기 지향하는 기본 가치와 목표가 유사하기에(추병완, 2010b) 매우 높은 학문적 친밀성을 갖고 있다. 도덕 교과의 중심 과제 가운데 하나인 공통적 가치기반을 공고화하는 것은 '다수로부터 하나'를 추구하는 다문화 교육의 이상과 일치하는 것이기에(Banks, 2007b), 도덕 교과는 다문화 교육과 상관성이 매우 높은 교과다. 다문화 교육의 여러 차원 가운데 하나인 공평교수법은 학생 중심의 교실 수업 방법 및 교실환경 개선을 포함하고 있어 모든 교과에서 적용이 가능하므로 기본 교육으로서의 다문화 교육을 활성화하는 데 많은 도움을 줄 수 있다.

■ 참고문헌 ■

김옥순 · 전성민(2009), "초등 교사의 문화 간 감수성 조사 연구 : 경기도를 중심으로", 『한국교원교육연구』, 26(1), 59–83.

모경환 · 황혜원(2007), "사회과 교사의 다문화 교육에 대한 인식과 교사교육의 과제", 『한국교원교육연구』, 24(2), 199–219.

박남수(2007), "초등학교 교사들의 다문화 교육에 대한 인식과 실천", 『사회과교육연구』, 14(1), 213–232

박윤경 · 성경희 · 조영달(2008), "초 · 중등 교사의 문화 다양성과 다문화 가정 학생에 대한 태도", 『시민교육연구』, 40(3), 1–28.

장인실(2003), "다문화 교육(Multicultural Education)이 한국 교사 교육과정 개혁에 주는 시사점", 『교육과정연구』, 21(3), 409–431.

조영달 외 4인(2010), "학교 다문화 교육의 실태 분석", 『시민교육연구』, 41(2), 151–184.

추병완(2002), 『열린 도덕과교육론』, 서울 : 하우.

______(2010a), "다문화적 시민성 함양을 위한 문화 감응 교수방법 개발 : 교실 수업 전략을 중심으로", 『교육과정평가연구』, 13(2), 103–122.

______(2010b), 『다문화 도덕교육의 이론과 실제』, 서울 : 하우.

황정미(2010), "다문화 시민 없는 다문화 교육", 『담론 201』, 13(2), 93–123.

Banks, C. A. M. & Banks, J. A.(1995), "Equity pedagogy : An essential component of multicultural education", *Theory into Practice*, 34(3), 152–158.

Banks, J. A.(2007a), *An introduction to multicultural education*(4th ed.), Boston : Allyn & Bacon.

__________(2007b), *Educating citizens in a multicultural society*(2nd ed.), New York : Teachers College Press.

__________(2010), *Multicultural education*, London : Routledge.

Blasi, A.(2004), "Moral Functioning : Moral understanding and personality", In D.

K. Lapsley & D. Narvaez (eds), *Moral development, self, and identity*, Mahwah, NJ : Lawrence Erlbaum, 335–348.

Boyle–Baise, M. (1998), "Community service learning for multicultural education : An exploratory study with preservice teachers", *Equity & Excellence in Education*, 31 (2), 52–60.

Cohen, E. G. & Roper, S. S. (1972), "Modification of interracial interaction disability : An application of status characteristics theory", *American Sociological Review*, 37, 643–657.

Gay, G. (2000), *Culturally responsive teaching*, New York : Teachers College Press.

Grant, C. A. & Ladson–Billings, G. (1977), *Dictionary of multicultural education*, Phoenix : The ORXY Press.

Grant, C. A. & Sleeter, C. S. (2011), *Doing multicultural education for achievement and equity* (2nd ed.), London : Routledge.

Hoffman, M. L. (2000), *Empathy and Moral Development : Implications for caring and justice*, Cambridge : Cambridge University Press.

Johnson, D W. & Johnson, R. T. (2001), *Multicultural education and human relations*, Boston : Allyn and Bacon.

Kristjànsson, K. (2010), "Educating Moral Emotions or Moral Selves : A false dichotomy?", *Educational Philosophy and Theory*, 42 (4), 397–409.

Ladson–Billings, G. (1995), "But that's just good teaching! The case for culturally relevant pedagogy", *Theory into practice*, 34 (3), 161–165.

Nieto, S. (2001), *Affirming diversity*, New York : Longman.

Ponterotto, J. G. & Pedersen, P. B. (1993), *Preventing prejudice : A guide for counselors and educators*, Newbury Park : SAGE Publications.

Slavin, R. F. (1983), *Cooperative learning*, New York : Longman.

Sleeter, C. E. & Grant, C. A. (2007), *Making choices for multicultural education : Five approaches to race, class, and gender* (5th ed.), Hoboken : Wiley.

Stephan, W. G. & Stephan, C. W. (1996), *Intergroup relations*, Boulder : Westview Press.

Stephan, W. (1999), *Reducing prejudice and stereotyping in schools*, New York : Teachers College Press.

Wade, R. C. (2000), "Service–learning for multicultural teaching competency :

Insights from the literature for teacher educators", *Equity & Excellence in Education*, 33(3), 21−29.
Wood, D.(1998), *How children think and learn*, Oxford : Blackwell Publishers.

제6장 도덕과에서의 문화 감응 교수

민주주의는 인간의 존엄성을 고양하기 위한 방안을 개방적으로 탐색 · 실현하려는 공동체적 삶의 과정이다. 따라서 민주주의는 그것의 핵심 원리를 이해하고 그 원리에 입각하여 행동하고자 하는 시민들에 의해서 유지된다(추병완, 2004a, 133). 달리 말해 민주사회의 기본적인 작동 원리는 시민들이 국가의 통치에 자발적 · 적극적으로 참여하고 국가는 그들의 요구와 비전을 실현하기 위해 노력하는 것이다. 그러나 인간은 태어날 때부터 민주사회의 작동원리에 부합하는 충분한 민주적 성향을 자동적으로 가지고 태어나지 않는다. 민주시민은 하루아침에 우후죽순처럼 마구 솟아나는 것이 아니기에 민주사회에서 학교 교육의 목표는 학생들이 공공 사회에 효과적으로 참여할 수 있는 지식 · 기능 · 가치를 습득하고 발달시킬 수 있도록 체계적으로 도와주는 것이다.

역사적으로 살펴볼 때 학생들을 민주시민으로 육성하는 일은 어느 나라에서나 매우 어려운 과제였다. 특히 현대 사회와 같이 다양한 인종 · 민족 · 언어 · 문화 · 종교 배경을 가진 사람들이 공존하는 다문화적 시민사회에서 민주시민을 육성하는 일은 더욱 어려운 과제다. 다문화적 시민사회는 시민들의 자유와 평등 · 사회적 연대라는 시민사회의 기본 틀을 기반으로 하는 가운데 다양하고 이질적인 문화들을 수용하고 인정하며 공존을 추구하는 사회다. 그런데 다문화적 시민사회에서의 학교 교육은 공통의 가치를 확고하게 하고 문화적 차이를 존중해야 한다는 시민적 목적과 다문화적 목적을 동시에 충족시켜야 하는 어려움을 갖고 있기에(Gutmann, 1996, 156) 그 어느 사회보다도 학생들을 민주시민으로 육성하는 것이 어렵다.

우리의 경우도 그간 핵심 가치 · 덕목의 내면화라는 시민적 목적에만 충실해 왔기에 문화적 차이를 존중하는 다문화적 목적을 학교 교육에 착근시켜 통일성과 다양성의 조화를 모색해야 하는 어려움에 직면해 있다. 이제 다문화적 민주국가 건설이라는 새로운 과제에 직면한 대한민국은 학교 교육을 통하여 차세대 민주시민들이 문화 공동체, 국민국가, 그리고 지구 공동체에 대하여 균형 있고 사려 깊은 애착심과 일체감을 발달시킬 수 있는 방안을 모색해야 할 중대한 시점에 놓여 있다(추병완, 2008c, 112 ; Banks, 2007, 22). 다문화 민주국가의 시민들은 정의와 평등 같은 국가의 보편적 이상을 존중하고, 이 이상을 유지하고 보존하는 데 헌신하며, 사회적 · 인종적 · 문화적 · 경제적 불평등처럼 민주적 이상을 저해하는 현실과 이상과의 간극을 줄이는 데 기여하기 위해 행동하려는 의지와 능력을 가지고 있어야 한다. 따라서 다문화 사회에서 학교 교육의 중요한 목표는 보다 민주적이고 정의로운 국가 건설에 도움이 되는 의사결정을 내리고 행동을 취하는 데 필요한 지식, 태도, 기능 등을 학생들이 습득할 수 있도록 돕는 것이다.

오늘날 세계사적인 시대 조류는 다문화적 소양과 간문화적 기능(intercultural skill)을 갖춘 시민을 요구하고 있으며, 국가의 구성원들이 다문화 세계에 적절히 대처하지 못하는 나라는 엄청난 불이익을 당함은 물론 생존 자체가 어려워지는 상황이 될 것이 분명하다(Banks, 2007, 22). 다문화적 민주사회의 시민들은 국가 수준에서 공유되는 문화에 효과적으로 참여할 수 있어야 할 뿐만 아니라, 소속 공동체의 문화에 대한 애정도 간직할 수 있어야 한다. 다양성이 결여된 통일성은 문화적 억압과 헤게모니로 귀결되며, 통일성이 결여된 다양성은 분파주의와 균열을 야기한다. 따라서 다양성과 통일성은 다문화적 국민국가 내에서 정교하게 균형을 이루어야 한다(추병완, 2008b, 313).

이렇게 볼 때 다문화 민주국가로 발돋움하고 있는 우리에게 필요한 것은 다문화적 시민성(multicultural citizenship)의 함양이다(구정화 외 2인, 2009, 181 ; 추병완, 2008a, 39 ; 심용신, 2009, 65). 다문화 사회의 궁극적 지향은 일상을 살아가는 시민들이 생활 속에서 대면하는 다양한 민족적 · 문화적 배경의 주체들과 소통하면서 생산적 시너지를 구현해 가는 데 있다. 다문화적 시민성은 자신의 민족적 · 문화적 공동체와 국민 문화(national civic culture) 양자에 대한 헌신을 유지하려는 시민의 권리와 욕구를 인정하고 정당화한다. 국가의 국민 문화가 그것을 구성하고 있는 다양한 민족 · 인종 · 언어 · 종교 공동체의 목소리를 반영하는 방식으로 변형되었을 때에만 모든 시민들로부터 정당한 것으로 여겨진다. 그래야만 시민들은 국가와 국가의 이상에 대한 명료화된 헌신을 발전시킬 수 있다(Banks, 2007, 16).

그렇다면 다문화적 시민성을 함양하기 위한 교수방법은 무엇인가? 다문화 교육 연구자들은 다문화적 시민성의 함양에 있어서 문화 감응 교수(culturally responsive teaching)의 중요성을 역설하고 있다. 문화 감응 교수는 인종적 · 민족적으로 다양한 학생들에게 학습 만남(learning encounter)이 더욱 적절하도록 만들기 위하여 그들의 문화적 지식, 이전 경험, 준거체제, 수행양식을 활용하는 교수방식을 의미한다. 문화 감응 교수는 인종적 · 민족적으로 다양한 학생들의 장점에 맞추어, 그리고 장점을 통하여 가르치는 것이다(추병완, 2008a, 43). 그럼에도 불구하고 국내에서의 다문화 교육에 관한 논의들은 문화 감응 교수의 중요성에 대해 아직 큰 관심을 기울이지 못하고 있다. 이에 여기서는 다문화적 시민성의 함양을 위한 문화 감응 교수방법의 특징과 이론적 근거를 명료하게 탐색하고, 문화 감응 교수를 활용한 교실 수업 전략을 제시하고자 한다.

1. 문화 감응 교수의 개념과 특징

1) 문화 감응 교수의 개념 정의

다문화 교육 연구자들이 다문화적 시민성 함양을 위한 교수법으로서 공통적으로 제안하고 있는 것이 바로 문화 감응 교수다. 물론 문화 감응 교수는 학자들마다 표현의 차이를 수반하고 있으나 용어상의 미묘한 차이가 그 중요성을 폄하하지는 않는다. 이를테면 문화적으로 적절한(relevant), 민감한(sensitive), 일치하는(congruent), 반성적(reflective), 매개적(mediated), 맥락적(contextualized), 동시적(synchronized) 등의 여러 표현이 사용되고 있으나(Gay, 2000, 29) 사실상 이 용어들은 모두 문화 감응 교수의 다른 표현에 불과하다.[1)]

본래 문화 감응 교수라는 개념은 소수 인종 학생의 낮은 학업성취를 역전시키고자 하는 취지에서 비롯되었다(김옥순 외 7인 공역, 2009, 384). 문화 감응 교수는 가정문화와 학교문화가 서로 달라 고전하는 학생을 이해하고 도와주기 위해 시작된 연구에서 비롯된 개념이다. 그 개념은 1990년대 중반 흑인 학생을 성공적으로 가르치는 교사의 특성을 찾아내려는 질적 연구에서 비롯되었다. 이 연구를 주도했던 래슨 빌링스(Ladson-Billings, 1995, 164)는 3년 간의 연구를 통해 흑인 학생을 성공적으로 가르치는 교사의 특성을 밝혀냈는데, 그러한 특징들이 문화 감응 교수의 이론적 틀을 형성하는 데 큰 기여를 했다.

오늘날 문화 감응 교수를 주장하는 학사들은 문화가 학습에 있어서 중추적인 것이라고 믿는다. 그들은 또한 사람들이 환경과 상호작용을 할 때 역사적 · 문화적 · 사회적 상황에 의해 영향을 받는다고 믿는다. 인간은 문화적 상징과 은유를 포함하는 사회적 과정을 통해 그들의 세계를 구성한다. 그러므로 그들에게 있어 문화는 개인과 집단의 정보 소통뿐만 아니라 그들의 사고과정을 조형함에 있어서도 중요한 역할을 수행한다. 그런데 각각의 문화는 고유한 특성이 있어서 지배적인 문화가 아닌 그 자체의 문화에 근거하여 이해되어야 하며, 한 집단의 문화를 다른 집단에게 강요하는 것은 부당한 것이다. 그러므로 개별 문화를 인정 · 반응 · 예찬하는 교육은 모든 문화로부터 온 학생들에게 완전하고 공평한 교육기회를 제공해 준다.

문화 감응 교수는 학습의 모든 측면에서 학생들의 문화적 준거를 포함하는 것의 중요성을 인정하는 교수방식이다. 달리 말해 문화 감응 교수는 인종적 · 민족적 · 문화적으로 다양한 학생들이 지닌 독특한 문화적 지식, 이전 경험, 준거체제, 관점, 학습유형, 수행양식 등을 적극적으로 활용하여 그들의 학습경험을 보다 효과적이게끔 만들려는 교수방식을 뜻한다.

2) 문화 감응 교수의 주요 특징

다문화적 시민성 함양을 위한 문화 감응 교수의 중요성을 강조하는 학자들은 문화 감응 교수가 갖고 있는 독특한 특징을 부각시킨다. 그들은 학교와 가정 간 문화적 일치의 중요성을 강조하면서 인종적 · 민족적 · 문화적으로 다양한 학생들의 장점에 맞추어, 그리고 장점을 통해 가르치는 것이 중요함을 강조한다(Ramsey, 2009, 227). 그들은 문화 감응 교수가 문화적으로 정당하고 확언적인 것이라고 믿는다.

이에 대한 증거로서 뱅크스는 미국 인디언 학생들에게 집단 지향적 참여구조를 활용했을 때 그들이 학급토론에 더욱 활발하게 참여했다는 사실, 하와이 원주민의 발표놀이인 '이야기 말하기'(talk story)를 수업에 활용하여 하와이 원주민 학생들의 읽기 능력이 향상되었다는 사실, 그리고 흑인들의 언어행위인 '서로 비아냥거리기'(signifying) 시합을 수업에 활용한 결과 흑인 학생들의 학업성취도가 증가했다는 사실을 들고 있다(Banks, 2002, 17). 한편 문화 감응 교수의 이론화 작업에 있어서 선도적인 역할을 수행한 게이는 문화 감응 교수의 특징을 종합하여 다음과 같이 제시했다(Gay, 2000, 29-37 참조).

첫째, 문화 감응 교수는 타당한 것이다. 그는 타당하고 정당한 것으로서의 문화 감응 교수가 지닌 세부 특징을 다음과 같이 설명한다. ① 문화 감응 교수는 상이한 민족집단의 문화적 유산의 정당성을 두 가지 측면에서 인정하는데, 하나는 학생들의 성향 · 태도 · 학습에 대한 접근법에 영향을 주는 유산으로서의 정당성이고, 다른 하나는 공식 교육과정에서 가르칠 가치 있는 내용으로서의 정당성이라는 것이다. 이것은 학생들의 문화적 차이가 교수 · 학습 과정에서 매우 민감하게 고려되어야 함과 동시에 교육내용으로 자리 잡아야 한다는 그의 신념을 잘 반영한다. ② 문화 감응 교수는 가정과 학교 경험 간에, 그리고 학문적 추상화와 살아 있는 사회문화적 현실 간에 유의미성(meaningfulness)이 생성될 수 있도록 가교를 형성한다. ③ 문화 감응 교수는 상이한 학습양식과 관련된 다양하고 광범위한 수업전략을 활용한다. ④ 문화 감응 교수는 자신의 문화유산과 타인의 문화유산에 대해 알고 찬양하도록 가르친다. ⑤ 문화 감응 교수는 모든 교과의 다문화적 정보 · 자원 · 자료와 학교에서 일상적으로 가르치는 기능들을 통합한다.

둘째, 문화 감응 교수는 포괄적이다. 문화 감응적인 교사는 지식 · 기능 · 태도를 전달하기 위해 문화적 지시 대상들을 활용함으로써 지적 · 감정적 · 사회적 · 정치적 학습을 전개한다. 달리 말해 문화 감응적인 교사는 전인을 가르치는 것이다. 문화 감응 교수는 학업성취 제고만이 아니라 민족집단에 대한 연관성과 정체성을 유지하게 하고, 공동체 의식을 갖게 하며, 공유된 책임감과 성공 윤리를 갖게 한다. 기대나 기능이 분리된 실체로 가르쳐지는 것이 아니라, 모든 교육과정 내용과 교실의 전체적인 생활양식에 스며든 채로 가르쳐진다. 학생들은 자신의 학습만이 아니라 서로의 학습에 대해서도 책임감을 느낀다. 이와 더불어 학생들은 학습이 지닌 공동성, 상호성, 상호 의존성의 가치를 내면화한다.

셋째, 문화 감응 교수는 다차원적이다. 다차원적인 문화 감응 교수는 교육과정 내용, 학습상황, 교실풍토, 교사-학생 관계, 수업기법, 수행평가를 포함한다.

넷째, 문화 감응 교수는 권한 부여이다. 그것은 학생들이 더욱 완전한 인간, 더욱 성공적인 학습자가 되도록 만든다. 여기서 권한 부여란 학업능력, 개인적 자신감, 용기, 실천의지로 해석된다.

다섯째, 문화 감응 교수는 변혁적이다. 그것은 상이한 민족집단 학생들을 존중하는 가운데 전통적인 교육관행의 인습들에 저항한다. 상이한 민족집단의 문화를 존중하고 그것을 교수 · 학습에서 가치 있는 자원으로 활용한다는 점에서 문화 감응 교수는 변혁적인 것이다.

여섯째, 문화 감응 교수는 해방적이다. 문화 감응 교수는 상이한 민족집단 학생들의 지성을 주류의 지식기준과 인식방법이 갖고 있는 억압적 속박으로부터 벗어나게 해준다는 점에서 해방적인 것이다. 협동, 공동체, 연관성은 문화 감응 교수의 중요한 특징이다. 그것은 전통적인 교실을 사로잡았던 개인주의와 경쟁을 대체한다.

이렇듯 게이는 문화 감응 교수의 특징을 타당성, 포괄성, 다차원성, 권한 부여, 변혁성, 해방성으로 설명하면서 다문화 교육이 성공하기 위해서는 교실이라는 소우주에서부터 근본적인 교수방법의 변혁이 일어나야 한다고 강조했다.

다문화 교육이 모든 학생들을 위한 것과 마찬가지로 문화 감응 교수도 모든 교실상황에 필요한 것이다. 인종적 · 민족적으로 다양한 학생들에게 학습이 더욱 효과적인 것이 되기 위해서는 교사가 학생의 문화를 활용한 문화 감응 교수를 실천해야 한다. 교사는 문화 감응 교수를 통해 학생들에게 자기 집단의 문화적 유산과 타집단의 문화적 유산에 대해 정확하게 학습할 수 있도록 해주어야 한다. 그러므로 교사는 문화 감응 교수를 통해 학생들로 하여금 민족적 · 인종적 · 문화적 다양성을 존중하고 포용하며, 다양성은 인간적 삶의 총체적인 조건임을 인식하도록 만들어야 한다.

2. 문화 감응 교수방법의 특징 및 이론적 근거

그렇다면 문화 감응 교수의 이론적 근거는 무엇인가? 문화 감응 교수의 이론적 근거를 밝히는 작업은 그리 용이하지가 않다. 왜냐하면 문화 감응 교수의 이론적 근거가 바로 이것이라고 분명하게 밝히고 있는 학자들이 부재하기 때문이다. 그러나 문화 감응 교수를 역설하는 그들의 논의를 뒷받침하는 근거들을 상세하게 살펴보면 사회구성주의, 배려윤리, 문화 차이 패러다임이 중요한 이론적 근거임을 파악할 수 있다.

1) 사회구성주의

인식론적 측면에서 볼 때 문화 감응 교수는 사람들은 문화적 상징과 은유를 포함하는 사회화 과정을 통하여 그들의 세계를 구성한다는 사회구성주의 관점을 실현하고 있다. 사회구성주의에서는 인간이 자신의 주관적 지식을 사회와의 상호작용을 통하여 객관적 지식으로 수정해 간다고 본다(추병완, 2004, 411). 사회구성주의는 사회적 상호작용을 지식의 중요한 본질로 보아 지식이 사회 속에서 형성되는 구체적 과정에 대한 연구에 초점을 맞춘다. 인간의 인지적 경험은 외적 활동과 기호의 사용에 의해 만들어지며, 이러한 경험은 끊임없이 문화적 과정에 관여되면서 다음의 문화적 구성의 기초가 된다고 본다. 즉 문화와 인지과정의 상호 의존성 속에서 인간은 필연적으로 사회와 만나게 되며, 인간의 지식은 이러한 개인적 과정과 사회적 과정의 상호 의존성에 의하여 형성된다고 본다(김판수 외 6인, 2003, 34-35).

학습의 관점에서 볼 때 문화 감응 교수는 모든 문화집단은 인지적 강점이 있으며, 이를 통해 교실에서의 학습이 촉진될 수 있다고 믿는다. 이 점에서 문화 감응 교수는 아동과 성인의 자연적인 상호작용에서 발생하는 지적 발달을 주장하는 신비고츠키 이론(neo-Vygotskian theory)과 매우 유사하다. 신비고츠키 이론에 의하면, 아동은 자신의 발달 수준인 근접발달 지역 내에서 새로운 내용을 배우는 것에 도움을 받을 수 있다. 효과적인 학습은 아동과 성인이 문화적인 가치와 양식을 공유하는 것과 더불어 효과적인 의사소통을 필요로 한다. 학습이 효과적으로 이루어지기 위해서는 교사는 아동의 근접발달 지역 내에서 그 학생과 효과적으로 연결되기 위해 학생의 문화적 양식을 충분히 알고 있어야만 한다(심우엽, 2001, 354).

문화 감응 교수는 다양한 집단의 학습 특징과 문화적 특징을 반영하는 데 초점을 맞춘다. 문화 감응 교수를 주장하는 학자들은 문화가 학습에 중요한 영향을 미친다고 봄과 동시에 학습이 효과적으로 이루어지기 위해서는 교사가 학생들의 문화적 배경에 대해 잘 알고 있어야만 하며, 그러한 문화적 배경에 대한 지식을 효과적인 교수법 개발에 활용할 수 있는 능력을 갖추어야 한다고 믿는다. 이렇게 볼 때 문화 감응 교수는 사회구성주의 관점을 교수 · 학습 과정에서 잘 실현하고 있다고 평가할 수 있다.

2) 배려 윤리

주지하는 바와 같이 배려 윤리는 관계 중심적인 윤리다. 배려 윤리의 대표자인 나딩스(Noddings)에게 있어서 배려의 본질적 요소는 배려하는 자와 배려를 받는 자 사이의 관계에 있다(추병완 외 2인 공역, 2002, 33). 배려를 받는 자는 나 자신일 수 있고 내가 만나는 타자일 수도 있다. 후자, 곧 타자에 대한 배려는 배려의 본질적 측면이다. "타자의 현실을 내게 있어서의 가능성으로 받아들이고 이러한 현실을 느끼기 시작하면, 나는 또한 이에 상응하는 행위를 해야 한다는 것도 느낀다 … 나는 마치 나 자신의 고유한 관심 속에서 행위를 하는 것처럼 타자의 관심 속에서 행위를 하게 된다"(송얀정 역, 2008, 70). 여기서 중요한 것은 고정된 규칙이 아니라 배려하는 태도의 기반인 마음씨와 존중의 감정이다. 이러한 태도는 다시금 수용적이고 응답적인 특성을 갖는다. 타자는 배려하는 자의 베풂에 상응할 수 있고, 실로 그 이상으로 갚을 수 있다. 타자는 그 자신이 배려하는 자가 됨으로써 이러한 베풂을 돌려줄 수 있다.

문화 감응 교수를 주장하는 학자들은 '배려가 문화 감응 교수를 지탱하는 중심 기둥'(Gay, 2000, 45)인 동시에 '학생과 학부모를 소중하게 여기고, 학습이 사회·문화적 맥락 속에서 일어나는 것으로 파악하는 철학적 지향'(Pang, 2001, 80)이라고 믿는다. 이렇듯 문화 감응 교수를 주장하는 학자들은 교수·학습 과정에서 배려가 지닌 잠재성과 가치에 주목한다. 이것은 "우리가 학생을 친밀하게 대할수록 그들 각자의 요구와 흥미에 따라 움직일 수 있기 때문에 배려 이론은 개별화된 교육과정을 선호한다"(윤현진 외 4인 공역, 2007, 41)는 나딩스의 주장과 일맥상통한다.

또한 문화 감응 교수는 배려 윤리와 마찬가지로 인간의 자아를 관계 속의 자아로 규정한다. 자유주의 전통에 경도된 서구 심리학에서 자아는 자율적으로 관여된 개인적 행동이며, 다른 사람들과 환경에 대하여 가지는 분리감과 대립으로 정의되어 왔다. 이와는 달리 문화 감응 교수는 자아를 사람들이 거주하고 있는 가족, 공동체, 문화 그리고 우주에 대한 느낌들이 서로 엉켜 있는 자아, 즉 관계 속의 자아로 본다.

게이는 교수활동에서 배려와 관련된 연구결과에 기초하여 배려가 개인과 수행에 대한 관심을 의미하고, 행위를 유발하는 가치가 있으며, 노력과 성취를 촉진하고, 다차원적인 감응성에 기반을 두고 있다고 주장했다(Gay, 2000, 45-53 참조). 이 가운에서도 문화 감응 교수의 이론적 근거를 가장 잘 설명해 주는 것은 바로 배려의 본질이라 할 수 있는 다차원적 감응성 개념이다. 교수활동에서 감응적이라는 것은 교사가 학생의 행위와 교실의 정신적 생태(mental ecology)에 영향을 주는 문화적 요인들을 교육적으로 건설적인 방식에서 이해하고 그에 입각하여 행동한다는 것을 의미한다. 그러므로 교사가 문화 감응 교수를 하기 위해서는 그 자신이 문화적 다양성에 능통함과 동시에 그것을 교육과정 속에 포함할 수 있어야만 한다.

한편 팽은 교수 · 학습에서 배려에 관한 기저의 신념을 다음과 같이 제시했다(Pang, 2001, 64-65).

첫째, 관계는 상호적이며 신뢰에 기반을 둔다.

둘째, 신뢰관계는 교수 · 학습을 위한 토대와 맥락을 형성한다.

셋째, 교사와 학생은 서로 간에 상호 연결감을 느낀다. 각자는 타인의 복지에 관심을 가지며, 이런 맥락 안에서 학습자 공동체가 창조된다.

넷째, 다양한 렌즈를 통해 지적 발달을 바라보고, 다양한 방법을 통해 지적 발달을 촉진한다.

다섯째, 문화는 많은 학생들이 자신을 확인 · 정의 · 가치 평가하고 동기화되는 방식을 보여주는 친숙한 측면이다. 학생들의 존재감은 문화에 뿌리를 내리고 있다.

여섯째, 타인을 위한 배려는 사회 정의를 이룰 수 있다. 우리는 우리가 개인적 수준에서 배려하는 사람들을 위한 공정성을 원한다. 왜냐하면 우리는 개인 및 더 큰 공동체의 인간다움을 위해 배려하기 때문이다.

일곱째, 배려하는 학생은 어떤 다른 사람의 관점에서 세계를 느끼고, 보고, 파악하는 능력을 발달시키며, 그것은 하나의 공동체 지향으로부터 문제 해결 및 학업기능 발달을 조장한다.

여덟째, 교사는 공동체의 일원임을 느끼고, 그들이 가르치는 공동체에 참여함으로써 삶의 경험을 공유한다.

아홉째, 교사는 학생들과 함께 민주적인 교실을 창조한다.

이렇듯 팽은 배려가 문화 감응 교수의 중심 기둥임을 강조하면서 학생의 문화에 초점을 맞춘 교수방식이 전개되어야 함을 강조했다. 그는 교사가 배려 윤리에 근거하여 행동할 때 의식적으로 자신의 학생들을 배려하고 가르치며 호혜적 관계 형성을 위해 도덕적 헌신을 하게 된다고 보았다. 즉 그는 배려 윤리에 근거함으로써 교사는 학생들과 강한 의사소통 라인을 만들고, 문화 감응 교수의 핵심인 학생의 문화적 배경을 확언할 윤리적 결단을 하게 된다고 보았다.

3) 문화 차이 패러다임

일반적으로 패러다임은 인간의 행동이나 어떤 현상을 설명하는 상호 연계된 아이디어의 총체이다. 그것은 정책과 행위를 내포하며, 구체적인 목표, 가정, 가치관을 지닌다. 하나의 패러다임은 사상 및 공공 정책의 경연장에서 다른 패러다임과 경쟁한다. 다문화 교육에 있어서 교육자들이 다양성을 어떤 패러다임으로 바라보는지의 문제는 매우 중요하다. 이를테면 사회적 소수 집단의 다양성을 주류문화의 결핍으로 볼 것인지 혹은 그 자체를 장점으로 볼 것인지에 따라 교육적 대안이 달라질 수 있기 때문이다.

전통적으로 학교에서의 학업성취 격차를 설명함에 있어서 결핍 모형을 취하는 이론으로 지능 이론과 문화 결핍 이론을 들 수 있다. 문화 결핍 이론은 지능 이론을 극복하기 위한 이론으로 알려져 있지만 학업성취 실패 이유를 학생이 갖고 있는 속성에서 찾는다는 점에서 지능 이론과 기본 논리를 같이한다. 다만 문화 결핍 이론은 생득적 능력을 강조하는 지능 이론과 달리 학생들이 경험하는 가정의 문화적 환경을 중시한다. 지능 이론은 유전적 요소를 강조하고 학업 실패가 지적 소양의 부족에서 비롯된다고 보는 반면에, 문화 결핍 이론은 학생의 문화적 경험 부족을 학습 실패의 중요한 원인으로 간주한다(오욱환, 2008, 172).

이렇듯 문화 결핍(cultural deprivation) 이론은 1960년대에 나타나기 시작한 저소득층 학생들의 교육과 관련된 최초의 이론 가운데 하나다(Banks, 2007, 71). 문화 결핍 패러다임의 기본 가정에 의하면, 저소득층 청소년들은 그들이 속한 가정과 공동체의 역기능적인 사회문화적 특성으로 인하여 적절한 학업성취에 이르지 못한다(Manning & Baruth, 2004, 47). 빈곤, 편부, 편모 등의 특징을 가진 저소득층 아이들은 문화 결핍과 인지적 결함에 노출되어 학교에서 낮은 성취도를 보인다. 따라서 이 패러다임은 영양 결핍이 실재하는 것처럼 문화 결핍도 실재하며, 가정의 문화적 환경이 학생의 학업성취에 중대한 영향을 미친다고 본다(오욱환, 2008, 175).

문화 결핍 패러다임을 지지하는 학자들은 '미국 문화'와 '전형적인 인간 발달'의 일반적인 규범들이 보편적으로 옳다고 본다. 그들은 소수 인종 학생들이 그러한 규범을 획득·성취하는 데 실패하는 주된 요인을 그들의 가정환경, 생리학적·정신적 재능, 또는 그 두 가지 모두에 대한 결핍에서 비롯된 것이라고 믿는다(Sleeter & Grant, 2007, 40).

문화 결핍 패러다임을 신봉하는 사람들은 학교가 저소득층 및 소수 종족 집단 학생들의 학습 지원에 책임이 있을 뿐만 아니라, 그러한 목표에 도달할 수 있는 역량을 갖춰야 한다고 믿는다. 그들은 저소득층 학생들의 학습 장애 원인은 주로 그들이 사회화된 문화로부터 발생한 것으로 파악한다. 따라서 학교가 그들의 결핍된 문화를 보상할 수 있고 결핍이 일어난 문화적 환경을 제거해 준다면 학업성취 수준을 높일 수 있다는 것이다(Banks, 2007, 71).

이에 문화 결핍 패러다임에서 학교의 주요 목표는 문화적으로 박탈된 아이들에게 인지적 결함을 보완할 수 있는 문화경험과 여타의 다양한 경험을 제공하는 것이다. 하지만 문화 결핍 패러다임은 저소득층 학생들을 그들의 문화로부터 분리하려 하고, 학업 실패는 학교가 아니라 그들 자신의 문화에서 비롯된 것이라고 비난하며 그들의 문화를 부정적으로 평가하고 있다는 점에서 문화민주주의의 이념에 위배되는 잘

못을 범하고 있다.

문화 감응 교수는 문화 결핍 패러다임을 비판하면서 문화 차이 패러다임을 수용한다. 문화 차이 패러다임은 문화 결핍 패러다임과는 달리 소수 인종 집단 청소년들이 문화적 결핍상태에 놓여 있다는 가설을 수용하지 않는다. 문화 차이 패러다임은 소수 인종 집단들이 강하고 풍부하며 다양한 문화를 가지고 있다고 믿는다. 즉 그들의 문화는 다른 미국인들의 삶을 풍요롭게 할 수 있는 언어, 행동양식 및 관점으로 구성되어 있다. 따라서 문화 차이 패러다임은 소수 종족 청소년들이 학교에서 실패하는 주된 이유는 문화적 결핍 때문이 아니라, 그들이 학교의 문화와는 다른 문화를 갖고 있기 때문이라고 가정한다.

문화 차이 패러다임을 지지하는 학자들은 인간 발달과 관련한 일반적인 규범을 특정 문화의 요구와 관련 있는 것으로 파악한다. 인간 발달에 대한 하나의 옳은 모델은 없으며, 문화적 내용은 학생들의 발달에 중요한 영향을 미친다. 이 패러다임에 의하면, 다른 문화적 내용들도 똑같이 건전한 규범을 생산해내지만 다른 양식으로 발전한다고 본다. 개인은 각자 자신의 공동체 안에서 원활하게 활동하는 것처럼 주류문화에서도 생산적인 역할을 하는 것을 배울 수 있다(Sleeter & Grant, 2007, 46).

문화 차이 패러다임은 소수자 학생들의 문화보다는 학교 자체가 소수 인종 학생들의 낮은 학업성취도에 대한 주요 책임이 있다고 믿는다. 문화 차이 패러다임의 지지자들은 부적합한 교수야말로 학생의 학습능력을 제한하는 가장 주요한 요소라고 본다. 만약 학생들이 잘 학습하고 있지 않다면 그것은 바로 교사들이 학생들의 장점과 재능에 대해 투자하기 않았기 때문이다. 따라서 교사는 학생들의 배경과 장점을 알기 위해 더 많은 시간과 노력을 투자해야 한다. 그러므로 학교는 소수 인종 집단 청소년들의 문화를 존중하고 반영할 수 있는 방향으로 변화해야 하며, 동시에 그들의 문화적 특성에 적합한 교수전략을 사용해야 한다는 것이다(Banks, 2007, 73).

문화 차이 패러다임에 의하면, 지금까지 학교는 소수 인종 학생들을 그들의 문화로부터 소외시키거나 그들의 문화를 무시하고, 그들의 생활양식과 일치하는 교수전략을 거의 사용하지 않음으로써 소수 인종 학생들을 돕는 데 자주 실패했던 것이다(Maning & Baruth, 47-48). 이렇듯 학생들의 문화와 일치하는 교수전략 사용의 중요성을 강조하는 문화 차이 패러다임은 문화 감응 교수의 중요한 이론적 근거를 이룬다. 문화 감응 교수는 학업성취의 차이가 교실 수업과 가정문화 간의 차이에서 비롯된다는 문화 차이 패러다임의 기본 가정을 수용하면서 학생들의 문화에 적합한 교수전략을 사용해야 한다는 해결방안을 구체적으로 시도하려는 교육적 노력이다.

3. 문화 감응 교수에 의한 교실 수업 전략

문화 감응 교수는 교사들이 다문화 교실의 상호작용에 의미를 부여하는 데 도움을 줄 수 있는 자원으로써 다양성을 활용하도록 도와준다. 그러나 뱅크스가 지적한 바와 같이 문화 감응 교수는 아직 구체적인 전략으로 구현되어 있지 못한 상태다(Banks, 2007, 102). 실제로 문화 감응 교수에 관한 서구 학자들의 논의는 교실 수업 전략의 측면보다는 주로 교사의 역할이나 지도상의 유의점에 초점을 맞추고 있다. 일례로 게이는 문화 감응 교수법의 실천 사례로서 자신의 경험을 소개하고 있는 데(Gay, 2000, 183−198 참조), 그것은 문화 감응 교수를 위한 구체적인 수업전략이라기보다는 일반적인 수업지침에 가깝다. 즉 그는 문화 감응 교수법의 실천을 위해 지지적 · 촉진적인 환경을 조성할 것, 의식과 관례를 활용할 것, 협동적 · 성공적으로 학습하게 할 것, 선택과 진실성을 중시할 것, 능력을 가질 수 있도록 가르칠 것, 아는 것과 행함을 일치시킬 것, 비판적 지향을 갖게 할 것, 개인적 경험을 지식구성의 주요한 요인으로 활용할 것 등을 제시하였다.

이에 여기서는 문화 감응 교수와 관련된 이전의 연구결과들을 종합하여 교실 수업에서 교사가 전략적으로 활용할 수 있는 아이디어들을 교실환경 구성, 수업설계, 수업전개의 세 가지 측면으로 분류하여 논의를 전개하고자 한다. 즉 교사가 문화 감응 교수를 활용하고자 할 때의 시간적 흐름을 고려하여 문화 감응 교수를 위한 교실환경 및 분위기 조성방법, 수업설계 방법, 수업활동 전개방법으로 구분하여 제시하고자 한다.

1) 교실환경 구성을 위한 전략

(1) 지적 · 촉진적 교실환경 구성

문화 감응 교수를 활용하고자 하는 교사는 학생의 지적 · 개인적 · 사회적 · 인종적 · 문화적 발달을 지지하고 촉진하기 위한 교실환경을 조성해야 한다(Gay, 2000, 184). 교사는 학생들 스스로 의사결정, 인지적 처리, 문제 해결, 자기 성찰이 가능할 수 있도록 학생들을 지지해 주는 교실 분위기를 조성해야 한다. 교사는 서로 다른 특성을 가진 학생들이 자신의 특성에 대해 편안하게 느끼고 교사 및 동료 학생들과 자연스럽게 상호작용할 수 있는 환경을 조성해야 한다(구정화 외 2인 공저, 2009, 233 ; 오은순, 2009, 179). 이를 위해서는 상호 존중이 필수적이다. 여기서 상호 존중은 학생이 존중심을 갖고 교사를 대하듯이 교사도 존중심을 갖고 학생을 대하는 것을 의미한다. 교사는 다양성을 존중하고 예찬하는 교실 나름의 관례나 의식의 제정을 통하여, 규칙 제정과 협동적 의사결정 과정을 통하여 교사와 학생 모두 자기 규제와 협동을 실천하는 상호 존중의 분위기를 만들어낼 수 있다(추병완, 2007, 232).

또한 교사는 다른 것은 틀린 것이 아니라는 메시지를 학생들에게 지속적으로 확산시킴으로써 학생들이 다양성을 인정 · 존중하는 생활방식을 체질화하도록 도와주는 촉진자 역할을 수행해야 한다. 교사는 교실활동에서 학생들의 사회적 · 문화적 · 언어적 경험을 반영하고 그것에 적절한 교실환경을 지속적으로 개발해야만 한다. 즉 학생들의 문화 기반 지식을 교실 학습 경험과 효율적으로 연결시키도록 도와주는 방식으로 교실 분위기를 조성해야 한다. 교사는 일상적인 교실 역학에서 문화가 작동하는 방식을 이해하고, 문화적 · 민족적 다양성이 발열하는 학습 분위기를 창출하며, 모든 학생들의 최고의 학업성취를 촉진시켜야만 한다. 교사는 다양한 민족집단 학생들이 교실에서 자유로운 개인적 · 문화적 표현을 할 수 있는 기회를 부여하며, 그들의 목소리와 경험이 교수 · 학습 과정에 자연스럽게 통합될 수 있도록 해야 한다.

(2) 학생에 대한 높은 기대

문화 감응 교수를 실행하고자 하는 교사는 개별 학생들을 그가 성장해 온 민족 · 문화 공동체의 규범에 근거해 이해해야 하며, 모든 학생들을 가치 있는 지식과 경험을 가진 학습자로서 존중해 주어야 한다(추병완, 2008a, 44). 그런데 여기서 중요한 사실은 학생들을 빈곤층 학생이나 소수 인종 학생의 학생이 아니라, 한 사람의 개인으로 보고 대우하는 것이다(한소영 역, 2008, 68 ; Tiedt & Tiede, 2002, 30). 높은 기대를 가진 효율적이고 지속적인 소통은 학생들이 건전한 자아 개념을 갖게 하는 데 도움을 준다. 그것은 또한 내재적 동기를 위한 구조를 제공하고 학생들이 성공할 수 있는 환경을 조장해 준다.

학생의 행동과 교사의 기대는 상호작용한다. 교사가 학생에게 학업성취에 있어서 더 많은 것을 기대할 때 학생은 더 많이 성취하는 경향이 있으며, 학생이 학업에서 더욱 성공적이면 학생에 대한 교사의 기대 수준은 더 높아지는 경향이 있다. 교사가 학생의 실패에 대해 동정하거나, 단순 과제를 마친 것에 대해 지나치게 칭찬하거나, 학생이 원하지 않는 도움을 제공할 때 교사는 학생들에게 낮은 기대라는 의도하지 않은 메시지를 전달할 수도 있다.

따라서 교사는 학생들에게 명확한 기대를 가지고 소통해야 한다. 교사는 학생들이 알기를 바라는 것, 할 수 있기를 바라는 것을 아주 구체적으로 제시해야 한다(Ladson−Billings, 1995, 160−161). 그리고 학생들에 대한 참된 존중과 학생의 능력에 대한 신뢰가 존재하는 환경을 창출하여 학생들이 특정한 과업에 대한 기대를 충족시킬 수 있도록 고무시켜 주고, 학생들이 그것을 충족시켰을 때에는 칭찬을 해주어야 한다. 이를 위해 교사는 부모와의 교류 및 협력에 필요한 간문화적 능력을 지니고 있어야 한다. 교사는 학생이 속한 가정의 문화적 배경에 대해 진지하게 연구해야 하고, 그 학생의 문화활동과 신념을 알아내기 위해 같은 문화를 가진 사람들이나 집단 성원들을 만나 정보를 획득해야 한다.

2) 수업설계를 위한 전략

(1) 문화적으로 매개된 수업

문화 감응 교수를 위한 수업설계에 있어서 교사는 문화적으로 매개된 수업을 기획해야 한다. 뱅크스는 이것을 내용 통합으로 표현한 바 있다. 그에게 있어서 내용 통합이란 교사가 자신의 교과나 학문 영역에 등장하는 주요 개념 · 원칙 · 일반화 · 이론을 설명하기 위해서 다양한 문화 및 집단에서 온 사례, 자료, 정보를 가져와서 활용하는 정도를 지칭한다(Banks, 2002, 14).

문화적으로 매개된 수업이 왜 필요한 것인가? 이에 대한 답변은 다음의 진술 속에 잘 나타나 있다. "도심의 빈곤층 흑인 학생을 가르치는 데 적절한 수단은 다른 학생들을 가르치는 데 적합한 수단과는 다르다. 왜냐하면 교수 · 학습은 주어진 사회체제 안에서 일어나는 사회문화적 과정이기 때문이다. 상이한 사회체제들이 상호작용할 때 규범적인 절차 규칙들이 종종 갈등을 일으킨다. 학교의 문화가 도심의 흑인 문화와 상충할 때에도 마찬가지 현상이 생긴다. 학교에서 활용되고 있는 많은 수업절차들은 빈곤한 흑인 학생들과는 엄청나게 다른 일군의 문화적 가치 · 지향 · 지각에서 나온다" (Gilbert & Gay, 1985, 134).

수업이 정보를 알고, 이해하고, 표현하는 다양한 방식을 통합할 때 그 수업은 문화적으로 매개적인 것이 된다. 수업은 다문화적 관점을 권면하는 환경 속에서 이루어져야 하고, 학생들에게 적절한 지식의 포함해야 한다. 학습은 문화적으로 적절한 사회적 상황에서 발생한다. 즉 학생들 사이의 관계 및 교사와 학생의 관계가 학생들의 문화와 일치할 때 발생하는 것이다. 학생들은 진술, 사건, 행동을 해석하는 데 있어서 한 가지 방식 이상이 존재한다는 것을 이해할 필요가 있다. 상이한 방식으로 학습할 수 있거나 그들 나름의 사회적 · 문화적 경험에 근거한 상황에서 관점과 안목을 공유할 수 있을 때 학생들은 학습에 있어서 능동적인 참여자가 된다.

이를 위해 교사는 다문화 교육 내용요소를 수업에 적극적으로 포함하여 다루는 수업설계를 해야 한다. 일례로 다문화 교실상황에서 식생활에 대한 예절을 다룰 경우 교과서에 제시된 우리의 식생활 예절을 다루는 것에서 탈피하여 소수 학생들의 문화적 배경을 고려하여 베트남, 일본, 중국 등 다른 문화에서의 식생활 예절을 함께 다룸으로써 문화적으로 매개된 수업을 설계할 수 있다. 수학에서는 국내 거주 외국인의 숫자가 연도별로 어떻게 변화되었는지 자료를 찾아 그래프로 그려보게 하는 활동, 음악과 미술에서는 외국의 음악과 미술작품을 감상하도록 하는 활동, 국어에서는 교과서 제재와 연관된 외국의 동화나 시를 소개하는 활동, 체육에서는 외국의 무용과 춤을 소개하는 활동 등을 통해 다문화 교육 내용요소들을 수업에 적극 활용할 수 있다. 이러한 방법은 소수 학생의 문화적 배경을 활용함으로써 소수 학생들의 학업성취를 촉진시킬 수 있을 뿐만 아니라, 일반 학생들의 소수 문화에 대한 이해를 제고할 수 있다는 장점이 있다.

(2) 학생 중심적 수업설계

뱅크스(2007, 93)는 공공의 민주사회에서 성찰적이고 활동적인 시민이 될 수 있도록 돕는 것이 공평교수 개념의 본질이라고 주장한다. 따라서 공평교수는 교사와 학생들 간의 전통적 권력관계를 변화시킨다.

교사는 지식의 아성이라는 이미지와 교수활동은 사실의 전수라는 이념, 그리고 학생은 수동적인 지식의 수용자라는 생각에 이의를 제기한다. 그러므로 문화 감응 교수를 활용하고자 하는 교사는 학생 중심적인 수업을 설계해야 한다(Ladson-Billings, 1995, 161-162).

학생 중심적 수업에서 학습은 협동적 · 협력적 · 공동체 지향적이다. 학생들은 그들 나름의 학습을 주도하도록 지원을 받으며, 그들에게 문화적 · 사회적으로 적절한 과제나 연구 프로젝트를 수행하기 위해 다른 학생들과 협력한다. 이를 통해 학생들은 자기 확신적이고 자기 주도적인 학생이 된다. 학습은 사회적으로 매개된 과정이다. 이를 위해 교사는 학생의 참여를 조장하고, 수업에 대한 책임을 공유하며, 탐구 · 발견 지향적 교육과정을 창조하고 학습 공동체를 고무시켜 주어야 한다.

나아가 교사는 학생들이 문화 간 갈등에 관한 비판적 대화에 참여할 기회 및 주류의 문화적 이상, 현실과 상이한 문화체계의 이상, 현실 간의 불일치를 분석할 기회를 제공해야 한다. 교사는 학생들이 자신의 민족적 정체성을 명료화하고, 다른 문화를 존중하며, 긍정적인 민족 · 문화 간 관계를 발전시키고, 편견 · 고정관념 · 인종차별주의를 영속화하는 것을 피할 수 있도록 도와주는 학생 중심적인 수업을 설계해야 한다.

3) 수업전개를 위한 전략

(1) 적절한 비계 설정

문화 감응 교수에 의한 수업전개에 있어서 교사는 적절한 비계 설정을 통해 학생들의 이해를 촉진시켜 주어야 한다. 래슨 빌링스(1994)는 자신의 저서에서 문화 감응 교수를 잘 실천하는 교사들의 사례를 소개한 바 있는데, 그들에게서 나타나는 공통적인 특징 가운데 하나는 바로 적절한 비계 설정이다. 주지하는 바와 같이 비계 설정에서는 인지적 측면과 정의적 측면이 모두 학생의 학습에 영향을 준다. 인지적 측면은 상호작용을 하는 구성원들 간에 서로 새로운 정보를 제공하기 때문에 그들이 다루어 나갈 수 있는 방식으로 문제를 정의하면서 최상의 해결을 위한 토론을 전개해 나간다. 또한 정의적 측면에서 과제에 대한 학생의 참여와 자발적 · 도전적인 욕구의 확대는 따뜻하고 민감한 언어적 격려를 제공하는 구성원에 의해 촉진될 수 있다. 즉 비계 설정 과정에서 성인은 아동에게 직접 주의를 준다든가 기억할 수 있는 중요한 정보의 제공, 단순 격려 제공 등 다양한 종류의 정서적 지원을 한다.

박상철 · 남호엽(2010, 98-100)은 다문화 가정 자녀 맞춤형 수업전략을 통해 다문화 교실에서 이러한 비계 설정의 사례를 잘 제시하였다. 이를테면 다문화 교실에서 특정 학생이 추상적 용어 때문에 학습 장애를 보이는 경우, 교사는 그 개념을 한국어와 그 학생의 모국어로 병기하여 써준 뒤 한국어로 설명해 주면 더 쉽게 이해할 수 있다. 2년 전 필자의 수업에 참여한 일본 교환학생의 경우도 추상적인 용어 때문에 학습에 많은 어려움을 겪었다. 어렵고 추상적인 용어의 경우, 영어와 한자를 병기해 칠판에 써주었을 때 그 학생의 용어에 대한 이해는 크게 증가했고, 학습에 더욱 열의 있게 참여했다.

교육적인 상황 내에서 비계 설정에 대한 학자들의 논의를 종합해 보면 비계 설정 방법은 크게 6가지로 구분된다(Wood, 1998, 105-107 ; 한순미, 1999, 146-148).

첫째, 흥미 유발(recruitment)로 과제의 요구와 관련하여 학습자의 흥미에 주목하고, 학습자로 하여금 과제에 흥미를 갖도록 밀착시키는 것을 말한다.

둘째, 자유의 정도 감소시키기(reduction in degree of freedom)로 학습자가 과제 해결에 필요한 하위 행위의 수를 감소시킴으로써 학습자 자신이 과제 요구에 부응했는지를 인식하기 쉽도록 과제의 크기를 단순화하는 것을 말한다.

셋째, 학습목표의 유지(direction maintenance)로 학습자가 흥미와 능력의 한계로 인해 목표의식이 약화될 수 있는데, 이때 과제에 대한 동기를 유지시키거나 다음 단계에 도전하게 함으로써 방향감을 지속시켜 주는 것을 말한다.

넷째, 과제의 중요 특성 표시(marking critical features)로 관련성 있는 과제의 특징을 표시함으로써 학습자가 수행한 것과 정확한 것이라고 인식해야 하는 것과의 차이를 지적해 주는 것을 말한다.

다섯째, 좌절의 조절(frustration control)이란 학습자가 과제 해결 중 경험하는 좌절감을 완화시켜 주고 과제 해결을 위해 도움을 주는 것을 말하는데, 이 과정에서 교사 의존도를 키우는 것은 위험하다.

여섯째, 시범(demonstration)이란 과제 해결을 시범해 보이거나 모델링하는 것을 말하는데, 이상적인 과제 수행을 보여주거나 학습자에 의해 부분적으로 수행된 과제를 완성시켜 보이는 것을 말한다.

문화 감응 교수를 실행하고자 하는 교사는 위의 6가지 비계 설정 방식을 수업에 적극적으로 활용함으로써 학생들의 학업성취를 촉진시킬 수 있다.

(2) 협동학습의 기회 부여

협동학습(cooperative learning)은 접촉 가설을 가장 잘 실현시켜 주는 교육방법이다. 인종적으로 이질적인 집단 구성원들 사이에 동등한 지위를 부여하고 공동 목표 달성을 위한 빈번하고 지속적인 상호작용의 기회를 제공한 결과 인종적 편견이 줄어들고 학업성적이 향상되었다는 연구 보고가 이를 잘 뒷받침해 준다(정문성, 2002, 52-57 ; 추병완, 2004b, 484-486). 협동학습과 집단 속에서의 관계들에 대한 연구결과들을 종합해 보면 협동학습은 학생들의 인종적 · 문화적 편견을 감소시키고 동료들 사이의 우정을 돈독하게 하는 데 탁월한 성과가 있다고 한다. 나아가 협동학습을 통하여 학생들은 서로를 아끼고 배려해 주는 미덕을 지니게 된다고 한다(추병완, 2008a, 51-52).

협동학습에 관한 실험 연구결과들은 접촉 가설의 기본 조건들이 교실에서 충족되었을 때[2] 학생들은 전통적으로 구조화된 교실상황에 있었을 때에 비해 자신의 인종집단 밖의 친구를 사귀는 경향이 훨씬 많아졌음을 보여준다(추병완, 2004b, 59). 협동학습 방법은 인종 간 관계에서 뿐만 아니라 특히 유색인종 학생들의 학업성취에 긍정적인 효과가 있는 것으로 나타났다. 협동학습 방법이 이질적으로 집단화된 교실에서 실행되고 다문화 교육과정에 융합되었을 때에는 상이한 민족적 · 인종적 배경을 가진 학생들 사이에 공평한 상호작용을 창출할 뿐만 아니라 세계화 시대, 다문화 시대의 요구에 더욱 잘 부응하는 학생들을 길러낼 수 있다. 그러므로 문화 감응 교수를 활용하고자 하는 교사는 수업전개에 있어서 학생들에게 다양한 협동학습 기회를 부여할 필요가 있다.

■ 참고문헌 ■

구정화 외 2인 공저(2009), 『다문화 교육 이해』, 서울 : 동문사.

김옥순 외 7인 공역(2009), 『다문화 교육 : 이론과 실제』, 서울 : 학지사.

김용신(2009), 『다문화 교육론 서설』, 서울 : 이담.

김판수 외 6인 공저(2003), 『구성주의와 교과교육』, 서울 : 학지사.

박상철 · 남호엽(2010), "다문화 교육의 원리와 방법", 원진숙 외 6인 공저, 『글로벌 시대의 다문화 교육』, 서울 : 사회평론.

송안정 역(2008), 『여성주의 윤리학 입문』, 서울 : 이화여자대학교 출판부.

심우엽(2001), 『교육심리학』, 서울 : 교육과학사.

오욱환(2008), 『교육사회학의 이해와 탐구』, 서울 : 교육과학사.

오은순(2009). "다문화 교육을 위한 교수 · 학습 프로그램", 최충옥 외 10인 공저, 『다문화 교육의 이론과 실제』, 서울 : 양서원.

윤현진 외 4인 공역(2007), 『정의와 배려』, 고양 : 인간사랑.

성문성(2002), 『협동학습의 이해와 실천』, 서울 : 교육과학사.

추병완 외 2인 공역(2002), 『배려교육론』, 서울 : 다른우리.

추병완(2004a), "학교에서의 민주시민교육", 심익섭 외 12인 공저, 『한국민주시민교육론』, 서울 : 엠-애드.

______(2004b), 『도덕교육의 이해』, 서울 : 백의.

______(2007), 『도덕발달과 도덕교육』, 서울 : 하우.

______(2008a), "다문화적 시민성 함양을 위한 도덕과 교육 방안", 『초등도덕교육』, 27, 25-60.

______(2008b), "다문화 도덕교육 정립을 위한 시론", 『초등도덕교육』, 28, 295-330.

______(2008c), "다문화 교육을 위한 도덕 교사의 역할 탐색", 『교육과정평가연구』, 11(2), 109-133.

한소영 역(2008), 『유능한 교사의 자질』, 서울 : 꿈을 이루는 사람들.

한순미(1999), 『비고츠키와 교육』, 서울 : 교육과학사.

Banks, J. A.(2002), *An introduction to multicultural education*(3rd ed.), Boston : Allyn & Bacon.

________(2007), *Educating citizens in a multicultural society*(2nd ed.), New York : Teachers College Press.

Bennett, C. I.(2007), *Comprehensive multicultural education*(6th ed.), Boston : Pearson.

Gay, G.(2000), *Culturally responsive teaching*, New York : Teachers College Press.

Gilbert, S. & Gay, G.(1985), Improving the success in school of poor black children, *Phi Delta Kappan*, 66, 133-137.

Gollnick, D. M. & Chinn, P. C.(2006), *Multicultural education in a pluralistic society*(7th ed.), Upper saddle River, NJ : Pearson, 2006.

Gutmann, A.(1996), Challenges of multiculturalism in a democratic education, Fullinwider, R. K.(ed.), *Public education in a multicultural society*, New York : Cambridge University Press.

Ladson-Billings, G.(1994), *The dreamkeepers : Successful teachers of African American children*, San Francisco : Jossey-Bass.

________________(1995), But that's just good teaching! The case for culturally relevant pedagogy, *Theory into practice*, 34(3), 161-165.

Pang, V. O.(2001), *Multicultural education : A caring centered, reflective approach*, Boston : McGraw Hill.

Ramsey, P. G.(1987), *Teaching and learning in a diverse world : Multicultural education for young children*, New York : Teachers College Press.

__________(2009), Multicultural education for young children. In Banks. J. A.(ed.), *The Routledge international companion to multicultural education*. London : Routledge.

Sleeter, C. E. & Grant, C. A.(2007), *Making choices for multicultural education : Five approaches to race, class, and gender*(5th ed.), Hoboken : Wiley.

Tiedt, P. L. & Tiedt, I. M.(2002), *Multicultural teaching*(6th ed.), Boston : Allyn & Bacon.

Wood, D.(1998), *How children think and learn*(2nd ed.), Oxford : Blackwell Publishers.

제7장

배려 중심 다문화교육론

지난 30-40년 간 서양 국가들에서는 문화적 · 인종적 다양성이 증가함으로 인해 수많은 실천적인 교육문제들이 대두되었다. 다문화 교육은 바로 이런 문제들에 대한 실용적인 반응으로서 처음 등장했다. 다문화 교육은 철학, 방법론, 비평 입장, 과정, 권한 부여를 위한 시도, 학교개혁 등 여러 측면을 포괄하고 있다(Banks, 2007 ; Boyle-Baise, 2002, Tiedt & Tiedt, 2002 ; Vang, 2010). 다문화 교육이 어떤 측면을 특별하게 강조하든지 간에 그것의 배후에는 다음과 같은 현실적인 문제들이 놓여 있다(Johnson & Johnson, 2001). 학교는 소수 인종의 아이들이 사용하는 다양한 모국어를 어떻게 활용할 것인가? 아이들과 가족들이 경험하는 인종차별 및 기타 형태의 차별과 불이익에 대해 학교가 어떻게 반응해야 하는가? 서양 국가들에서는 종교적 다양성이 점차 증가하고 있는데 과연 학교에서는 종교에 대해 가르쳐야 하는가? 그리고 가르친다면 어떤 방식으로 가르쳐야 하는가? 소수의 아이들이 교과과정과 일반 학교 운영에서 무시되지 않는 문화를 보장하기 위해 학교는 무엇을 할 수 있는가? 또 학교는 소수 인종들의 구체적인 요구사항에 어떻게 반응해야 하는가? 다문화 교육은 이러한 까다로운 문제들에 대한 실질적인 대응방안으로서 발전하게 되었다.

바람직한 교육행위는 학생의 신체적 · 감정적 · 사회적 · 인지적 · 윤리적 · 영적인 측면을 총체적으로 발달시키는 홀리스틱 교육이 되어야 한다. 홀리스틱 교육에서의 핵심 개념은 통합(integration)이다. 학생 존재의 모든 측면을 하나의 조화로운 전체로 통합하는 것 그리고 교실에서 다양한 학생들의 관점, 욕구, 능력을 진정한 협동적 학습 공동체로 통합시키는 것이야말로 홀리스틱 교육의 핵심 교의이다(Brown, Collins, & Duguid, 1988).

다문화 교육 역시 홀리스틱 교육 관점을 취해야 한다. 그러나 다문화 교육에 관한 대부분의 접근법들은 사회정치적 측면만을 배타적으로 강조하고 있다. 일부 다문화 교육 옹호론자들은 다원화 사회에서 일어나고 있는 문화전쟁을 지나치게 과장하는 경향을 보이기도 한다. 다문화 교육은 궁극적으로 공평하고 정의로운 사회건설을 목표로 하는 것이기에 사회정치적 접근이 필요한 것은 사실이다. 그렇지만 사회정치적 접근이 다문화 교육적 쟁점을 바라보는 유일한 렌즈로 사용된다면 그것 또한 커다란 문제가 될 수 있다(Mayes et. al, 2007).

다문화 교육의 여러 접근법 가운데 사회정치적 관점이 가장 강한 것이 바로 다문화적 사회정의 교육(multicultural social justice education)이다. 다문화적 사회정의 교육은 사회정의의 문제는 뒷전에 둔 채 다양성 예찬에만 매달리는 다문화 교육은 한갓 교육적 유행으로 끝날 위험이 있다는 우려에서 시작되었다. 다문화적 사회정의 교육은 공평과 정의가 모든 사람을 위한 목적이 되어야만 하며, 차이를 가로지르는 연대성이 정의 실현을 위해 필수적으로 요청된다는 전제에서 출발한다. 여기서 공평과 정의의 개념은 동등한 기회 부여의 목적으로서 뿐만 아니라, 다양한 공동체에 대한 동등한 결과로서의 목적 양자를 지칭한다.

이것은 공평하고 정의로운 사회에서 다양한 사회제도들이 다양한 공동체들로 하여금 그들 자신을 지속할 수 있게 해주고 모든 시민들에게 기본적인 인권을 보장한다는 것을 의미한다. 다문화적 사회정의 교육 옹호론자들에게 사회적 관심사는 한 집단에 의한 다른 집단의 억압을 제거하는 것이다. 다문화적 사회정의 교육은 단순한 실천이 아니라 정치적으로 안내된 실천이다. 다문화적 사회정의 교육은 인종, 사회계급, 젠더, 장애에 근거한 억압과 사회구조적 불평등의 문제를 직접적으로 다룬다(Nieto, 2000 ; Sleeter & Grant, 2007).

이러한 학문적 풍토 속에서 다문화 교육의 사회정치적 초점을 배려(caring)로 이동시킴으로써 홀리스틱 교육 관점에 근거한 다문화 교육을 지향하고 있는 것이 바로 팽(Pang)의 배려 중심 다문화 교육이다. 다문화 교육에 대한 배려 중심 접근법은 신뢰관계 형성과 학습의 사회문화적 맥락 이해의 중요성에 근거한다. 배려 중심 접근법은 교육에 있어서 사람 중심적이고 문화 중심적인 입장을 취하고 있다. 팽은 배려 중심 다문화 교육의 가장 핵심적인 원리는 홀리스틱 관점을 취하는 것이라고 주장한다. 배려 중심 다문화 교육에서 교수활동은 전인(the whole person)을 길러내는 것인 동시에 교수활동은 분리된 기능의 합이 아니라 하나의 종합적인 과정이다(Pang, 2001).

사회정의 지향의 다문화 교육을 옹호하는 학자들은 사회 안에서 억압당하고 있는 집단 출신 학생들을 위한 동등한 대우와 접근 및 결과를 요구한다. 그들은 교육의 일차적인 초점이 사회적 억압과 싸우는 것, 사회구조를 더욱 공정한 것으로 변화시키는 것, 인류평등주의적인 교육을 창조하는 것에 맞추어져야 한다고 주장한다. 따라서 그들은 다문화 교육에 있어서 학생들의 사회참여와 사회운동을 중시한다. 이와는 달리 배려 중심 다문화 교육을 지향하는 학자들은 현재 학교에서 실패하고 있는 학생들이 사회구조가 변화할 때까지 마냥 기다리도록 방치할 수는 없다는 신념을 갖고 있다. 그들은 지금 학교에서 실패하고 있는 학생들의 성취 및 자기 효능감 수준을 높이는 것이 더 긴요하고 우선성을 갖는다는 믿음을 갖고 있다(Lin, 2007). 배려적이고 문화적으로 적절한 교육활동을 통해 학생들이 기능을 발달시키고 학교에서 성공할 수 있어야만 비로소 더욱 공정한 사회의 실현에 기여할 수 있다는 논리이다(Dempsey & Noblit, 1996).

이렇듯 배려 중심 다문화 교육은 다문화 교실 및 학교에서 배려, 공동체, 문화의 조건들이 제대로 실현될 경우 사회적 효율성을 더욱 제고할 수 있다는 믿음을 갖고 있다. 달리 말해 교사와 학생의 친밀한 관계 형성 및 배려관계에 근거한 효율적인 학습 공동체는 유색인종 및 저소득층 출신의 학생들이 학교에서 성공하도록 해줌과 동시에 사회적 · 정치적 · 경제적 정의 실현을 위해 노력할 수 있는 능력을 갖추도록 준비시키는 데 있어서 더욱 긴요하고 효율적인 시도라는 것이다.

그럼에도 불구하고 팽의 배려 중심 다문화 교육에 관한 국내의 연구는 극히 저조하고 제한되어 있다. 최근 국내에서 다문화 교육에 관한 저역서와 논문이 급증하고 있음에도 불구하고 그의 배려 중심 다문화 교육은 국내 학자들의 연구 대상이 되지 못하고 있다. 다문화 교육을 위한 교사의 역할과 관련하여 팽이 제시했던 4가지 교사유형에 대해 언급한 경우(구정화 외, 2009)를 제외하곤 그의 다문화 교육론에 대한 연구는 아직 구체화되어 있지 못하다. 이에 여기서는 다문화 교육에 관한 팽의 저술을 분석하는 문헌연구 방법에 근거하여 그가 제안한 배려 중심 다문화 교육의 이론체계를 기술하고자 한다. 논의의 편의상 여기서는 배려 중심 다문화 교육의 개념과 목적, 이론적 틀, 실천 차원으로 구분하여 살펴보고 그의 관점이 주는 시사점과 한계를 분석하는 데 초점을 맞추고자 한다.

1. 배려 중심 다문화 교육의 개념과 목적

1) 배려 중심 다문화 교육의 개념 정의

도덕 발달의 성차 문제에서 비롯된 정의와 배려 논쟁은 다문화 교육의 영역에서도 찾아볼 수 있다. 배려 중심 다문화 교육이란 무엇인가? 팽은 배려 중심 다문화 교육을 다음과 같이 정의하고 있다.

> 배려 중심 다문화 교육은 총체적 학교 개혁을 요구하는 교육에서의 한 분야로서 교육은 지적 · 윤리적 시도라는 신념을 바탕으로 한다. 배려 중심 다문화 교육은 보다 정의롭고 동정심 있는 사회를 만들기 위해 노력하는 행복하고 창의적이며 윤리적이고 자아실현적인 사람들을 길러내고자 한다. 성장과 즐거움의 생기를 불어넣는 과정의 일부로서 배려 중심 다문화 교육은 학업에서의 수월성과 개별 학생의 잠재력을 계발하려는 목적 달성을 위해 전인을 가르치는 것에 초점을 맞추고 있다(Pang, 2001 : 60).

배려 중심 다문화 교육은 정치적 초점으로부터 배려적 초점으로 패러다임 이동을 하도록 만들기에 다른 다문화 교육과는 다르다. 배려 중심 다문화 교육은 학교 교육을 학습에 생명을 부여하는 과정(a life-giving process)으로 파악하며, 여기서 핵심 가치는 권한 부여, 동정심, 정의, 공평, 공동체이다. 배려 중심 다문화 교육은 사회정의가 다문화 교육의 핵심 요소라는 사실에 동의하지만 배려에 대한 결단이 가장 중요하며, 그것은 우리의 민주적 가치들과 서로 얽혀 있어야만 한다고 본다(Pang, 2001, 63).

팽은 민주주의에서 정의와 배려가 친밀하게 상호 연관되어 있다고 본다. 이에 대한 그의 단호한 논리는 다음과 같은 말 속에 함축적으로 담겨져 있다. "우리가 배려할 때 우리는 행동한다"(Pang, 2001, 63). 팽은 사회정의를 실현하기 위한 법, 정책, 정치, 방안들은 사회에 대한 우리의 애정과 헌신으로부터 나올 수 있는 것이라고 본다. 또한 그는 사회정의를 위한 미국 인권운동의 핵심은 바로 모든 사람들을 사랑하는 것이었다고 주장한다.

팽은 타인을 위한 배려는 정의와 공정을 이끌어낸다고 주장한다(Pang, 2001). 타인을 배려할 때 우리는 그 사람을 정의롭고 공평하게 대우하는 방법을 찾게 된다. 하지만 그 역은 반드시 성립하지 않는다. 타인을 진심으로 배려하지 않거나 타인의 삶을 더 좋게 만드는 모종의 것을 하지 않으면서도 우리는 여전히 정의, 공평, 공정을 소중하게 여길 수 있기 때문이다. 사회정의를 실현하기 위한 법이나 정책이 학교의 실질적인 핵심을 바꾸지는 못한다. 그것을 바꾸는 것은 바로 사람이다. 이렇게 볼 때 배려는 교육에서의 공정한 법과 효율적 정책을 연결하는 중요한 역할을 하는 것이며, 그것은 공정, 공평, 정의보다 우선하는 것이다.

팽에게 있어서 배려는 진정한 사회정의를 실현하기 위한 실질적인 토대가 되는 것이다. 사회정의를 실현하기 위한 법과 정책, 제도 등은 모든 사람들을 정의롭고 공평하게 대우하고자 하는, 달리 말해 모든 사람들을 적극적으로 배려하고자 하는 열망에서 비롯되는 것이기 때문이다. 예를 들어 학생들을 향해 우리가 느끼고 표현하는 배려는 우리로 하여금 학생들의 공정성이나 사회정의 의식을 발달시킬 수 있는 구체적인 교수방법을 개발하도록 만든다. 또한 배려는 교사들로 하여금 학생 중심적인 교실을 제공하도록 만든다. 공정성이 필연적으로 교실에서의 배려를 이끌어내지는 않기에 배려 중심 다문화 교육은 교사로 하여금 공동체와 문화적 맥락 속에서 개별 학생의 요구에 우신직으로 역짐을 두도록 만든다. 한 마디로 말해 팽에게 있어서 배려는 사회정의를 추동시키는 원동력인 셈이다. 이런 점에서 볼 때 팽의 배려 중심 다문화 교육은 배려하는 태도(caring attitude)는 모든 사람들에게 보편적인 것이며 도덕 행위의 토대가 된다는 나딩스(2002)의 관점을 잘 반영하고 있다.

배려 중심 다문화 교육은 다음과 같은 점에서 기존의 다문화 교육과 차이가 있다. 팽은 이것을 다문화 교육의 패러다임 이동이라고 부른다(Pang, 2001, p. 80).

① 배려 패러다임은 공동체와 자아를 위한 배려를 사회 · 경제적 정의와 변화를 위한 토대로 설정한다.

② 배려 패러다임은 초점을 교사에서 학습자로 이동시킨다.

③ 배려 패러다임은 문화가 상이한 현실(예 : 앎의 양식)을 어떻게 대변하는지를 설명한다.

④ 배려 패러다임은 학습자와 교사의 상호 연관성에 기반을 둔다.

⑤ 교수 · 학습은 사회적 과정이다.

⑥ 교사와 학생 모두 학습에 대한 책임을 갖고 있다.

이렇듯 배려 중심 다문화 교육은 교사가 학생을 배려해야만 하고, 모든 학생은 타고난 학습 본능을 갖고 있으며, 교육은 학생에게 생명을 불어넣어 주는 것이 되어야만 한다는 사실에 바탕을 두고 있다. 배려 중심 다문화 교육은 교사 중심적이고 단일문화적인 교실에서 탈피하여 문화가 학습에 미치는 영향을 중시하는 가운데 학생 중심적이고 배려 중심적인 교수활동을 지향해 나가는 것이라고 평가할 수 있다.

2) 배려 중심 다문화 교육의 목적

배려 중심 다문화 교육은 배려가 인간이 가진 기본 능력인 동시에 다문화 교육의 핵심 요소라고 본다. 팽에게 있어서 다문화 교육의 핵심 요소로서 배려는 우리를 동기화시켜 주는 하나의 가치인 동시에 우리를 안내해 주는 나침반과 같은 기능을 수행한다. 여기서 배려를 나침반에 비유한 것은 배려가 정치, 법, 경제, 사회를 통해 더욱 인간적이고 민주적인 공동체를 지향하도록 해준다는 의미이다. 그리고 그가 배려를 표기함에 있어서 care보다 caring을 선호하여 사용하는 이유는 caring이 하나의 가치 지향과 더불어 행위를 나타내는 단어이기 때문이다.

배려 중심 다문화 교육의 궁극적인 목적은 다양성을 인정하고 존중하는 민주사회를 건설하는 것, 달리 말해 자유의 정의에 기초한 진정한 다문화 사회의 건설이다(Pang, 2001 ; 구정화 외, 2009). 학교 교육의 목적은 보다 정의로운 사회를 만들기 위해 협력하는 학습자 공동체 속에서 자신의 완전한 잠재력을 실현하는 동정심 있고 자기 충족적인 개인을 만들어내는 것이다. 이를 위해서는 다문화 교육이 우선적으로 전인을 길러내는 일에 초점을 맞추어야 한다.

팽은 배려 중심 다문화 교육의 목적을 다음과 같이 표현했다(Pang, 2001, p. 103).

① 개별 아동은 기본 기능을 학습하고, 비판적으로 사고하며, 사회에서 적극적인 시민이 될 것이다. 개별 아동은 학업성취에서 수월성을 갖게 될 것이다.

② 개별 아동은 자신의 흥미와 진로에 대한 열망을 계발할 기회를 갖게 될 것이다.

③ 개별 아동은 효율적인 대인관계적 기능을 계발하여 존중과 확언의 방식으로 문화적으로 다양한 사람들과 협력할 수 있다.

④ 개별 아동은 건전하고 긍정적인 자아감을 발달시킬 것이다.

⑤ 개별 아동은 자신의 삶에 책임 있는 독립적이고 합리적인 사고가로 성장할 것이다.

⑥ 개별 아동은 개인적 충실성과 타인에 대한 동정심을 가진 도덕적 · 윤리적 판단을 개발할 것이다.

⑦ 개별 아동은 사회적 억압과 사회적 특권을 자신의 개인적 삶과 사회적 제도 양자 모두에서 엄밀하게 조사하고 불평등을 제거하기 위해 적극적으로 노력할 것이다.

⑧ 교사는 문화가 의미 있는 학습환경을 조성하는 데 활용되고 동정심과 존중이 교실에서 상호작용의 토대가 되는 데 활용되는 생기 있는 교실을 만들 것이다.

⑨ 개별 학교는 민주주의 원리와 미국은 많은 사람들의 나라라는 신념에 기초하여 재구조화될 것이다.

⑩ 학생, 교사, 학부모는 학교와 사회에서의 인종차별주의, 성차별

주의, 동성애 혐오, 기타 사회적 억압을 제거하기 위해 노력할 것이다.

이렇게 볼 때 배려 중심 다문화 교육은 관계 형성과 문화적 맥락의 중요성에 초점을 맞춘 하나의 철학적 지향이다. 배려 중심 다문화 교육은 학생과 학부모를 소중하게 여기고, 학습이 사회 · 문화적 맥락 속에서 일어나는 것으로 파악한다. 배려 중심 다문화 교육에서 교사는 자신이 가르치는 학생들과 강한 의사소통 라인을 만들고 학생의 문화적 배경을 확인할 윤리적 결단을 하게 된다.

배려 중심 다문화 교육은 배려와 정의의 논쟁에서처럼 배려와 정의를 상호 대립적인 것으로 보지 않는다. 배려 중심 다문화 교육은 다문화 교육의 이념으로서 사회정의를 중시하지만, 그 사회정의가 실현되기 위해서는 학급 및 교실에서 우선적으로 배려가 실천되어야 한다는 것을 중시한다. 즉 배려 중심 다문화 교육은 다문화 교육에 있어서 배려가 사회정의, 공평, 공정보다도 우선해야 한다고 본다. 그리고 배려에 기반을 둔 학습자 중심의 교수활동을 통해 학생들의 인지적 · 정의적 · 윤리적 능력을 계발하는 홀리스틱 관점을 견지하며, 학생들이 사회비판 및 사회참여에 앞서서 학교에서의 성공감을 맛보게 함과 동시에 사회참여 및 비판을 위한 기본적인 사회적 기능을 습득하는 것이 더 우선되어야 한다고 본다.

2. 배려 중심 다문화 교육의 이론적 틀

배려 중심 다문화 교육의 핵심 요소는 배려 윤리, 민주주의를 위한 교육, 학습을 위한 사회문화적 맥락이다. 배려 중심 다문화 교육은 인간의 성장 및 발달에 생명을 불어넣어 주는 교수활동으로서, 교사와 학생은 배려관계 형성을 통해 학습자 가족(a family of learners)이 되어야 한다는 신념에 근거해 있다. 이를 구조화하여 나타내 보면 〈그림 1〉과 같다(Pang, 2001, 62).

〈그림 1〉 배려 중심 다문화 교육의 이론적 틀

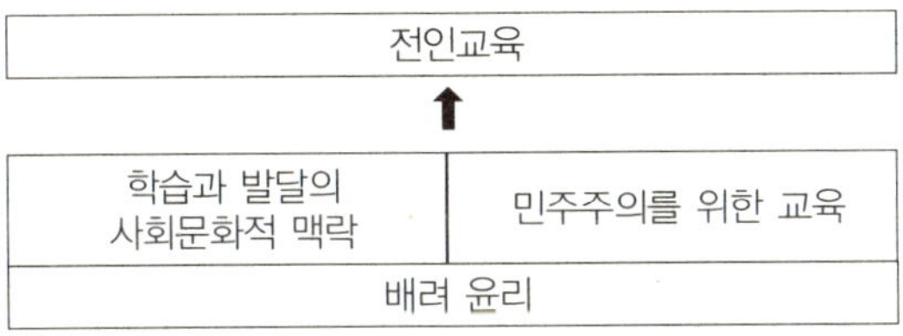

1) 배려 윤리

주지하는 바와 같이 배려 윤리는 관계 중심적인 윤리다. 배려 윤리의 대표자인 나딩스에게 있어서 배려의 본질적 요소는 배려하는 자와 배려를 받는 자 사이의 관계에 있다(추병완, 2004 ; 김수동, 2005 ; Noddings, 2002). 배려를 받는 자는 나 자신일 수 있고 내가 만나는 타자일 수도 있다. 후자, 곧 타자에 대한 배려는 배려의 본질적 측면이다. "타자의 현실을 내게 있어서의 가능성으로 받아들이고 이러한 현실을 느끼기 시작하면 나는 또한 이에 상응하는 행위를 해야 한다는 것도 느낀다 … 나는 마치 나 자신의 고유한 관심 속에서 행위하는 것처럼 타자의 관심 속에서 행위하게 된다"(송안정, 2008, 70에서 재인용). 여기서 중요한 것은 고정된 규칙이 아니라 배려하는 태도의 기반인 마음씨와 존중의 감정이다. 이러한 태도는 다시금 수용적이고 응답적인 특성을 갖는다. 타자는 배려하는 자의 베풂에 상응할 수 있고, 실로 그 이상으로 갚을 수 있다. 타자는 그 자신이 배려하는 자가 됨으로써 이러한 베풂을 돌려줄 수 있다.

팽은 나딩스(2002)의 견해를 받아들여 배려야말로 인간이 지닌 가장 기본적인 능력이라고 본다. 교사는 학생과 이야기하면서, 학생의 이야기를 들으면서, 학생의 부모와 가족을 만나면서, 학생과 신뢰관계를 만들면서, 교실에서 권력을 공유하고 공동체를 형성함으로써, 학교와 학교 밖에서 학생들의 삶에 대해 알게 됨으로써 배려를 실천하게 된다. 강한 배려관계를 발달시키는 것은 인간주의적인 학교를 만들기 위한 토대가 된다. 교사의 공감, 긍정적인 학교풍토, 신뢰관계는 학생들이 높은 자존감, 확신, 성장에 대한 헌신을 발달시키는 효율적인 학습환경을 조장한다(Rogers & Freiberg, 1994). 배려는 신뢰관계의 창조를 강조하는 교육 지향의 표본이다.

팽은 특히 교수 · 학습에서 배려가 갖는 중요성에 특히 주목한다. 그는 교수 · 학습에서 배려는 다음과 같은 중요성을 가진다고 본다(Pang, 2001, pp. 64-65).

① 관계는 상호적이며 신뢰에 기반을 둔다.

② 신뢰관계는 교수 · 학습을 위한 토대와 맥락을 형성한다.

③ 교사와 학생은 서로 간에 상호 연결감을 느낀다. 각자는 타인의 복지에 관심을 가지며, 이런 맥락 안에서 학습자 공동체가 창조된다.

④ 다양한 렌즈를 통해 지적 발달을 바라보고, 다양한 방법을 통해 지적 발달을 촉진한다.

⑤ 문화는 많은 학생들이 자신을 확인 · 정의 · 가치평가하고 동기화되는 방식을 보여주는 친숙한 측면이다. 학생들의 존재감은 문화에

뿌리를 내리고 있다.

⑥ 타인을 위한 배려는 사회정의를 이룰 수 있다. 우리는 우리가 개인적 수준에서 배려하는 사람들을 위한 공정성을 원한다. 왜냐하면 우리는 개인 및 더 큰 공동체의 인간다움을 위해 배려하기 때문이다.

⑦ 배려하는 학생은 어떤 다른 사람의 관점에서 세계를 느끼고 보며, 파악하는 능력을 발달시키며, 그것은 하나의 공동체 지향으로부터 문제 해결 및 학업기능 발달을 조장한다.

⑧ 교사는 공동체의 일원임을 느끼고 그들이 가르치는 공동체에 참여함으로써 삶의 경험을 공유한다.

⑨ 교사는 학생들과 함께 민주적인 교실을 창조한다.

이처럼 팽의 배려 중심 다문화 교육은 모든 언어적 · 문화적 배경 출신 학생들의 높은 성취동기를 갖도록 촉진시켜 주는 가치와 행동의 틀을 살 기술하고 있다. 그에게 있어서 배려는 진정한 정치적 · 법적 개혁을 가능하게 만드는 강력한 힘이다. 배려 윤리는 다문화 교육의 필수적 토대이며, 모든 학생들에 대한 애정과 헌신을 중심 요소로 하는 것이다. 다문화 교육에서의 배려관계는 모든 학생들과 교사 사이에 서로 존중하고 신뢰하는 호혜적인 관계이다.

2) 민주주의를 위한 교육

배려 중심 다문화 교육의 이론적 틀로서 민주주의를 위한 교육은 보다 나은 사회를 만들기 위해 우리 사회의 불평등에 적극적으로 도전할 수 있는 개인을 육성하는 것을 강조한다. 민주주의를 위한 교육은 학생 중심적이다. 그것은 학생들이 인종적 불평등, 계급투쟁, 성 차별을 엄밀하게 조사할 수 있는 고등 사고 분석 기능을 계발할 수 있게 해준다(Pang, 2001).

학교는 사람들이 공동 문제를 위해 노력하고 규칙을 협력하여 제정하는 활동장소가 되어야만 한다. 민주주의를 위한 교육은 학생들에게 권력관계를 분석하는 방법, 협력적인 공동체를 건설하는 방법을 가르치는 데 초점을 맞추고 있으며, 사회적 소통 기능을 장려한다. 이를 통해 학교는 학생들이 민주주의 과정에 적극적으로 참여하는 장소가 된다. 일찍이 듀이(Dewey, 1916/1963)가 지적한 바와 같이 민주주의는 단순한 정부 형태가 아니라 연합적인 삶의 방식이다. 민주주의는 하나의 상태가 아니라 과정이며, 그 규칙은 지속적인 엄격한 조사 · 수정 · 창조를 거치게 된다.

민주주의를 위한 교육의 토대는 바로 사회정의의 가치이다. 팽에 의하면 민주주의를 위한 교육의 한 부분으로서 사회정의는 배려 윤리와 협력하여 작용해야 한다. 왜냐하면 양자는 공히 상호 존중과 공동체의 중요성을 핵심으로 하기 때문이다. 따라서 배려 중심 다문화 교육은 사회정의 맥락 안에서의 배려를 추구한다.

3) 인지 발달에 대한 사회문화적 이론

배려 중심 다문화 교육의 이론적 근거 가운데 세 번째 요소는 교사가 학생의 학습능력을 바라보는 방식을 다루고 있는데, 여기서는 특히 문화적 배경이 학생의 학습능력에 미치는 영향이 관심의 초점이다(Pang, 2001). 이에 대해서는 크게 보아 3가지 관점이 존재한다(추병완, 2010 ; Banks, 2007 ; Bennett, 2007).

문화 결핍 관점(cultural deficit perspective)은 대표성이 약한 사회적 소수 집단 출신 학생들을 문화적으로 결핍된 공동체로 말미암은 것이라고 본다. 유색인종 학생이 표준화된 시험이나 주류 교실에서 잘 하지 못할 때 일부 교사들은 학생의 가정 문화가 불리한 것으로 낙인을 찍는다. 학생의 실패에 대한 비난은 학생과 그의 가정 및 문화로 집중된다. 그러기에 그들이 학교에서 실패하는 이유는 국가의 공용어를 말하지 않는 가정 출신 학생들이라는 사실 혹은 교육을 중요하게 여기지 않는 가정 출신 학생들이라는 사실과 관계된다.

문화 차이 관점(cultural difference perspective)은 일부 학생들이 주류 사회와는 상이한 지식과 가치를 소유한 채 학교에 온다는 사실에 주목한다. 이러한 관점을 지닌 사람들은 어떤 학생의 세계관이 학교의 문화와 충돌할 수도 있다고 믿는다. 따라서 소수 집단의 학생들이 학교에서 실패하는 이유는 그들의 가정 문화와 학교 문화가 다르기 때문이다.

문화 일치 관점(cultural congruence perspective)은 학교가 소수 집단 학생의 가정 문화와 일치해야 한다는 점을 강조한다. 학교는 소수 집단 학생의 가정 문화에서 중시하는 지식과 관행을 통합해야 한다. 그러므로 교사는 학생의 문화에 대한 지식을 소유하는 것이 중요하다.

이 가운데 팽은 문화 일치 관점을 지지한다. 그는 교사가 학생의 문화에 대한 지식을 갖기 위해서는 학습에 있어서 사회문화적 맥락을 중시한 비고츠키의 입장을 중시할 필요가 있다고 본다. 그에 의하면 비고츠키의 지식구성에 대한 사회문화적 이론은 문화가 인간 발달에 미치는 영향을 잘 설명해 주는 이론이다. 비고츠키의 사회문화적 이론은 피아제를 비롯한 다른 학자들이 간과했던 특별한 사회적 과정의 중요성을 강조함으로써 인지 발달에 대한 새로운 견해를 제공했다.

비고츠키는 어린 아동이 새로운 원리를 학습하고 발견하는 데 능동적으로 참여하는 호기심이 가득 찬 탐색자라는 피아제의 입장에 동의했다. 그러나 피아제와는 달리 비고츠키는 아동에게 있어 정말로 중요한 발견의 상당수는 스스로의 탐색에 의해 이루어지는 것이 아니라, 언어적 가르침을 전수하는 능숙한 교사와 교사의 가르침을 내면화하여 자신의 수행을 조절하기 위해 사용하는 풋내기 제자 간의 협동적 대화의 맥락에서 발생하는 것이라고 주장했다(송길연 외, 2008).

니토(1999)는 학생들의 인식활동은 학생들의 재능, 기호, 능력보다 더 큰 맥락 속에 존재하는 것이라고 규정하면서 다문화 교육에서의 학습원리를 다음의 5가지로 요약한 바 있다. 즉 학습은 능동적으로 구성된다. 학습은 경험으로부터 발생하고 경험에 근거한다. 학습은 문화적 차이의 영향을 받는다. 학습은 그것이 발생하는 맥락의 영향을 받는다. 학습은 문화와 공동체 안에서 매개되고 발달한다.

팽은 비고츠키의 사회문화적 발달 이론 및 니토의 학습원리를 중시하는 가운데 교사가 문화적 지식을 효과적으로 활용하고, 신중하게 개발된 사회적 상호작용을 도입하며 학습의 중요성을 강조하는 다양한 활동을 전개해야 한다고 주장한다. 즉 교사는 문화적 존재로서의 학생들이 언어적 · 문화적 환경 속에서 그들의 지적 · 감정적 · 신체적 · 사회적 성장을 포함한 총체적인 발달과정을 경험할 수 있도록 지원해 주어야 한다.

3. 배려 중심 다문화 교육의 실천 차원

배려 중심 다문화 교육의 실천은 6가지 차원을 통해 이루어진다. 즉 배려 윤리를 이해하는 것, 편견과 차별을 조사하여 제거하는 것, 문화의 영향을 이해하는 것, 문화적으로 적절한 교수활동을 활용하는 것, 배려와 정의를 교수활동 및 학교 교육에 통합하는 것, 교실 및 학교 변화를 계획 · 실행하는 것이다(Pang, 2001). 이 6가지 차원들은 하나의 전체를 이루고 있는 여섯 개의 퍼즐 조각과 같다. 6가지 차원들이 서로 유기적으로 결합될 때 진정한 의미의 배려 중심 다문화 교육이 실행될 수 있다.

한편 팽이 제안한 다문화 교육의 실천 차원은 여타의 다문화 교육 학자들이 제시하는 다문화 교육의 차원과 매우 유사하다. 일례로 뱅크스(2007)는 다문화 교육의 차원으로 내용 통합, 지식구성, 편견 감소, 공평교수, 학생들에게 권한을 부여하는 학교문화와 사회구조 등 5가지를 제시한 바 있으며, 베넷(2007)은 공평교수, 교육과정 개혁, 다문화 능력, 사회정의를 지향한 교수 등 4가지를 제시한 바 있다. 학습에 대한 문화의 영향을 중시한 교수방법을 중시한다는 점, 편견 감소를 중시한다는 점, 교육과정의 통합 및 재구조화를 강조한다는 점, 학교 개혁을 추진한다는 점에서 그들 간에는 상당한 유사점이 있다. 그러나 팽이 제안하는 6가지 실천 차원은 그 이론적 토대로서 배려 윤리를 설정하고 있으며, 배려와 정의를 통합하고자 시도한다는 점, 학급 및 학교 안에서 학습 공동체 구축을 통해 모든 학생들이 학업성취 및 자기 효능감을 제고할 수 있는 방안에 강조점을 두고 있다는 점에서 큰 차이가 있다.

1) 배려 윤리를 이해하는 것

교사는 배려에 대한 도덕적 헌신을 다해야 하고, 학생들과 신뢰 깊은 관계를 조성해야만 한다. 이 차원은 아주 근본적인 것이다. 강하면서도 신뢰 깊은 관계는 개인의 성장, 발달, 변화에 있어서 매우 중요한 요소이다. 학생들의 삶이 학교와 통합될 때 그 환경은 의미 · 존중 · 신뢰의 장소가 될 수 있다. 그러나 학습이 추상적이고 삶과 연관되지 않을 때 학교는 고립된 장소가 될 수 있다. 배려 중심 교사는 학생들이 소속감과 수용성을 느끼는 공동체를 만드는 것이 중요하다는 사실을 이해해야 한다. 또한 배려 중심 교사는 학생들이 학교생활을 통해 인지적 · 사회적 · 감정적 · 윤리적 발달을 이룰 수 있도록 성장에 대한 홀리스틱 관점을 견지해야 한다.

2) 편견과 차별을 조사하여 제거하는 것

편견과 차별은 가해자나 피해자 모두에게 상처를 준다. 왜냐하면 편견과 차별은 사람들 간에 벽을 만들어 신뢰관계의 형성을 어렵게 만들고, 개별적 요구와 전체 집단의 요구가 처리되는 강한 공동체를 만들기 위해 공동 노력하는 것을 방해하기 때문이다. 편견과 차별은 수많은 학생들이 학교를 중도에 포기하도록 만든다. 그 학생들의 잠재력과 역량 상실은 전체 사회의 입장에서 볼 때 큰 손실이 아닐 수 없다. 배려 윤리에 근거해 교사는 편견과 차별을 제거하기 위한 적극적인 노력을 경주해야 한다. 억압적 태도와 행동은 동정심 있고 정의로운 공동체의 구축을 침해한다. 교사는 편견과 차별을 다루기 위한 학생의 인식과 기능을 발달시키기 위한 전략을 활용해야 한다.

팽은 편견을 해소하기 위한 방법으로 다음의 5가지 사항을 제안한다(Pang, 2001, 260).

첫째, 학생들로 하여금 교실에서의 행동에 대한 명확한 기대사항을 설정하고, 공동체 · 존중 · 존엄 · 명예의 가치에 대해 토론하게 한다.

둘째, 교사는 여러 민족집단으로부터의 긍정적인 반인종차별주의 역할 모델을 제공해야 한다.

셋째, 교사는 학생들에게 자신들의 가치와 행동을 조사 · 명료화하도록 고무시켜 주어야 한다.

넷째, 교사는 학생들로 하여금 자신들의 행동 및 그것이 타인에게 미치는 영향에 대해 성찰하도록 해야 한다.

다섯째, 교사는 학생들이 타인의 신발을 신고 자신들을 바라볼 수 있게 해야 한다.

3) 문화의 영향을 이해하는 것

아동은 복잡한 언어적 · 문화적 환경 속에서 태어나 학습하고, 말하며, 사고하고, 창조하는 문화적 존재이다. 문화는 개인의 발달에 있어서 중요한 역할을 수행한다. 문화는 정체성, 동기화, 성 역할, 학습유형 등과 같은 분야에 영향을 준다. 숨을 쉴 때의 공기와 마찬가지로 문화는 우리가 사고하고 행동하는 방식 속에 깊이 파묻혀 있는 것이기에 존재는 하지만 잘 보이지 않는 특징을 갖고 있다. 이렇듯 문화는 한 개인의 삶에 있어서 매우 자연스러운 부분이다.

팽은 교실에서 문화가 중시되어야 하는 이유를 다음과 같이 제시한다(Pang, 2001, 203).

첫째, 실생활 경험은 학습에 관련성을 부여한다.

둘째, 문화를 활용하는 것은 학생들로 하여금 그들의 이전 지식을 사용하는 것을 허용한다.

셋째, 문화적 모델과 비유를 활용하는 것은 새로운 개념학습을 위한 가교 역할을 할 수 있다.

넷째, 아동은 가족, 문화적 관행과 문화적 맥락을 통해 가정에서 학습해 왔다.

다섯째, 문화는 경험을 해석하는 것, 유형을 찾는 것, 행동을 예상하는 것, 가치와 동기화를 학습하는 것을 이해할 수 있는 구조를 제공한다.

여섯째, 교사가 아동들의 말을 경청하고 그들의 정체성과 그들이 학교에 가지고 오는 것을 소중하게 여길 때 신뢰관계가 형성되며, 이를 통해 아동은 학습을 위한 중요한 교육적 · 감정적 · 동기 부여적인 토대를 갖게 된다.

교사는 이러한 문화적 · 언어적 환경 속에서 학생들이 인지적 · 감정적 · 신체적 · 사회적 · 도덕적 발달을 이룰 수 있도록 지원해 주어야 한다. 가르친다는 것은 문화와 문화의 만남이다(Hilliard, 1974). 개별 학생들과 교사는 각기 상이한 문화적 맥락과 역학을 가지고 교실에 들어온다. 교수 · 학습 활동에 있어서 교사의 성격, 가치, 사회적 배경은 중요한 문화적 투입이다. 교사도 문화적 존재이고, 교사의 개인적인 방식이 학생들에게 커다란 영향을 준다. 모든 가르침은 문화 구속적인 것이다. 교사가 말하고 행동하고 제시하는 모든 것들이 그의 개별적 문화의 부분들이다. 학생들이 학교에서 그들 자신을 보지 못할 때 학생들은 자긍심과 자존감을 느끼지 못한다. 따라서 교사는 다양한 집단의 역사와 문화에 대한 지식을 획득함으로써 문화적으로 다양한 학생들에게 접근하는 방법을 배울 수 있다.

4) 문화적으로 적절한 교수활동을 활용하는 것

문화적으로 적절한 교수는 사회문화적 맥락에 감응하고, 효과적인 학습환경을 조형함에 있어서 학습자의 문화적 내용을 통합하고자 시도하는 수업에 대한 한 접근법을 의미힌다. 문화적 내용은 경험, 지식, 사건, 가치, 역할 모델, 관점, 공동체로부터 발생하는 쟁점 등과 같은 측면을 포함한다. 문화적 맥락은 행동, 상호작용 유형, 학생들의 기저를 이루고 있는 가치와 기대사항을 의미한다.

문화적으로 적절한 교수활동은 교사의 다문화적 리터러시(multicultural literacy)를 전제로 한다. 다문화적 리터러시란 모든 학생들이 학교에 가지고 오는 문화적 경험, 역사, 언어를 학교에서 실행하는 언어학습 및 교과학습과 연결시키는 과정을 의미한다. 다문화적 리터러시는 학생들로 하여금 침묵의 목소리를 활성화하고, 폐쇄된 마음을 열어주며, 학업성취를 증진시키고, 다원주의적이고 민주적인 사회에서 비판적으로 사고하고 행동하는 것을 가능하게 해준다(Diamond & Moore, 1995). 따라서 다문화적 리터러시를 갖춘 교사는 한 문화 공동체의 내부자 관점을 발달시킨다. 그들은 문화적 요소들이 동시에 작용한다는 것을 이해하여 학생들에게 적합한 방식으로 반응한다. 다문화적 리터러시를 갖춘 교사는 예리한 관찰자이다. 그는 맥락의 중요성을 이해하며, 학생의 안면 표정, 손짓 등과 같은 비언어적 소통 단서들을 읽어낼 수 있다.

뱅크스(2007)와 마찬가지로 팽은 문화적으로 적절한 교수를 하기 위해서는 문화를 교육과정에 단순히 부가하는 방식이 되어서는 절대 안 되며, 교육과정의 통합 혹은 재구조화가 필요하다고 본다. 이를 위한 구체적인 방안으로서 그는 언어 · 권력 · 문화 · 동정심에 초점을 맞춘 교육과정의 주제들을 포함할 것, 이슈 · 사건 · 주제 · 개념에 대한 다양한 관점을 제시하는 비교 지향적인(comparative orientation) 연구를 활용할 것, 이슈 중심 지향을 활용할 것, 문화 · 배려 · 사회정의 필터를 활용하여 기존 단원을 재구조화할 것, 본보기를 보이는 교수활동을 전개할 것을 제시했다(Pang, 2001, 204)

문화적으로 적절한 교수활동은 학생들에게 의미 있는 교육내용뿐만이 아니라 홀리스틱 관점에서 가르치는 것을 함의한다. 배려 중심 교사는 학생들이 학교생활을 통해 인지적 · 사회적 · 감정적 · 윤리적 발달을 이룰 수 있도록 학생들의 성장 · 발달에 대한 홀리스틱 관점을 견지해야 한다.

5) 배려와 정의를 교수활동 및 학교 교육에 통합하는 것

문화적으로 다원적이며 민주적인 사회에서 배려와 정의는 밀접하게 연관되어 있다. 배려 윤리는 신뢰와 타인 존중을 강조하기 때문에 정의 개념에 대한 학생들의 이해를 높일 수 있다. 우리가 타인을 배려할 때 우리는 행동을 한다. 이것은 배려와 사회적 행위가 분리될 수 없는 관계에 있음을 잘 보여준다. 우리는 타인을 배려하고, 공정성과 존중감을 가지고 타인을 대우하며, 우리의 일상생활에서 배려와 공정성을 가지고 지속적으로 행동한다. 배려는 사회정의와 공동체의 핵심에 자리 잡고 있다. 학교라는 맥락 안에서 교사는 학교 교육활동이 낮은 성취 수준을 보이고 있는 학생들에게 더욱 의미 있고 적절한 것이 될 수 있도록 그들의 문화를 통합해야 할 필요성을 인식해야만 한다. 배려와 사회정의 가치는 동등한 교육기회와 모든 학생들에게 있어서 학업성취의 중요성을 지적해 준다. 이를 위해 학생, 학부모, 교사는 민주적이고 문화적으로 다원하며 공정한 사회라는 맥락 속에서 배려의 주제와 교육과정이 모든 교과에 통합될 수 있도록 해야 한다. 교사는 학생들이 온정적인 포럼에서 이슈들을 제기하고 토론할 수 있는 방법을 가르쳐 주어야 한다. 그래야만 학생들은 그런 문제를 다루기 위한 행동을 취할 것이다.

6) 교실 및 학교 변화를 계획·실행하는 것

교사는 배려와 사회정의에 대한 자신의 결의와 헌신을 실행할 수 있도록 교실과 학교를 재구조화하는 노력을 경주해야 한다. 교사는 학생, 학부모와 힘을 합쳐 학급과 학교가 보다 배려적이고 정의로운 환경이 될 수 있도록 구조적 변화를 만들어내야 한다. 이를 위해 교사는 다음과 같은 행동을 할 수 있다.

첫째, 교사는 배려, 사회정의, 민주주의, 문화라는 렌즈를 사용하여 관행과 정책을 조사한다.

둘째, 교사는 민주적 · 배려적인 교실과 학교를 위한 메커니즘과 관행을 계획 · 실행하는 데 학생들을 참여시킨다.

셋째, 학생과 교사는 중재인 또래 중재자, 또래 교사가 될 수 있도록 해주는 배려 프로젝트를 개발한다.

넷째, 지역사회 성원과 학부모는 직업의 날(학생을 직장에 데리고 가는 날), 학생들에게 책 읽어주기 등과 같은 배려적인 학교 프로젝트에 참여한다.

4. 배려 중심 다문화 교육에 대한 평가

학생 존재의 모든 측면들을 하나의 조화로운 전체로 통합하는 것, 그리고 교실에서 다양한 학생들의 관점, 욕구, 능력을 진정한 협동적 학습 공동체로 통합시키는 것이야말로 홀리스틱 교육의 핵심 교의이다. 다문화 교육 역시 홀리스틱 교육이 되어야 한다. 홀리스틱 문화의 관점에서 볼 때 개인의 자아는 개인의 문화 안에 맥락적인(contextualized) 것이고, 그것으로부터 결코 분리될 수 없다. 다문화 교육이 문화에 대한 홀리스틱 관점을 취할 때 자아는 개인주의적이고 고립된 것이 아니라 사회중심적인 것이다. 즉 유동적이고 상호 의존적이며 상호 연관되어 있는 자아이다. 개인의 자아는 그가 속한 문화의 일부이고, 문화의 관점에서 가장 잘 설명될 수 있다(Singh et. al, 1997). 따라서 홀리스틱 관점의 다문화 교육에서 볼 때 교사는 학생들의 전인적 발달을 도모해야 할 뿐만 아니라, 그들의 존재와 문화에 토대를 둔 강한 자아 정체감을 갖도록 해주어야 한다.

그러나 다문화 교육에 관한 대부분의 접근법들은 사회정치적 측면만을 배타적으로 강조하고 있다. 일부 다문화 교육 옹호자들은 다원화사회에서 일어나고 있는 문화전쟁을 지나치게 과장하는 경향을 보이기도 한다. 다문화 교육은 궁극적으로 공평하고 정의로운 사회건설을 목표로 하는 것이기에 사회정치적 접근이 필요한 것은 사실이다. 그러나 사회정치적 접근이 다문화 교육적 쟁점을 바라보는 유일한 렌즈로 사용된다면 그것 또한 커다란 문제가 될 수 있다.

이러한 학문적 풍토 속에서 다문화 교육의 사회정치적 초점을 배려로 이동시킴으로써 다문화 교육의 홀리스틱 관점을 지향하고 있는 것이 바로 팽의 배려 중심 다문화 교육이다. 다문화 교육에 대한 배려 중심 접근법은 신뢰관계 형성과 학습의 사회문화적 맥락 이해의 중요성에 근거한다. 배려 중심 접근법은 교육에 있어서 사람 중심적이고 문화 중심적인 입장을 취하고 있다. 팽은 배려 중심 다문화 교육의 가장 핵심적인 원리는 홀리스틱 관점을 취하는 것이라고 주장한다. 배려 중심 다문화 교육에서 교수활동은 전인을 길러내는 것인 동시에 교수활동은 분리된 기능의 합이 아니라 하나의 종합적인 과정이다.

배려에 중심을 둔 다문화 교육 패러다임은 기존의 다문화 교육과 다음과 같은 점에서 다르다.

① 배려 패러다임은 공동체와 자아를 위한 배려를 사회 · 경제적 정의와 변화를 위한 토대로 설정한다.

② 배려 패러다임은 초점을 교사에서 학습자로 이동시킨다.

③ 배려 패러다임은 문화가 상이한 현실(예 : 앎의 양식)을 어떻게 대변하는지를 설명한다.

④ 배려 패러다임은 학습자와 교사의 상호 연관성에 기반을 둔다.

⑤ 교수 · 학습은 사회적 과정이다.

⑥ 교사와 학생 모두 학습에 대한 책임을 갖고 있다.

배려 중심 다문화 교육의 실천은 6가지 차원을 통해 이루어진다. 즉 배려 윤리를 이해하는 것, 편견과 차별을 조사하여 제거하는 것, 문화의 영향을 이해하는 것, 문화적으로 적절한 교수활동을 활용하는 것, 배려와 정의를 교수활동 및 학교 교육에 통합하는 것, 교실 및 학교 변화를 계획 · 실행하는 것이다. 그는 사회정의 중심의 다문화 교육 학자들이 강조하는 사회참여 및 사회운동에 앞서서 6가지 실천을 통해 학급 및 학교가 어떻게 변해야 하는지에 대한 청사진을 제시해 준다는 점에서 큰 차이가 있다.

배려 중심 다문화 교육은 사회정의에 초점을 맞추어 억압과 차별에 대한 저항을 유도하는 대다수의 다문화 교육 이론가들과는 달리, 교실과 학교에 신뢰관계를 형성하여 자유와 정의에 기초한 진정한 다문화 사회를 건설하는 것을 우선적인 목적으로 한다는 점에서 큰 의의가 있다. 또한 배려 중심 다문화 교육을 통해 모든 학생들이 전인으로 성장하도록 해야 한다는 홀리스틱 관점을 견지하고 있다는 점에서 의의가 있다.

최근 국내에서 다문화 교육에 대한 붐이 조성되면서 다문화 교육을 위한 다양한 교수활동이 전개되고 있다. 그러나 현재 우리의 다문화 교육은 팽이 언급한 다문화 교육 실천의 복합적인 차원을 간과한 채 다문화 교육을 주로 내용 통합에만 초점을 맞추어 배타적이고 분리된 방식으로 접근한다는 데 큰 문제점이 있다. 또한 내용 통합의 방식이 변혁적이라기보다는 부가적인 수준에 머물고 있다.

이를테면 다문화 이해에 초점을 맞춘 대부분의 현행 프로그램들은 더만 스팍스(Derman-Sparks, 1989)가 우려했던 여행자 교육과정 수준에 머물고 있다. 이런 측면에서 볼 때 교사와 학생의 신뢰관계 형성에 토대를 둔 학습 공동체 구축 및 문화적으로 적절한 교수활동의 중요성을 강조한 팽의 배려 중심 다문화 교육은 우리의 다문화 교육에 많은 시사점을 줄 수 있다. 다문화적 리터러시를 제대로 갖추지 못한 교사들에 의해 이루어지는 외집단 혹은 외국문화 소개활동은 문화적 유사성보다는 차이점에 배타적인 초점을 맞춤으로써 학생들에게 일시적인 흥미와 오락거리를 제공할 수는 있을지 모르나 집단 간 관계 개선이나 편견의 감소에는 커다란 영향력을 발휘할 수 없기 때문이다.

팽의 배려 중심 다문화 교육은 교사와 학생의 관계 및 학생의 학습활동에 있어서 배려와 문화의 중요성을 강조하는 가운데 효율적인 학습 공동체를 구축하는 것이 사회참여보다 우선되어야 한다는 것, 다문화 교육은 홀리스틱 관점을 지향해야 한다는 것, 학생들의 문화적 정체성의 발달을 촉진시켜 주어야 한다는 것, 교사는 일차적으로 학생들에 대한 배려 제공자가 되어야 한다는 것, 실천 차원들 간의 유기적인 관련성이 중요하다는 것 등을 일깨워 줌으로써 다문화 교육 실천에 있어서 우리가 중시해야 할 사항이 무엇인지를 분명하게 제시해 준다.

하지만 팽은 정의와 배려 논쟁에서 볼 수 있는 바와 같이 정의와 배려가 쉽게 조화되기 어려운 점을 지나치게 간과하는 약점을 보인다. 다문화 교육에서 왜 배려가 정의보다 우선시되어야 하는지, 그리고 배려와 정의는 어떻게 상호작용하는지에 대한 이론적 근거들도 여전히 미흡하다. 또한 배려 중심 다문화 교육은 배려 윤리에 대한 단호한 결단과 헌신으로 무장한 교사들이 존재할 때에만 가능한 방식이라는 점을 고려할 때, 사회구조적 개혁은 도외시한 채 일방적으로 교사에게 지나친 짐을 지운다는 비판으로부터 벗어나기 어렵다. 즉 방법론적 측면에서 사회구조적 접근은 배제한 채 지극히 개인주의적인 방법을 택하고 있다는 비난을 면하기 어려운 약점이 있다.

또한 팽이 제안한 배려 중심 다문화 교육의 6가지 실천방안들이 여전히 추상적인 원리 수준에 그치고 있어 교사가 구체적으로 지금 당장 무엇을 해야 하는지에 즉각적이고 명쾌한 답을 주지 못하는 한계도 있다. 더불어 6가지 차원들이 사회정의 실현과 구체적으로 어떻게 연결될 수 있는지에 명료한 설명이 없어서 배려 중심 다문화 교육이 사회정의 안에서의 배려를 추구한다는 그의 논지를 다소 무색하게 만드는 단점도 있다.

그럼에도 불구하고 배려 중심 다문화 교육은 교사 중심적이고 단일문화적인 교실을 탈피하여 학생 중심적이고 배려 중심적인 교수활동을 지향해 나가는 점, 전인의 육성에 초점을 맞추고 있다는 점 등에서 찬사를 받을 만하다. 사회정의를 중시하는 다문화 교육 학자들이 놓치기 쉬운 부분을 찾아내어 그것의 실천을 위한 구체적인 방안을 마련하려는 팽의 독창적인 시도는 높이 평가할 만하다.

다른 교육과 마찬가지로 다문화 교육의 성공 여부는 교사 변인에 의해 크게 좌우된다. 팽이 제안한 바와 같이 다문화 교육에 임하는 교사들은 배려관계에 근거하여 학습 공동체를 만드는 능력, 학습자의 문화에 대한 지식과 이해능력, 학습자의 강점과 약점을 식별해낼 수 있는 기능 및 학습자 나름의 고유한 학습양식과 문화에 적절하게 감응할 수 있는 기능, 문화적 다양성에 대한 긍정적인 태도 및 문화적 · 인종적 · 민족적 · 종교적 · 성적 배경에 상관없이 모든 학생들에 대한 관심과 존중이 장려되는 학습환경을 만들어내는 능력을 갖추어야 할 것이다.

참고문헌

구정화 · 박윤경 · 설규주(2009), 『다문화 교육 이해』, 서울 : 동문사.

김수동(2005), 『배려의 교육』, 서울 : 장원.

송길연 외(2008), 『발달심리학』, 서울 : 시그마프레스.

송안정(2008), 『여성주의 윤리학 입문』, 서울 : 이화여자대학교 출판부.

추병완(2004), 『도덕교육의 이해』, 서울 : 백의.

_____ (2010), 『다문화 도덕교육의 이론과 실제』, 서울 : 하우.

Banks, J. A.(2007), *An introduction to multicultural education*(4th ed.), Boston : Allyn & Bacon.

Bennett, C. I.(2007), *Comprehensive multicultural education*(6th ed.), Boston : Pearson.

Boyle−Baise, M.(2002), *Multicultural service learning*, New York : Teachers College Press.

Brown, J. S., Collins, A., & Duguid, O.(1988), "Situated cognition and the culture of learning", *Educational Researcher*, 18, 32−42.

Dempsey, V. & Noblit, G.(1996), "The demise of caring in an African−American community : One consequence of school desegregation", In D. Eaker−Rich & J. A.Van Galen(eds.), *Caring in an unjust world : Negotiating borders and barriers in schools*(pp. 113−128), Albany : State University of New York Press.

Derman−Sparks, L.(1989), *Anti−bias curriculum : Tools for empowering young children*, Washington, DC : National Association for the Education of Young Children.

Dewey, J.(1916/1963), *Democracy and education*, New York : Macmillan.

Diamond, B. J. & Moore, M. A.(1995), *Multicultural literacy : Mirroring the reality of the classroom*, White Plains : Longman Publishers.

Gay, G. (2000), *Culturally responsive teaching*, New York : Teachers College Press.

Gollnick, D. M. & Chinn, P. C. (2006), *Multicultural education in a pluralistic society*(7th ed.), Upper Saddle River, NJ : Pearson.

Hilliard, A. (1974), "Restructuring teacher education for multicultural imperatives", In W. A. Hunter (ed.), *Multicultural education through competency-based education*, Washington, DC : American Association of Colleges for Teacher Education.

Johnson, D. W. & Johnson, R. T. (2001), *Multicultural education and human relations*, Boston : Allyn and Bacon.

Lin, Q. (2007), "Toward a caring-centered multicultural education within a social justice context", *Education*, 122(1), 107-114.

Meyes, C. et. al. (2007), *Understanding the whole student : Holistic multicultural education*, Lanham : Rowman & Littlefield Education.

Nieto, S. (2000), *Affirming diversity : The sociopolitical context of multicultural education*(3rd ed.), New York : Teachers College Press.

Nieto, S. (1999), *The light in their eyes : Creating multicultural learning communities*, New York : Teachers College Press.

Noddings, N. (1992), *The challenge to care in schools : An alternative approach to education*, New York : Teachers College Press.

Pang, V. O. (2001), *Multicultural education : A caring-centered, reflective approach*, Boston : McGraw-Hill.

Ramsey, P. G. (1987), *Teaching and learning in a diverse world : Multicultural education for young children*, New York : Teachers College Press.

Rogers, C. R. & Freiberg, J. (1994), *Freedom to learn for the 80's*(3rd ed.), NY : Merrill.

Singh, N. N., Ellis, C. R., Oswald, D. P., Wechsler, H. A., & Curtis,W. J. (1997), "Value and address diversity", *Journal of Emotional and Behavioral Disorders*, 5(1), 24-35.

Sleeter, C. E. & Grant, C. A. (2007), *Making choices for multicultural education : Five approaches to race, class, and gender*, Hoboken : John Wiley & Sons, Inc.

Tiedt, P. L. & Tiedt, I. M. (2002), *Multicultural teaching*(6th ed.), Boston : Allyn & Bacon.

Vang, C. T. (2010), *An educational psychology of methods in multicultural education*, New York : Peter Lang Publishers, Inc.

제8장 다문화 사회에서의 통일교육

분단국 구성원인 우리에게 있어 통일은 우리가 반드시 해결해야 할 지상 과제다. 하지만 통일은 우리만의 독자적인 의사결정에 의해 이루어질 수 있는 단순 과제가 아니다. 사전적 의미에서의 통일은 '갈라진 둘 이상의 것을 모아서 하나로 만드는 것'이기에 통일의 과정과 절차에 있어서 우리는 통일의 대상인 상대방을 고려해야 한다. 통일문제에 있어서 상호 파트너의 입장에 있는 남과 북 모두 무력에 의한 일방적 흡수 통일을 지향하지 않는 한, 상호간의 존중과 배려는 통일문제를 푸는 첫 걸음이다. 이렇게 볼 때 통일은 남과 북이 힘을 합쳐 공동으로 해결해야 할 하나의 창조적 문제 해결 과정이다.

그런데 한반도가 지닌 지정학적 특성 때문에 우리의 통일문제는 통일 주체인 남과 북의 노력만으로는 해결하기 힘든 복잡한 성격을 갖는다. 남북한이 상호 신뢰를 회복하고 교류 · 협력을 통해 통일의 물꼬를 터나가는 것만으로는 충분하지 않다. 한반도를 둘러싼 주변 강대국의 역학관계를 통일에 유리한 국제환경으로 조성하지 않는 한, 통일은 힘든 여정이 될 것이 분명하다. 이렇게 볼 때 통일은 어느 시점에 우리에게 주어지는 것이 아니라 우리가 만들어 가야 하는 장기적 과제다. 이렇듯 한반도 통일문제는 창조적 문제 해결과 장기적 결단 및 지속적 실천을 요구하는 지난한 과업이다.

현재 한반도의 지정학적 상황을 고려해 볼 때 통일에 대한 사실상의 규정력을 갖는 것은 국제정세와 남북관계라는 정치적 역학관계이기 때문에(조정아, 2007, 286) 통일교육이 통일을 가져오는 직접적인 방법은 되지 못한다. 하지만 통일의 과정 및 통일 이후 사회상의 모습과 질은 상당 부분 구성원의 통일 역량에 의해 좌우되고, 그 통일 역량은 주로 통일교육에 의해 형성되는 것이기에 한반도 통일에 있어서 우리는 통일교육의 중요성을 결코 간과할 수 없다. 통일된 국가를 수립한 지 20년이 지난 독일의 경우 아직도 상당한 통일 후유증에 시달리고 있음을 볼 때 '사람의 통일' 혹은 '마음의 통일'을 지향하는 통일교육의 위상과 중요성은 날이 갈수록 커지고 있다.

명칭과 강조점에 있어서의 차이는 있었지만 분단 이후 줄곧 우리는 통일교육을 실시해 왔다. 해방 직후 통일은 외세로부터의 해방을 뜻하는 자주권 해방운동의 성격을 띠었고, 1970년대에 들어오면서 통일은 남북한 체제 경쟁에서의 승리를 뜻했다. 1980년대 중반 이후 통일은 남북한 간 상호 이익의 도모는 물론 생활양식과 의식의 동질화를 통한 민족 통합의 의미를 갖게 되었다. 이렇듯 통일 개념의 변화에 발맞추어 통일교육의 명칭 및 그 내용도 변화해 왔다(추병완 등 3인, 2000, 483).

통일교육은 한반도가 분단된 1945년부터 지금까지 시대별로 크게 세 단계를 거치며 발전해 왔다. 통일교육은 분단에서 1980년대 중반까지의 반공교육기, 1980년대 중반에서 1990년대 초반까지의 통일안보교육기, 1990년대 초 이후의 통일교육기를 거치며 발달해 왔다. 즉 통일교육은 국내외적 통일환경과 남북 간 역학관계, 통일정책, 통일운동, 그리고 국민의식의 변화에 기초하여 시기별로 그 성격과 내용을 달리해 왔다(고정식 외 6인, 2004, 12).

그러나 그 가운데서도 변하지 않은 것이 있었는데, 그것이 바로 민족이라는 개념이다. 이념과 체제를 달리하는 남북 모두에게 있어 민족이라는 개념은 통일의 당위성과 필요성을 설명해 주는 가장 강력한 논리적 근거였다. 남북이 혈연, 언어, 문화, 역사를 같이해 온 하나의 민족이라는 사실은 남북 모두에게 있어 통일을 공동선 혹은 절대선으로 인식하게 만들었다. 그러기에 통일은 오랜 세월 하나의 민족국가를 이루어 살아왔던 우리의 역사적 정통성을 회복하는 역사적 의미를 갖는 것으로 인식되었다.

하지만 세계화의 진전에 따라 민족주의에 대한 비판적 이론이 득세하고 사회 구성원 가운데 외국인이 급증하면서 우리 사회에서의 순혈주의에 근거한 민족 담론은 점차 그 위력을 소진하고 있다. 결혼 이민자, 이주 노동자, 북한 이탈 주민, 다국적 기업 및 사업 관리계층 · 기술인력, 교육 부문 외국인 종사자의 급격한 증가는 단일민족을 자처하던 우리 사회를 다문화 사회로 새롭게 정의하도록 하였다. 한국 사회에서 민족적 · 문화적 다양성의 증가는 '다문화'라는 용어를 우리 사회의 지배적 담론 가운데 하나가 되도록 만들었다. 따라서 통일의 절대적 근거로 작용하던 민족과 민족 공동체 개념은 다문화라는 시대 조류 속에서 재평가 · 재해석의 대상이다.

이런 상황에서 북한은 우리 사회의 다문화 논의에 대해 "민족감정에 칼질을 하고 있다"는 등 온갖 비난을 서슴지 않는다. 북한은 남한에서 벌어지고 있는 '다민족 · 다인종 사회론'은 친미 사대 미국 세력이 민족의 단일성을 부정하고 남한을 이민족화 · 잡탕화 · 미국화하려는 '민족말살론'이라고 주장한다(로동신문, 2006년 4월 27일자). 나아가 북한은 우리 단일민족의 고유성과 우수성을 부정하는 것은 민족의 정신무장 해제를 설교하는 반역행위라고 몰아붙인다.

이런 시대적 분위기 속에서 우리의 학교 통일교육은 좌표를 잃은 채 방황하고 있는 상태다. 학교 현장에서 통일교육은 창의 · 인성 교육에 그 우선순위를 내주고 있다. 참여정부와 실용정부의 북한관 및 대북정책에서의 차이는 학교 통일교육 현장을 더욱 혼란스럽게 만든다. 2009 개정 교육과정 체제에서 그간 통일교육을 주도적으로 담당했던 도덕 교과의 위상이 심각하게 축소됨에 따라 학교 통일교육은 절대적으로 축소될 분위기이다. 여러 가지 요인들이 복합적으로 얽혀 있는 가운데 통일의 필요조건이자 통일의 촉매제 역할을 수행해야 할 학교 통일교육은 지금 심각한 위기상태에 놓여 있다.

이러한 위기를 극복하기 위한 방안은 무엇인가? 이 장에서는 이 질문에 대한 부분적인 해답을 찾고자 한다. 구체적으로 말해 여기서는 다문화 사회 속에서 학교 통일교육이 지향해야 할 새 활로를 모색하여 그것을 정당화하고자 한다. 이를 위해 다음과 같은 논리적 순서를 따르고자 한다.

첫째, 정부 정책의 변화에 따른 최근 학교 통일교육의 주요 변화내용이 무엇인지를 탐색한다.

둘째, 다문화 사회가 학교 통일교육에 요구하는 사항이 무엇인지를 밝히고, 그러한 요구를 충족시키기 위해 학교 통일교육이 지향해야 할 새 활로를 제시하고 그것을 정당화하고자 한다.

1. 대북정책의 변화와 학교 통일교육 현황

학교 통일교육은 나름대로의 일관된 원칙에 의거하여 지속적으로 전개되어야 함에도 불구하고 그간 정치적 목적으로부터 사실상 자유롭지 못했다. 물론 학교 통일교육이 시대의 변화와 흐름, 그리고 정권의 정책을 어느 정도 반영해야 하는 것은 사실이지만 정권 교체에 따라 그 철학과 근간이 송두리째 흔들리는 일은 가급적 없어야 한다. 그럼에도 불구하고 학교 통일교육은 참여정부와 실용정부 간의 대북정책 차이와 그것이 학교 통일교육 지침에 미치는 영향에 의해 지금 커다란 혼란을 겪고 있다. 이에 여기서는 먼저 정부의 대북정책 변화에 따라 달라진 학교 통일교육의 주요 사항들을 분석하고자 한다.

1) 평화번영정책과 학교 통일교육

2003년 2월 출범한 참여정부는 한반도의 평화를 정착시키고 남북 공동 번영을 추구함으로써 평화통일의 기반 조성과 동북아 경제 중심 국가로의 발전 토대를 마련하고자 평화번영정책을 제시한 바 있다. 평화번영정책은 민족 생존과 번영을 위해 그동안 우리가 추진해 온 민족 공동체 건설작업을 남북관계의 차원을 넘어 동북아의 평화와 번영을 추구하는, 즉 '동북아 속의 한반도' 라는 차원에서 운용해야 할 필요성에서 비롯된 것이다.

평화번영정책은 김대중 정부의 대북정책인 대북포용정책을 계승 · 발전시킨 것이다. 그것은 한반도에 평화를 증진시키고 남북 공동 번영을 추구함으로써 평화통일의 기반 조성과 동북아 경제 중심 국가로의 발전 토대를 마련하고자 하는 노무현 대통령의 전략적 구상이었다(통일부, 2003. 3. 1). 평화번영정책은 냉전시대 남북관계 인식인 적대적(대결적) 공존에서 상호 호혜적(화해적) 의존관계로의 패러다임 전환을 출발점으로 '평화와 화해협력을 통한 남북관계 개선'을 목표로 설정했다(김홍수, 2009, 428).

이렇듯 평화번영정책의 개념 속에는 ① 주변 국가와 협력하여 당면한 북한 핵문제를 평화적으로 해결하는 것, ② 이를 토대로 남북의 실질 협력 증진과 군사적 신뢰 구축을 실현하는 한편 북미 · 북일 관계 정상화를 지원하는 등 국제적 환경을 조성함으로써 한반도 평화체제를 구축하며, ③ 남북 공동 번영을 추구하며 평화통일의 실질적 기반을 조성하고 동북아 경제 중심 국가 건설의 토대를 마련하겠다는 내용이 포함되어 있었다(통일교육원, 2006, 79). 한반도 평화 증진은 당면 과제인 북한 핵문제를 평화적으로 해결하고, 이를 토대로 남북의 실질적 협력을 증진하여 군사적 신뢰 구축을 실현함으로써 한반도 평화체제를 구축하려는 것이었다. 평화체제가 구축되면 한반도 평화와 남북의 공동 번영이 가능하게 되고 동북아 경제 중심 국가의 토대가 마련될 수 있기 때문이다.

또한 이러한 정책목표를 달성하기 위해 참여정부는 4가지 정책 추진 원칙을 설정했다(통일교육원, 2006, 81).

첫째, 대화를 통해 문제를 해결한다는 원칙이다. 정부는 민족 생존을 위협하는 어떠한 형태의 무력충돌 가능성도 배제하기 위해 모든 갈등과 현안 사항을 반드시 대화를 통해 평화적으로 해결한다는 점을 원칙으로 설정했다.

둘째, 상호 신뢰 우선과 호혜주의 원칙이다. 이것은 남북한 및 미·일·중·러 등 상이한 동북아 지역 국가들이 서로를 인정하는 토대 위에서 충분한 이해를 바탕으로 상호 신뢰 우선의 원칙에 입각하여 지역의 평화와 협력을 추진해야 함을 의미한다. 또한 북한 및 주변 국가와의 관계 증진과 건전한 상호 협력을 위해 서로 이익이 되는 호혜주의를 추구하고 일방주의를 배제하며 동등한 협력관계를 추구해 나감을 의미한다.

셋째, 남북 당사자 원칙에 기초한 국제협력 원칙이다. 이것은 한반도 평화체제 구축 및 남북 경제 공동체 형성 등을 한반도 문제의 당사자인 남북이 협의하여 추진하되, 한반도 평화와 번영을 위해 당사자 원칙을 기초로 국제사회와 유기적으로 협력하고, 동북아 지역의 평화와 번영에도 기여하도록 노력한다는 것이다.

넷째, 국민과 함께 하는 정책 추진 원칙이다. 정부는 정책 추진의 대내외적 투명성 제고를 위해 평화번영정책에 대한 국민적 합의를 토대로 법과 제도에 따라 투명하게 추진함과 동시에 정책결정 및 집행과정, 대북 접촉과정의 투명성을 강화함으로써 정책에 대한 신뢰도를 제고시키고자 하는 것이다.

이렇듯 평화번영정책은 우리가 지금껏 추진해 왔던 평화공존 노선 및 민족 공동체 형성을 중시하고 있으면서도 기존의 통일정책과는 달리 국가 발전 기본 전략으로서의 위상을 가지고 있음을 알 수 있다. 평화번영정책은 통일·외교·안보 분야의 통합전략으로서 남북관계를 넘어서 동북아의 평화와 공동 번영을 추구하고 있다. 또한 평화번영정책은 안보 측면과 경제 측면의 균형발전을 강조했다. 지금까지는 진전된 남북

간 경제협력을 바탕으로 하여 안보 측면에서의 진전을 이루려는 균형발전 전략을 구사해 왔으나 평화번영정책에서는 군사 부문과 비군사 부문의 동시적 발전을 모색하는 포괄적 안보를 지향했다. 동시에 평화번영정책은 남북 상호간에 공감되는 집합적 기억에 토대를 둔 민족 공동체를 건설하기 위해 만남 · 대화 · 교류 협력의 필요성과 중요성을 강조했다.

참여정부의 평화번영정책과 관련한 학교 통일교육의 주요 내용은 크게 보아 다음의 3가지로 요약할 수 있다.

첫째, 통일교육이 학교 교육에 적극 반영될 수 있는 조치를 강화하였다. 통일교육지원법 개정안에서는 "통일부 장관은 … 통일교육에 관한 기본적인 사항이 초 · 중등학교의 교육활동에 반영될 수 있도록 교육인적자원부 장관에게 요청할 수 있으며, 요청을 받은 교육부 장관은 이를 반영하도록 노력해야 한다"(2005. 1. 27. 개정 8조 2항)는 조항을 신설하여 통일교육이 학교 교육에 적극 반영되도록 하였다.

둘째, 학교 통일교육의 필요성과 과제를 명료화하였다. 참여정부는 『통일교육지침서(학교용)』를 통해 학교 통일교육의 과제를 '통일에 대한 부정적 시각의 극복, 통일의 당위성, 통일시대 대비 역량 강화, 평화의식 함양과 민주시민 의식 함양, 민족 공동체 의식 함양'으로 설정하였다. 그리고 통일교육의 내용체계로 '통일문제의 이해, 북한 이해, 통일환경의 이해, 통일정책과 남북교류 협력 현황, 통일을 위한 과제'를 제시하였다.

셋째, 통일교육에서 평화교육의 중요성을 강조했다. 평화교육의 중요성이 부각됨에 따라 학교 통일교육에서는 남과 북이 서로 다른 체제에서 살아온 것을 인정하고, 그 바탕 위에서 비폭력적으로 공존 공영하는 삶의 방식을 가르치는 것을 강조하게 되었다. 학교 통일교육에서는 평화교육에서 강조하는 공존능력을 길러주는 것이 무엇보다 중시되었는데, 공존능력은 통일과정에서 남북한 주민들이 일상적으로 교류하면서 제기될 수 있는 여러 갈등들을 비폭력적으로 해결할 수 있는 기본능력을 향상시킬 수 있다고 여겨졌기 때문이다. 또한 통일교육을 통해 학습된 공존능력은 우리 사회의 여러 갈등의 평화로운 해결에도 도움을 줄 것으로 여겨졌기 때문이다.

2) 상생 · 공영 정책과 학교 통일교육

현 정부의 대북정책은 생산과 실용의 외교 · 안보의 비전과 전략에서 출발했다. 참여정부의 대북정책이 남북한 특수성을 인정하는 독자적인 비전과 전략을 중시한 반면, 이명박 정부의 대북정책은 한미 간의 튼튼한 전략동맹을 우선시하고 남북관계의 특수성에 대한 비중을 축소시켰다.

이명박 정부가 추진하는 대북정책의 명칭이자 기조는 남북 상생 · 공영(mutual benefits and common prosperity)이다. 여기서 상생 · 공영은 두 가지 의미가 있다. 첫째는 북한의 흡수통일에 대한 우려를 불식하고 남북이 공존 · 공영, 상생 · 공영한다는 의미이다. 비핵화 협상과정을 통하여 미국과의 국교 정상화를 지원함으로써 북한의 안보 불안과 경제난 해소를 지원한다는 의미이다. 둘째는 북한의 경제발전을 통하여 남한도 경제발전을 한 단계 도약시키는 기회를 얻게 되는 것을 의미한다(통일연구원, 2008b, 13).

현 정부의 대북정책은 이전 10년 간 대북포용정책은 실패했다는 인식과 판단을 근거로 구상되었다. 이명박 정부의 대북정책은 남북관계

현황에 대한 인식에서 출발했다. 이명박 정부가 평가하는 지난 10년 간 대북포용정책의 결과는 외형적인 성장에 비해 질적 발전은 부족했으며, 남한의 북한에 대한 지원과 협력에 비해 북한의 변화를 끌어내지 못했다는 점, 그리고 북핵문제를 국정의 최우선으로 다루지 않았다는 사실을 중시했다(통일부 통일교육원, 2009, p. 55 ; 통일연구원, 2008b, 32-33).

그 결과 이명박 정부는 남북관계의 현 주소를 이중성과 특수성으로 정리한다. 여기서 이중성이란 북한은 군사적으로 대치하고 있는 상대방이자 남북관계 발전을 위한 동반자라는 점이며, 특수성은 남북관계는 일반적인 나라와 나라 사이의 관계가 아닌, 통일을 지향하는 과정에서 잠정적으로 형성되는 특수 관계라는 것이다. 남북관계는 북한의 이중성, 남북관계의 특수성, 보편적 국제기준을 균형 있게 고려하면서 풀어나가야 한다는 점이다(통일연구원, 2008a, 10).

이명박 정부의 대북정책의 핵심은 한미동맹을 강화하고, 이를 기반으로 북핵문제를 해결하며, 그 연장선에서 북한이 비핵화와 개방으로 나오게 되면 북한의 1인당 국민소득을 10년 내 3,000달러가 되도록 지원하겠다는 것이다. 이것이 이명박 정부 대북정책의 골간인 '비핵 · 개방 · 3000'이다. 이명박 정부는 한미동맹 강화와 북핵 폐기를 핵심 과제로 설정하고 그 추진방법으로서 '비핵 · 개방 · 3000'을 제시하고 있다(통일연구원, 2008b, p. 15). 이명박 정부가 추진하는 상생 · 공영 정책의 비전 및 주요 체계를 요약하면 다음의 〈표 1〉과 같다(김홍수, 2009, 432).

이명박 정부의 상생 · 공영 정책은 학교 통일교육에 적잖은 변화를 초래했다. 2009년에 발간된 『통일교육 지침서』에서는 이전까지 중시되어 왔던 '평화의식 함양과 상호 존중의 자세 확립' 조항이 삭제되었다. 이명박 정부 첫해에 발간된 『2008 통일교육 지침서』에 나와 있는 6가지

〈표 1〉 상생 · 공영정책의 비전 및 주요 체계

<table>
<tr><th>미래와 비전</th><th>목표와 기본 방향</th><th>4대 추진원칙</th><th>5대 중점 추진과제</th></tr>
<tr><td rowspan="5">상생과 공영</td><td rowspan="3">북한의 변화와 남북관계 발전
• 북핵 폐기 우선</td><td rowspan="2">1. 실용과 생산성</td><td>진정성 있는 남북대화
• 실질적인 도움이 되는 남북대화
• 상대방을 서로 존중하는 회담문화</td></tr>
<tr><td>한반도 평화정책
• 북핵문제의 완전한 해결
• 남북한 군사적 긴장완화와 신뢰 구축
• 새로운 평화구조 형성</td></tr>
<tr><td>2. 원칙에 철저하되 유연한 접근</td><td>상생과 호혜의 남북경협
• 상생과 상호 보완적 성격의 경제협력
• 4가지 원칙 하의 실질적인 남북경협 추진(북핵문제의 진전, 경제적 타당성, 재정부담 능력, 국민합의)
• '비핵 · 개방 · 3000 구상' 이행</td></tr>
<tr><td>상생과 공영의 남북관계 발전
• 한반도 경제 선진화 기여</td><td>3. 국민 합의</td><td>사회 · 문화 교류 활성화
• 남북한 교류와 접촉을 통한 민족 공동체의식 고양
• 민간의 교류 촉진과 내실화
• 사회 · 문화 교류의 제도화를 위한 기틀 마련</td></tr>
<tr><td>한반도 평화통일의 실질적 토대 구축
• 실용주의적 접근을 통한 평화구조
• 남북 주민의 행복 추구</td><td>4. 국제협력과 남북협력의 조화</td><td>인도적 문제 해결
• 이산가족의 상시적 만남 추구
• 국군포로 · 납북자 문제 해결
• 북한 인권 개선
• 인도적 지원 원칙</td></tr>
</table>

통일교육 과제 가운데 '평화의식 함양과 상호 존중의 자세 확립'이 삭제된 것이다(한겨레신문, 2009년 7월 22일자). 새 지침서는 북한 체제에 대해 "김일성-김정일의 절대권력과 주체사상에 의해 지배되는 독특성과 당-국가 지배체제를 근간으로 하는 사회주의 체제의 일반적 특성을 갖고 있다"는 종전 기술을 "김일성-김정일의 절대권력과 주체사상에 의

해 지배되는 퇴행적인 체제적 특이성과 당-국가 체제를 근간으로 하는 공산주의 체제의 일반적인 특성을 갖고 있다"로 수정했다(통일부 통일교육원, 2009, 34).

그런가 하면 대북 화해협력정책과 평화번영정책에 대해서도 부정적 평가로 일관했다. 『2009 통일교육 지침서(학교용)』는 2000년 '6 · 15 공동선언'에 대해 이명박 정부는 "남북정상회담 추진과정이 투명하지 못했다는 점과 함께 6 · 15 공동선언문 속의 '민족끼리'의 협력과 '낮은 단계의 연방제' 부분은 사회적 논란을 불러일으키기도 하였다"고 평가했다(통일부 통일교육원, 2009, 54). 또 국민의 정부 시기 남북한 교류 협력의 실적에 대한 양적 증대를 인정하면서도 "남북관계에 실질적 진전을 이루는 데는 한계를 보였다"고 평가했다. 그리고 2007년 남북정상회담에 대해서도 "국민적 합의와 지지를 이끌어내는 데 크게 미흡했다"고 평가절하했다(통일부 통일교육원, 2009, 55).

학교 통일교육의 과제와 관련하여 이명박 정부는 국가 안보교육을 강화시켰으며, 북한에 대한 인식에 있어서도 참여정부 시기보다 더욱 객관적인 이해를 강조했다. 현 정부가 발간한 『2010 통일교육지침서(학교용)』에서는 학교 통일교육의 주안점으로 통일문제에 대한 관심 제고 및 통일의지 확립, 통일시대 대비 역량 강화, 자유민주주의 가치에 대한 확신 및 민주시민 의식 함양, 민족 공동체 형성 노력, 국가 안보의 중요성 인식, 북한에 대한 올바른 이해를 제시했다(통일부 통일교육원, 2010, p. 13). 특히 『2010 통일교육 지침서(학교용)』는 "튼튼한 안보가 뒷받침되어야만 한반도에 평화가 정착되고 남북관계 발전이 실질적으로 확충되어 평화통일을 이룩할 수 있기 때문이다"(통일부 통일교육원, 2010, 18)라고 기술하면서 냉엄한 국제질서와 한반도의 군사적 대치상황에서 국가의 유지 · 보존을 위한 국가 안보의 중요성을 강조했다. 현 정부는 참여정부가 중시했던 평화보다 국가 안보가 우선한다는 점을 분명히 했다.

북한에 대한 인식과 이해에 있어서 평화번영정책이 남북한의 상호 이해와 존중을 강조했다면, 상생 · 공영 정책은 북한에 대한 정확한 자료와 정보에 의한 객관적 이해와 균형 잡힌 인식을 강조했다. 두 정부의 북한 이해에 대한 관점에서의 결정적 차이는 북한 이해를 통해 무엇을 지향하는가의 문제다. 참여정부는 북한 이해의 지향점을 민족 공동체 의식 함양과 남북한이 상호 편견과 차별의식을 극복하고 공존 공영할 방안을 모색하게 하는 데 두었다. 이명박 정부는 북한의 실상에 대한 정확한 자료와 정보를 바탕으로 한 객관적이고 균형적 이해에 초점을 맞추고 있다. 또한 정부가 북한 이해 부분에서 북한의 실상에 대한 정확한 정보와 자료를 바탕으로 객관적 · 균형적으로 이해시키는 실상교육을 강조하였다면, 참여정부는 그런 실상을 바탕으로 한 남북한 상호 이해와 공존 공영할 가치교육을 강조했다(김홍수, 2009, 440).

현 정부의 통일교육 방향에 대한 평가는 상당히 엇갈리고 있다. 정부 및 찬성론자들은 북한편향 좌파 정권들이 감상적 민족주의에 젖어 북한의 실상을 제대로 가르치지 못한 것을 시정하는 것이라고 주장한다. 그러나 반대론자들은 새 지침서가 북한의 실상을 강조하다 보니 부정적인 면을 지나치게 부각시켰다거나, 기존 통일교육 6개 과제 가운데 '평화의식 함양과 상호 존중의 자세 확립' 부분을 뺀 것은 명백하게 남북 대결의식을 고취하는 것에 불과하다는 비판을 제기한다(국민일보, 2009년 7월 22일자). 일례로 민주노동당은 '평화통일 없는 2009 통일교육 지침서'라는 논평자료를 통해 이명박 정부는 청소년을 대상으로 하는 반통일교육을 당장 중단하고 남과 북의 화해와 평화통일을 위한 교육으로 전환할 것을 촉구했다(민주노동당, 2009. 7. 23).

한편 북한은 민주평화통일자문회의의 『이명박 정부 대북정책 바로알기』 책자와 정부의 『2009 통일교육 지침서』 발간을 '정치적 도발'로 간주하고 강하게 반발했다. 북한 노동당 기관지인 노동신문은 이날 보도에서 "최근 남조선 통일부는 우리 공화국을 악랄하게 헐뜯는 『2009 통일교육 지침서』를 초 · 중 · 고등학교에 내리먹이고 민주평통은 북남공동 선언의 역사적 의의를 깎아내린 책자를 발간했다"며 "이는 북남관계를 돌이킬 수 없는 적대관계로 몰아가기 위한 극악한 반통일 망동"이라고 비판했다(뉴시스, 2009년 8월 3일자).

평화번영정책과 상생 · 공영 정책 간의 차이에 따라 학교 통일교육 현장은 상당한 혼란을 겪을 수밖에 없었다. 특히 통일교육에서 평화보다는 국가 안보를 중시하는 입장으로 변함에 따라 통일교육에 대한 평화교육적 접근은 상당한 타격을 받게 되었다. 그러나 참여정부와 실용정부 간의 통일정책 및 통일교육관의 차이에도 불구하고 이 시기에는 한 가지 공통된 흐름이 형성되었는데, 그것은 바로 우리 사회의 다문화 추세에 대한 공통된 관심사였다. 1990년대 이후 지속적으로 증가해 온 외국인 근로자와 유학생, 결혼 이주자, 북한 이탈 주민, 그리고 성적 소수자 집단들의 정체에 대한 인정 요구가 한국 사회에서 지속적으로 제기되었기 때문이다(송재룡, 2009, 85). 정부 차원에서 외국인 문제의 위상이 2005년 대통령 지시 과제로 격상된 이후로(김영옥, 2007, 133) 사회통합을 위한 다양한 다문화 정책이 줄을 잇게 되었다. 두 정부 시기에 우리 사회의 제일 중요한 화두는 '다문화' 였다고 해도 과언이 아니다.

다문화 현상에 대한 폭발적 열기와 관심은 통일교육 분야에서도 결코 예외가 아니었다. 통일교육에 관심을 가진 학자들은 참여정부와 실용정부 간의 통일교육관 차이 속에서 생기는 혼란을 극소화하기 방안의 일환으로 다문화 교육 접근을 통일교육의 새 방향으로 설정하고자 하는 시도를 보였다(곽준혁, 2007 ; 양영자, 2007 ; 오기성, 2008 ; 김창근, 2009 ; 추병완, 2009 ; 이경희, 2010). 상이한 이념과 체제를 기초로 구축되어 온 삶의 양식이나 문화에 대해 관심을 두어야 하며, 다름을 이해하고 인정하는 기초 위에서 삶의 통일을 생각해야 한다는 측면에서 다문화 교육적 접근의 필요성이 제기된 것이다.

이에 따라 학교 통일교육은 오랜 기간 서로 다른 이념과 체제에서 형성된 상이한 문화와 이질적 배경을 가진 사람들에게 서로 공존하는 데 필요한 다문화 역량을 키워주는 교육을 강조해야 한다는 점이 부각되었다. 즉 자신의 문화를 기초로 다른 사회와 문화를 재단할 것이 아니라, 다름을 이해하고 공존의 관점에서 바라보는 다문화 이해의 관점을 통하여 북한 사회와 통일문제를 이해시키는 교육이 필요하다는 주장이 제기되었다(오기성, 2008, 137).

2. 다문화 사회의 통일교육적 요구

어느 날 갑자기 다문화 사회가 되어 버린 대한민국은 “자고 일어나니 유명해졌다”라는 영국 시인 바이런(Baron Byron)의 말을 가장 실감나게 한다. 1990년 약 5만 명에 불과했던 국내 체류 외국인이 2010년에는 120여 만 명 이상으로 크게 증가했다(삼성경제연구소, 2010, 1). 우리가 다문화 현상에 대해 깊이 생각하기도 전에 벌써 UN은 한국이 인구부족 현상으로 2050년까지 1천200만 명의 이민자를 받아들이게 될 것이며,

그렇게 되면 이민자와 그 자녀들은 한국 전체 인구의 21.3%에 달할 것이라고 경고했다(이현정, 2009, 26에서 재인용). 우리의 경우 다문화 현상이 단기간에 빠른 속도로 진전되고 있어서 우리 사회는 다문화 사회에 대한 충분한 이론적 논의나 사회적 토론을 할 여유가 없이 새로운 사회통합 문제에 직면하게 되었다.

현재 우리나라에 거주하는 외국인은 전체 총인구의 2.3%에 이른다. 국제적 기준에서 볼 때 외국인의 비율이 전체 총인구의 5% 이상이 되어야 진정한 다문화 국가라고 할 수 있기에 대한민국이 다문화 국가라는 명칭을 갖기엔 아직 이른 감이 없지 않다. 2007년 기준으로 외국 태생 인구의 비율이 미국은 12.5%이며 캐나다는 20%, 호주는 24%, 독일은 8.8%, 영국은 4.5% 등이다. 이렇듯 총인구에서 외국인이 차지하는 비율이 주요 선진국 비율(10.3%)보다는 낮지만 개발도상국의 평균 수준(1.5%)보다는 높은 편이다(김용신, 2009, 13 ; 이현정, 2009, 27). 엄격하게 수치만 놓고 볼 때 대한민국은 아직은 다문화 국가가 아니다. 하지만 외국인 인구가 계속 가파르게 증가하고 있기 때문에 우리 국민이 피부로 느끼는 다문화 현상은 다른 국가들에 비해 상대적으로 훨씬 높은 편이다.

1) 다문화 사회의 기본 과제

다문화주의는 전 지구적으로 확산되고 있는 문화 다원적 현상, 곧 다양한 인종, 문화, 이념, 종교, 민족, 젠더 등과 같은 문화적 단위들의 공존현상에 대한 인식론적 및 규범적 입장이나 태도의 경향을 의미한다(송재룡, 2009, 82). 다문화주의는 민족과 인종의 다양성을 존중하고 모든 인간이 평등하게 사회참여를 할 수 있는 국가를 형성하기 위해 도입된 개념이다(현대경제연구원, 2009, 1 ; 유문무, 2010, 93). 달리 말해 다문화주의는 문화권의 배경에 따라 특정 사회의 구성원이 차별받지 않고 상호간의 존중과 공존의 방향을 모색하고자 도입된 개념이다. 이렇듯 다문화주의는 상이한 국적, 체류자격, 인종 · 문화적 배경, 성 · 계층적 귀속감 등에 관계없이 모든 인간이 인간으로서의 보편적 권리를 향유하고 각각의 특수한 삶의 방식을 존중하며 공존할 수 있는 다원주의적인 사회 · 문화 · 제도 · 정서적 인프라를 만들어내기 위한 집합적인 노력을 의미한다.

다문화주의는 한 사회 내 다양한 인종이나 민족집단들의 문화를 단일한 문화로 동화시키지 않고 문화적 다양성을 서로 인정하고 존중하면서 공존하게 하는 데 그 목적이 있다(김창근, 2009, 25). 서구 사회에서 다문화주의가 등장하게 된 원인에는 선진국의 저출산과 고령화로 인한 이주 노동자의 유입, 1960년대의 인권운동으로 인한 내국인과 소수 인종 집단의 권리의식 고양, 냉전 종식으로 지정학적 안전의 확보와 그로 인한 소수 인종 집단을 억압하거나 통제할 필요성의 감소, 자유민주주의에 대한 광범위한 합의와 지지의 존재 등이 있었다.

결국 비서구 출신 신규 이민자들의 급증으로 인한 인구학적 변화와 이들에 대한 다수 집단의 인종 편견과 차별로 인한 소수 인종 집단의 사회 부적응, 다수-소수 인종 집단 간 사회 갈등과 분열의 문제를 다문화주의라는 이념과 정책을 통해 해결하고자 하는 배경 속에서 다문화주의가 등장한 것이다(추병완, 2010, 16). 이렇듯 다문화주의는 한 국가 내부에서 다수와 소수 사이의 문화적 갈등 문제와 관련하여 소수자 문화의 인정과 공존방식을 둘러싼 정책 수립 과정에서 비롯된 것이다(문경희, 2006, 55). 최근 다문화주의는 이민, 노동력의 국제 이동, 국제결혼, 난민, 망명자, 유학생 등 다양한 인종 · 민족으로 구성된 국민국가가 등장함으로써 발생하는 불협화음을 극복하는 문화 갈등 극복 이론으로, 그리고 세계화를 촉진시키는 이론으로 각광받고 있다.

다문화주의에 이념적 근거를 두고 있는 다문화 사회는 서로 이질적인 문화가 상호 융합된 모자이크 문화를 구성하여 사회통합이 이루어지는 사회다. 달리 말해 다문화 사회는 여러 단일문화가 모여 공존하며, 서로 영향을 주면서 그 나름의 문화를 유지 · 발전시키는 사회다. 오늘날 세계적 현상이 되고 있는 다문화 사회의 유형은 크게 두 가지로 구분할 수 있다(김남국, 2005, 98).

첫째는, 유럽 국가(영국, 독일, 프랑스 등)처럼 비교적 동질적인 문화를 가졌던 전통적인 국민국가들이 식민지 경영과 산업화 과정에서 자본과 노동의 세계화를 겪게 되고, 그 결과 이주 노동자와 낯선 문화 그리고 새로운 종교의 유입과 함께 다문화 사회의 도전에 직면한 경우다.

둘째는, 국가의 출범 초기부터 다양한 인종과 문화로 구성된 이민의 나라였던 캐나다, 미국 등의 경우로서 이들은 상대적으로 다문화 사회의 도전에 익숙하지만 여전히 이들 나라에서 사회통합의 문제는 매우 심각한 수준에 있다.

단일민족과 단일문화를 강조하던 우리나라는 첫 번째 유형에 가깝지만 최근 급격하게 이루어지는 변화에 따라 점점 다양하게 분화되는 인종과 문화, 지역과 종교 등의 도전으로부터 자유롭지 못한 상황이 되었다.

다문화 사회로의 진입은 단지 인구구성의 변화만 유발하는 것이 아니라 전반적인 사회체제의 변화를 야기한다. 다문화 사회는 인력수급의 불일치 해소와 경제규모 확대에 기여하고, 사회의 다양성 · 개방성 · 창의성을 제고하는 긍정적인 효과가 있다. 하지만 다문화 사회의 부작용도 만만치 않다. 다문화 사회는 저소득층 취업경쟁 심화와 공공 지출 부담 증가, 문화 갈등의 초래, 이민자 빈곤화로 인한 사회적 범죄 증가 및 그에 따른 사회적 분열이라는 부작용도 안고 있다(삼성경제연구소, 2010, 4). 이에 우리는 다문화로 인한 편익을 극대화하고 외국인과의 공존을 통해 글로벌 시민사회를 건설해야 할 시점에 있다.

2) 사회통합 기제로서의 통일교육

다문화 사회로 진입하고 있는 한국에 부여된 국가적 과제는 다양성과 통일성을 어떻게 조화하여 국가적 차원에서의 사회통합을 이룰 것인가의 문제이다. 이제 우리는 인구구성의 현실적인 다양성을 엄연한 현실로 수용하고 변화된 상황에 적합한 사회통합의 이념과 가치를 설정해야 한다. 그리고 그러한 이념과 가치에 부합하는 국가 차원의 효율적인 다문화 정책의 추진과 더불어 국민의 다문화 역량 제고를 필요로 한다.

하지만 우리의 현실은 어떠한가? 다문화 정책이라는 이름 아래 다양한 정책과 제도, 프로그램들이 운영되고 있지만 그 어디서도 다문화를 찾기 어렵다. 우리의 다문화 정책은 무늬만 다문화이지 실제로는 모든 외국인을 한국 사람으로 만들겠다는 동화주의 발상에 불과하다(김영옥, 2007, 136 ; 이현정, 2009, 34). 우리 정부의 소수자 통합정책에도 뿌리 깊은 혈통주의 잔상이 남아 있다. 정부는 결혼 이민자와 혼혈인 등 한국인과 혈족관계가 있는 외국인에 대해서는 다문화 정책이라는 이름 하에 적극적인 사회통합 정책을 펼치면서 화교와 이주 노동자 등에 대해서는 차별 혹은 무관심의 이중적 태도를 보이고 있다(김이선, 2007, 58 ; 추병완, 2010, 29).

지금 우리의 현실을 주요국과 객관적으로 비교해 보면 우리나라의 다문화 여건은 부끄러운 수준이다. 스위스 국제경영개발원(IMD)이 발표한 '세계 경쟁력 보고서'에 따르면 한국의 외국 문화에 대한 개방도는 현저하게 낮은 수준이다. 외국 문화에 대한 개방도 항목은 2008년에 55개 대상국 중 최하위, 2009년에 57개 대상국 중 56위를 기록했다. 이민 문호도에 대한 이민법 항목에서도 2008년 55개 대상국 중 54위였으며, 2009년에는 57개 대상국 중 최하위였다. 또한 한국선진화재단의 자료에 따르면, 다문화 공생 사회와 세계 문화 표준 창출을 위한 문화적 측면의 선진화 정도 역시 낮은 것으로 나타났다. 외국 문화 개방도, 이민자 비중, 유학생 수 등을 평가한 문화적 측면의 선진화 정도에 있어서 한국은 OECD, 비OECD 40개국 중 25위에 그쳤다(현대경제연구원, 2009, 8).

국민들의 다문화 수용성 수준도 마찬가지다. 한국인들은 문화적 다양성과 이주민의 증가를 긍정적으로 인식하는 관용적 태도를 보이고 있지만 이주민을 친구나 이웃을 넘어 국민으로 받아들이는 데는 아직 소극적이고, 출신 국가에 따라 수용 태도에 있어서 차이가 나타나고 있다(윤상우 · 김상돈, 2010, 94). 한국인들은 외국인에 대한 사회적 친밀도에 있어서 비교적 관대하고 개방적인 태도를 취하고 있으며 큰 사회적 거리감을 갖고 있지 않지만, 중국인과 동남아인에 대한 친밀도가 상대적으로 낮고 미국/캐나다인, 일본인, 유럽인에 대한 친밀도가 상대적으로 높음으로써 선진국 선호의식을 갖고 있다.

한국 사회에서 인종위계와 게토화가 고착화될 경우 순혈주의가 여전히 강한 한국은 다른 나라보다 심각한 갈등양상을 초래할 것이 분명하다. 지속적으로 제기되고 있는 내국인에 의한 인권침해와 차별도 외국인과의 갈등을 야기하는 원인이다. 다문화 가정의 취약한 경제기반과 낮은 사회적 이동성도 사회적 소수자들의 불만요인으로 작용하여 갈등을 일으킬 수 있다. 이렇듯 사회적 갈등의 불씨를 안고 있는 한국 사회의 현실은 수많은 교육적 과제를 제기한다.

그렇다면 한국의 다문화 현실이 학교 통일교육에 요구하고 있는 시대적 과제는 무엇인가? 한 마디로 말해 다문화 사회는 학교 통일교육이 우선적으로 내적 사회통합에 기여할 것을 요구한다. 지금까지 우리는 통일의 대상인 북한과의 통합에만 치중하여 북한을 어떻게 이해하고 그들을 어떻게 대해야 할 것인가의 문제에 더 많은 비중을 두어 왔다. 그러다 보니 상대적으로 우리 안의 통일문제에 대한 관심은 뒷전으로 밀려날 수밖에 없었다. 학교 통일교육에서 '통일의지를 갖춘 인간'을 육성한다고 했지만 그 의지는 어디까지나 북한과의 통일을 이루고자 하는 의지에 초점이 더 맞추어져 있었다.

통일 후의 한국은 기본적으로 다문화 사회가 될 수밖에 없다(오기성, 2008, 136 ; 이경희, 2010, 157). 통일한국에서는 이질적인 정치·경제·사회·문화 체제와 가치관, 생활양식 등이 혼재된 상태가 독일의 경우에서 볼 수 있었던 바와 같이 상당 기간 존속할 것이다. 이러한 다양성 속에서 국가 정체성과 연대의식을 조장하여 다양성 안의 통일성에 근거한 국가의 성장동력을 어떻게 만들어낼 수 있느냐가 통일한국의 가장 큰 과제가 될 것은 분명하다.

이렇게 볼 때 최근 한국 사회의 다문화 추세는 학교 통일교육이 이제 우리 안의 통일을 이룩하는 문제에 대해 보다 적극적인 관심을 기울여야 한다는 사실을 시사해 준다. 왜냐하면 통일국가 형성 이전에 우리 안에서 다양성과 통일성의 조화를 이루는 훈련을 하게 하는 것은 통일 이후에 우리가 직면하게 될 문제들에 대한 면역력을 갖게 만들기 때문이다.

한국 사회의 다문화 추세는 우리에게 통일을 '과정'으로 보려는 유연한 자세를 견지할 것을 요구한다. 이에 우리는 갈등의 평화적 해결, 존중과 관용에 근거한 사회통합, 편견과 차별의 극복 등이 바로 통일의 한 과정임을 인정해야 한다. 성급하게 1민족 1국가 체제를 만드는 것에만 치중하게 되면 어떤 이념과 체제로 통일하는 것이 바람직한 것인가에 대한 논의가 주류를 이루게 된다. 그렇게 되면 현실적으로 어느 한쪽의 일방적인 논리에 바탕을 둔 통일이 될 수밖에 없으며, 그 사회의 기존 이념과 가치관이 주도권을 갖게 되어 다른 한쪽은 수동적인 동화의 대상이 되어버리고 만다. 동시에 주도권을 가진 사회의 내적 모순구조는 은폐되기가 쉬어진다(추병완, 2007, 33).

'과정'으로서의 통일을 중시하는 통일교육에서는 '하나가 되는 것'에 얽매이지 않고, 우선 남북한이 오랜 분단체제 속에서 고착된 전쟁의 위협에서 벗어나 서로 공존 공영하는 방법을 강조하게 된다. 즉 통일정책이나 북한 체제 비판에 초점을 맞추었던 통일교육에서 탈피하여 분단으로 인한 피해의 자각을 통하여 평화통일의 필요성과 중요성을 깨닫게 하고, 냉전적인 분단의식을 극복하려는 자세와 태도를 형성시키는데 초점을 맞추게 된다. 또한 차별과 억압, 불평등 같은 우리 사회 내부의 구조적 모순을 타파함으로써 우리 사회 구성원들이 모두 인간다운 삶을 영위할 수 있는 조건의 창조를 강조하게 된다. 특히 우리 사회 내부에서 평화를 만들어 가려는 의식과 능력의 제고는 통일을 만들어 가는 과정에서 일어날지도 모를 한반도 전체의 사회 · 심리적 갈등 및 부조화를 해결할 수 있는 능력으로 연결될 수 있다는 점을 중시해야 한다(추병완, 2007, 34).

이제 우리는 다문화 사회를 살아가는 다문화 시민의 양성이라는 차원에서 포괄적인 학교 통일교육의 목표와 비전을 새롭게 모색해야 한다. 또한 이와 더불어 타인종 · 민족에 대한 뿌리 깊은 편견과 배타적인 태도를 비판적으로 성찰해 보고 문화적 다양성을 인정하고 존중하는 가운데 공존 공영할 수 있는 삶의 역량을 갖춘 시민을 양성하는 일에 역점을 두어야 한다. 인종, 민족, 사회계급, 젠더, 장애 등에 근거한 억압과 사회구조적 불평등을 해결하기 위해 적극적으로 사회에 참여하는 시민을 육성하는 일에 나서야 한다. 달리 말해 학교 통일교육은 기존의 법과 관습을 준수하는 것에 머물지 않고 민주적이고 정의로운 사회를 위해 적극적으로 행동하는 변혁적 시민을 양성해야 한다(추병완, 2010, 112).

3. 다문화 사회에서 학교 통일교육의 과제

다문화 사회는 학교 통일교육이 '우리 안의 통일'의 중요성을 강조하고, 통일을 결과가 아닌 '과정'으로 보는 유연성을 가질 것을 요구한다. 학교 통일교육이 이러한 방향에 부합하기 위해서는 어떻게 해야 할까?

우리 안의 외국인을 한국 사회에 동화시켜 사회통합을 이루려는 동화주의 발상이 대한민국의 미래를 위해 결코 바람직한 사회통합 방식이 아니듯이 통일 이후 북한 주민을 남한 사회에 동화시켜 사회통합을 이루려는 발상도 바람직하지 못하다. 남북한의 사회통합은 어느 한쪽이 다른 한쪽의 이념 · 문화 · 가치관 · 행동양식을 수용하여 완전하게 동화되는 방식이 되어서는 안 된다. '우리 안의 통일'이 다문화적 사회통합 방식이 되어야 하듯이 남북한의 통일도 다문화적 사회통합을 이루는 방식으로 전개되어야 한다. 즉 한 사회를 구성하는 이질적인 집단들이 다양성 존중과 상호주의 원리에 의해 통일된 하나의 새로운 공동체를 형성해 나가는 다문화적 사회통합 방식이 통일국가에서도 그대로 견지되어야 한다.

다문화 사회에서 학교 통일교육은 학생들이 이러한 원칙을 이해하고 그러한 원칙을 구현하는 행동양식을 체계적 · 지속적으로 학습할 수 있도록 해주어야 한다. 이에 다문화 사회에서 학교 통일교육이 새롭게 역점을 두어야 할 사항을 제시하고 정당화하면 다음과 같다. 여기서는 학교 통일교육이 학교생활의 모든 측면을 통해 실시되어야 하는 기본교육(basic education)임을 고려하여 학교 통일교육의 새 활로를 탐색하여 정당화하고자 한다.

1) 열린 민족주의 의식을 강조하는 통일교육

다문화 사회에서 학교 통일교육은 그 이념적 기초로서의 민족주의에 대한 새로운 관점의 정립을 요구한다. 남북한의 민족주의는 남북 분단과 그 산물로 형성된 냉전문화로 인해 민족 구성원의 통합과 발전을 위한 논리가 되지 못하고 정권의 정당화 논리로 변질되어 활용되어 왔다. 그 결과 남한의 민족주의는 민족 구성원 상호간의 동질성 확보에 실패했고, 북한의 민족주의는 민족 구성원의 내적 자율성 확보에 실패했다(김국현, 2004, 257).

통일은 분단된 민족의 재통합을 의미하는 것이기에 상당 부분 민족주의에 기초하지 않을 수 없다. 민족주의는 남한과 북한을 통일하여 새로운 민족 공동체를 만드는 데 있어서 강력한 응집력을 발휘할 수 있기에 여전히 유효한 개념이다. 그러나 민족주의가 배타적 · 폐쇄적 성격을 가질 경우 나치즘과 파시즘의 경우처럼 심각한 문제를 초래할 수도 있다. 민족주의가 사회 갈등을 해소하고 사회통합 원리의 기반으로 작용하려면 폐쇄적이고 배타적인 것이 아니라 공존 · 공영을 추구하는 민주적이고 상호적인 가치가 되어야 한다(추병완, 2007, 46).

따라서 다문화 시대에 있어서 학교 통일교육은 그 이념적 기초를 열린 민족주의에 두어야 한다(김창근, 2009, 42 ; 추병완, 2010, 112). 여기서 '열린'의 진정한 의미는 자기를 지키며 타인에게 문을 여는 것이며, 자민족 중심의 배타성과 폐쇄성을 버리는 것이다(김창근, 2009, 42). 따라서 우리가 지향하는 열린 민족주의는 민족 구성원 모두에게 자유, 민주적 참여, 그리고 균등한 복지를 보장하는 통일국가의 형성을 목표로 한다. 닫힌 민족주의는 폐쇄적이며, 다른 민족을 평등하게 대하지 않는 특성을 갖는다. 더 나아가 닫힌 민족주의는 다른 민족과는 본질적으로 구별되는 민족정신이나 민족문화의 불변적 원형을 강조하고 민족 그 자체를 최고의 가치로서 주장한다. 이와는 달리 열린 민족주의는 다른 민족과의 평등한 공존을 추구하며, 여러 민족들이 함께 추구하는 인류 보편적 가치와 하나의 세계를 만들어 가는 세계주의를 지향한다.

그러므로 우리 사회의 급격한 다문화 추세에 부응하는 학교 통일교육이 되기 위해서는 민족의 개념 정의에 있어서 혈통을 중시하는 기존의 태도를 완화하고 한국어, 한국의 역사와 문화 전통에 대한 이해, 한

민족과 국가에 대한 소속감 등과 같은 문화적 요소를 중심으로 민족 개념을 재정의해 나갈 필요가 있다. 또한 우리는 통일의 당위성을 민족 공동체 의식에서 찾아왔으나 이제 우리는 그 민족 공동체를 배타적으로 하나의 핏줄에 근거한 것이라기보다는 정치 공동체에서 개별 시민들이 누리는 권리와 의무의 총체로서의 시민권 개념에 근거한 것으로 파악하는 열린 자세를 가져야 한다(추병완, 2010, 112).

열린 민족주의에 기반을 둔 학교 통일교육은 개방성과 포용성, 연대성과 유대감을 갖추고 북한 주민과 외국인, 북한 문화와 외국 문화를 존중하며 문화적 차이에 대한 관용성을 증진해 나갈 것을 강조한다. 또한 다름을 배제의 조건이 아닌 소통의 통로로 삼으려는 적극적인 자세를 지닐 것을 강조한다. 열린 민족주의에 기반을 둔 학교 통일교육은 다양성을 수용하면서도 전체로서의 조화를 이룰 수 있기 위해 필요한 사랑과 관용, 절제의 자세를 갖추도록 할 것을 요구하며, 동시에 세계 시민사회가 요구하는 보편적 규범을 수용하여 실천할 것을 중시한다.

2) 다문화 시민성을 강조하는 통일교육

시민성 개념은 시민으로서 갖추어야 할 품성으로 원래 국민국가가 대중적인 애국심과 보편적인 규범, 그리고 국가에 대한 의무와 충성을 조장하기 위해 등장했다. 그러나 최근에 시민성 개념은 정치적 의미뿐만 아니라 사회 · 문화적 관점에서 연구되고, 국가적 통일성을 위한 수단이 아니라 시민사회에서 시민의 사회적 권리를 되찾기 위한 관점으로 접근되고 있다.

오늘날 대부분의 학자들은 다문화 사회의 구성원들에게 요구되는 시민성을 일컬어 다문화 시민성이라고 부른다(추병완, 2010, 29). 다문화 시민성은 자신의 민족적 · 문화적 공동체와 국민문화(national civic culture) 양자에 대한 헌신을 유지하려는 시민의 권리와 욕구를 인정하고 정당화하는 개념이다(김용신, 2009, 26). 다문화 시민성을 갖춘 사람은 자신이 속한 특정 인종 · 사회 · 문화 집단의 권리 향상과 더불어 전체 사회의 향상과 발전을 위해 기꺼이 헌신하는 사람이다. 즉 다문화 시민성을 갖춘 사람은 자신이 속한 인종 · 민족 · 문화에 대한 헌신뿐만 아니라 자유, 정의, 평등과 같은 국가의 보편적 이상을 존중하고, 이 이상을 유지하고 보존하는 데 헌신하며, 사회적 · 인종적 · 문화적 · 경제적 불평등처럼 민주적 이상을 저해하는 현실과 이상과의 간극을 줄이는 데 기여하기 위해 행동하려는 의지와 능력을 가지고 있다. 달리 말해 다문화 시민성이란 자신이 속해 있는 문화에 대한 소속감 및 충성심 계발과 더불어 국가의 공통 문화를 창출하고 그에 헌신할 수 있는 시민의 자질을 말한다.

뱅크스에 의하면(모경환 외 3인, 2008, 38), 문화적 애착심이 부재하는 시민보다는 소속 공동체의 문화, 언어, 가치에 명료하고 사려 깊은 애착심을 지니고 있는 시민이 국가에 대한 반성적 정체성을 형성할 가능성이 더 높다고 한다. 또한 국제 공동체에서도 유능한 시민으로서 제 역할을 더 잘 수행할 수 있다고 한다.

그러므로 다문화 사회의 학교 통일교육에서는 학생들이 문화 공동체, 국민국가, 그리고 지구 공동체에 대하여 균형 있고 사려 깊은 애착심과 일체감을 발달시킬 수 있는 방안을 모색해야 한다. 우리가 학생들로 하여금 문화적으로 다양한 미래 사회와 세계에서 활동하는 데 필요한 지식과 개념을 획득하도록 돕지 못한다면 강한 다문화 민주국가로서의 대한민국의 앞날을 보장받기 어려울 것이기 때문이다.

3) 다문화 역량 계발을 강조하는 통일교육

다문화 사회의 구성원들이 문화적 다양성을 존중하면서 살아가는 데 필요한 기초 역량을 일컬어 다문화 역량이라고 한다. 다문화 사회가 궁극적으로 지향해야 할 바는 일상을 살아가는 시민들이 생활 속에서 대면하는 민족적 · 문화적 배경의 주체들과 소통하면서 생산적 시너지를 구현해 가는 데 있다. 그러므로 다문화 사회에서의 학교 통일교육은 학생들의 다문화 역량을 함양시켜 주어야 한다.

학교 통일교육의 목표로서 다문화 역량이란 구체적으로 무엇을 의미하는가? 다문화 역량은 다문화 지식(자신의 문화와는 상이한 문화들에 대한 이해), 다문화 기능(자신과는 상이한 문화적 배경을 가진 사람들과 효과적이고 의미 있는 상호작용에 관여하는 데 사용되는 기능), 다문화 인식(인간의 태도, 신념, 가치, 가정이 자신과는 문화적으로 상이한 사람들과 상호작용하는 방식에 어떻게 영향을 미치는가를 인식하는 것)을 갖춘 것을 의미한다(추병완, 2010, 113).

포프(Pope)와 레이놀드(Reynold)는 다문화 역량의 하위 요소들을 보다 상세하게 설명한 바 있다. 먼저 인식은 구체적으로 "차이는 소중하고 가치 있는 것이며, 차이에 대한 학습은 필수적이며 보상적이라는 신념, 변화에 대한 개방성 및 변화는 필수적이라는 신념, 자신에 대한 인식 및 자기 인식이 타인에 대해 미치는 영향에 대한 인식"을 의미한다. 지식은 구체적으로 "다양한 문화와 억압받고 있는 집단에 대한 지식, 개인적 가치와 행동을 위한 변화가 어떻게 일어나는가에 대한 지식, 집단 내 차이에 대한 지식 그리고 다중 정체성 및 다중 압제에 대한 이해"를 의미한다. 끝으로 기능 혹은 능력은 구체적으로 "문화적 차이와 쟁점을 확인하고 공개적으로 담론할 수 있는 능력, 자신과는 문화적으로 상이한 사람들을 공감하고 진정으로 연결할 수 있는 능력, 자신과는 문화적으로 상이한 사람들에 대한 존중과 신뢰를 갖는 능력"을 의미한다(Pope & Reynold, 1997, 271). 이렇게 볼 때 다문화 역량은 다문화 사회에서 더불어 살아가는 데 필요한 지식, 기능, 태도, 능력을 의미한다.

그러므로 우리는 학교 통일교육을 통하여 학생들이 다문화 역량을 갖출 수 있도록 해주어야 한다. 특히 학생들이 학교 통일교육을 통해 자신만의 가정 · 가치 · 편견에 대해 인식하는 것, 문화적으로 상이한 사람들의 생활방식과 세계관을 이해하고 존중하는 것, 차별과 문화적 억압에 대한 적절한 개입전략과 기법을 계발하는 것을 경험할 수 있게 해주어야 한다.

한편 다문화 역량이라는 관점은 학생들이 우리 사회의 소수집단 이주자들 및 통일의 대상인 북한 주민들을 바라보는 데 있어서 시각의 대전환을 요구한다. 다문화 역량을 갖춘 학생들은 사회적 소수 집단이나 북한 주민들을 더 이상 도움이 필요한 수동적이고 무력한 정책 대상으로 보는 것이 아니라, 우리와는 다른 문화적 역량을 가진 문화 매개자로 볼 수 있게 된다. 따라서 우리 사회의 이주민 혹은 북한 주민들을 '기대되는 참여자', '소홀히 취급된 창조적 자본', '문화적 교량 건설자'로 보게 된다. 나아가 다문화 역량을 갖춘 학생은 뱅크스(Banks, 2006, 142)가 지적한 바와 같이 인류의 보편적 · 윤리적 가치와 원리를 내면화하여 국가 내 하위 문화들만이 아니라 세계 여러 나라의 다양한 문화들에 대해 반성적이면서도 긍정적으로 이해하는 문화적 정체성을 갖추게 된다.

4) 세계 시민의식을 계발하는 통일교육

베넷(Bennett, 2007, 12)에 의하면 다문화 교육의 핵심적 가치는 문화적 다양성의 수용과 인정, 인간의 존엄성과 인권에 대한 존중, 세계 공동체에 대한 책임, 지구에 대한 존중이다. 여기서 네 번째 핵심 가치인 지구 존중은 지구상에 존재하는 모든 것들은 상호 의존적인 관계를 맺고 있다는 철학에 근거한 것이다. 즉 생태계나 자연계 속에는 균형과 조화가 유지되어 있고 그 안에서 모든 생명체들은 관련을 맺고 있기 때문에 사람들은 자신의 행동이 다른 존재에게 영향을 미칠 수 있다는 사실을 항상 염두에 두어야 한다. 이를 위해 우리는 우선 배려와 동정심을 가진 사람이 되어야 하며, 타인에게 피해를 주지 않는 범위 내에서 자신을 위하는 윤리 공동체를 구축해 나가야 한다.

이렇듯 오늘날 우리는 세계 시민사회 속에 살고 있다. 여기서 세계 시민사회는 시민사회의 세계적 확장으로서 국가 경계를 뛰어넘는 새로운 집합적 정체성을 의미한다(김창근, 2009, 42). 오늘날 세계가 안고 있는 문제점의 해결을 위해서는 학교 통일교육 분야에서 세계 시민성(global citizenship)의 함양이 절실하게 요구된다. 세계 시민성은 우리가 지구촌의 시민임을 인식하고 지구 자체 및 서로에 대한 책임을 인정하는 것을 훨씬 넘어서서 지구촌의 불평등과 부정의에 맞설 필요성을 이해하고, 그것을 위해 적극적으로 행동하려는 능력과 열망을 소유할 것을 요구한다. 세계 시민성은 지구를 소중하고 유일한 것으로 가치평가하고, 우리에게 도래할 미래를 보호하는 것이다. 세계 시민성은 일종의 사고 양식 · 행위 양식인 동시에 우리가 차이를 만들어낼 수 있다는 신념, 즉 삶에 대한 하나의 긍정적 전망이다.

우리의 통일문제는 단순한 민족문제가 아니라 국제문제의 성격도 갖는다. 우리에게 있어서 통일은 단순히 분열된 민족의 재통합을 의미하는 것이 아니라 세계 평화를 구현하는 구체적인 실천이다. 그러므로 최근 논란이 되고 있는 북핵문제는 단순히 남북한 간의 문제가 아니라, 세계 평화를 위협할 수 있는 글로벌 이슈이다. 특히 전쟁, 생태위기, 기아, 폭력과 테러 등 수많은 글로벌 이슈들이 인류의 삶을 심각하게 위협하는 현실에서 우리가 세계 시민으로서 참여의식을 가지고 지구적 문제를 해결하려는 적극적인 자세를 보이지 않는다면 결국 인류의 생존 자체가 위협을 받게 된다.

이에 우리는 학교 통일교육을 통해 학생들이 지구의 현 상태와 전 세계적으로 나타나는 역동성을 올바르게 이해하고, 통일의 과정과 통일 이후의 삶에 있어서 세계 시민으로서의 바람직한 생활양식을 실천할 수 있도록 해주어야 한다. 학교 통일교육은 학생들이 지구상의 모든 다양한 삶의 양식에 대한 존중과 외경을 갖도록 해주어야 한다. 하지만 단순한 관용만으로는 충분하지 못하며, 적절한 소통기능과 모든 인류의 상호 연관성에 대한 진정한 이해를 학습하도록 해주어야 한다. 나아가 세계를 더욱 지속 가능한 장소로 만들기 위해 기꺼이 행동하려는 실천의지를 길러주어야 한다.

■ 참고문헌 ■

고정식 외 6인 공저(2004), 『통일지향 교육 패러다임 정립과 추진방안』, 서울 : 통일교육원.

국민일보, 2009년 7월 22일자.

곽준혁(2007), 다문화 공존과 사회적 통합, 『대한정치학회보』, 15(2), 23-42.

김국현(2004), 『통일교육의 새로운 패러다임』, 고양 : 인간사랑.

김남국(2005), "다문화 시대의 시민 : 한국 사회에 대한 시론", 『국제정치학보』, 45(4).

김영옥(2007), "새로운 시민들의 등장과 다문화주의 논의", 『아시아여성연구』, 46(2), 129-159.

김용신(2009), 『다문화 교육론 서설』, 파주 : 이담.

김이선 외 2인(2007), 『여성 결혼 이민자의 문화적 갈등 체험과 소통 증진을 위한 정책 과제』, 서울 : 한국여성개발원.

김창근(2009), "다문화 공존과 다문화주의 : 다문화 시민성의 모색", 『윤리연구』, 73, 21-50.

김홍수(2009), "참여정부와 이명박 정부의 통일교육의 변화와 특징 : 각 정부의 대북정책이 중등 도덕교과의 통일교육에 미치는 영향을 중심으로", 『한국민족문화』, 419-453.

뉴시스, 2009년 8월 3일자.

로동신문, 2006년 4월 27일자.

모경환 외 3인 공역(2008), 『다문화 교육 입문』, 서울 : 아카데미프레스.

문경희(2006), "한국에서 다문화주의 모색 : 국제결혼 이주여성을 중심으로", 『한국국제정치학회 하계학술대회 논문집』, 594-624.

민주노동당 논평자료, 2009년 7월 23일자.

삼성경제연구소(2010), "다문화 사회 정착과 이민정책", 『CEO Information』, 제 756호.

송재룡(2009), "다문화주의와 인정의 정치학, 그리고 그 너머 : 찰스 테일러를 중심으로", 『사회이론』, 35, 79－106.
양영자(2007), "분단－다문화 시대 교육이념으로서의 민족주의와 다문화주의의 양립 가능성 모색", 『교육과정연구』, 25(3), 23－48.
오기성(2008), "학교 통일교육의 다문화 교육적 접근", 『교육과정평가연구』, 11(2), 135－163.
유문무(2010), "다문화 사회로의 전환과 다문화 담론 모색", 『아시아연구』, 13(2), 83－109.
윤상우 · 김상돈(2010), "사회적 가치관이 한국의 다문화 수용성에 미치는 영향", 『사회과학연구』, 36(1), 91－117.
이경희(2010), "남북한 통일에 대비한 민주시민교육의 문제점과 극복방안", 『한국동북아논총』, 54, 155－183.
이현정(2009), 『우리의 미래 다문화에 달려 있다』, 서울 : 소울메이트.
조정아(2007), "통일교육의 쟁점과 과제", 『통일정책연구』, 16(2), 285－306.
추병완 외 3인 공저(2000), 『윤리학과 도덕교육 2』, 고양 : 인간사랑.
추병완(2007), 『평화지향적 통일교육의 이론과 실제』, 서울 : 통일부 통일교육원.
______(2009), "학교 통일교육에서 다문화 교육적 접근의 타당성", 『도덕윤리과교육』, 29, 21－44.
______(2010), 『다문화 도덕교육의 이론과 실제』, 서울 : 하우.
통일교육원(2006), 『통일문제 이해』, 서울 : 통일교육원.
통일부 통일교육원(2005), 『2005 통일교육 지침서(학교용)』, 서울 : 통일교육원.
______________(2009), 『2009 통일교육 지침서(학교용)』, 서울 : 통일교육원.
______________(2010), 『2009 통일교육 지침서 : 학교용』, 서울 : 통일교육원.
통일부(2003), 『참여정부의 평화통일정책』, 서울 : 통일부.
통일연구원(2008a), 『이명박 정부 대북정책은 이렇습니다』, 서울 : 통일연구원.
_________(2008b), 『이명박 정부 대북정책 비전 및 추진방향』, 서울 : 통일연구원.
한겨레신문, 2009년 7월 22일자.
현대경제연구원(2009), "국내 다문화현상의 특징과 시사점", 『경제주평』, 09－44, 통권 373호.
Banks, J. A.(2002), *An introduction to multicultural education*(3rd ed.), Boston : Allyn & Bacon.

Banks, J. A. (2007), *Educating citizens in a multicultural society* (2nd ed.), New York : Teachers College Press.

Bennett, C. I. (2007), *Comprehensive multicultural education : Theory and practice*, (6th ed.), Boston : Pearson.

Pope, R. L., & Reynold, A. L. (1997), "Student affairs core competences : Integrating multicultural awareness, knowledge, and skills", *Journal of College Student Development*, 38.

제3부

창의 · 인성 계발을 위한 도덕교육

제9장

도덕적 창의성을 위한 교육

20세기까지의 인류 역사상 가장 가치 있는 능력이 지식을 학습하고 활용할 수 있는 지능이었다면 앞으로는 새로운 지식을 만들어낼 수 있는 창의성이 가장 소중한 능력이 될 것이다. 빠르게 변화하는 세계에서는 광범위하고 복잡한 문제를 처리하는 능력이 지금보다 더 중요하게 부각될 것이기 때문이다. 특히 과학기술의 눈부신 발전은 우리를 수많은 도덕 딜레마에 직면하도록 만든다. 의학 분야의 발전만 놓고 보더라도 우리는 생명윤리와 관계된 일군의 도덕문제들을 보아왔다. 만일 누군가가 죽기를 원한다면 그가 자기 의지대로 죽을 수 있도록 도와주어야 하는가? 인간 복제는 어떤 미래를 가져올 것인가? 등의 도덕 딜레마를 보아왔다. 이러한 문제의 해결은 상당한 창의적 아이디어를 필요로 한다.

창의적 문제 해결은 가능성을 확장하는 기술이다. 그것은 어떤 상황이나 과제 또는 문제를 새로운 관점에서 바라보고, 그렇게 함으로써 그 전에도 그 안에 들어 있긴 했으나 분명하지 않았던 가능성을 열어낼 줄 아는 능력이다. 그것은 다른 모든 사람에게 완전히 헤어날 수 없이 꽉 막힌 것처럼 보이는 문제 속에서 의외의 공간을 발견해내는 기술이다. 그것은 '상자 안'에 갇혀 있다는 사실을 아무도 깨닫지 못하고 있을 때 '상자 밖'에서 생각할 줄 아는 능력이다.

이에 따라 최근 우리나라에서도 지식전수 위주의 구태에서 벗어나 창의 및 인성을 갖춘 글로벌 인재양성을 위한 교육체제 구축에 여념이 없다. 이를테면 '2009 개정 교육과정'은 '하고 싶은 공부', '즐거운 학교'가 될 수 있도록 학생들의 지나친 학습 부담을 감축하고, 학생들의 참여를 유발하며, 단편적인 지식 이해 교육이 아닌 학습하는 능력을 기르고, 지나친 암기 중심 교육에서 배려와 나눔을 실천하는 창의 인재를 양성하는 교육으로의 변화를 추구하고 있다. 이에 따라 초등학교와 중학교에서는 주당 3시간, 고등학교에서는 4시간의 '창의적 체험활동'이 도입된다(교육과학기술부, 2010, 6).

하지만 도덕철학, 도덕심리학, 심지어 도덕교육 분야에서 창의성에 관한 연구는 많지 않았다. 왜 그럴까? 그 이유는 의외로 간단하다. 외견상 도덕성이 창의성과 큰 관련성이 없어 보였기 때문이다. 지금까지 많은 도덕철학자들은 올바른 형태의 도덕 판단이란 주어진 문제에 대해 도덕원리를 일관성 있게 그리고 신중하게 적용하는 것을 통해 내려져야 한다고 믿고 있었기 때문이다. 이런 전통은 윤리학 연구의 주류를 차지하였고, 이성만이 도덕 판단의 유일하면서도 적절한 토대라는 신념을 확산시켰다. 윤리학을 음악에 비유한다면 창의성은 윤리학이 연주되는 음역이 결코 아니었던 것이다.

그러한 사고의 전통은 20세기에 들어와 도덕심리학 분야에도 많은 영향을 주었다. 도덕 발달 이론 가운데 가장 큰 영향력을 가졌던 인지 발달 이론은 도덕 판단의 발달이 인지 발달과 병행적인 것이라고 주장하면서 도덕 판단의 발달이 인지기능의 발달을 조건으로 한다는 사실을 분명하게 했다(추병완, 2008, 81). 이에 따라 많은 도덕심리학자들은 추론의 질이 향상됨에 따라서 도덕 판단의 질이 향상된다고 보았다.

도덕심리학자들은 누구를, 그리고 무엇을 도덕범위(moral circle)에 포함할 것인지를 결정하는 과정에 대해서도 큰 관심을 기울이지 않았다. 도덕심리학자들은 도덕 판단에 책임이 있는 '과정'에만 관심을 두었지, 판단 자체의 특정한 '내용'에 대해서는 관심을 두지 않았기 때문이다. 일례로 콜버그(Kohlberg)는 개인이 어떻게 해서 도덕적 결정을 내리고 정당화하는가를 연구하는 데에만 배타적인 관심을 두었지, 어떤 결정을 내렸는지의 문제에 대해서는 큰 관심을 두지 않았다.

피아제(Piaget)와 마찬가지로 그의 관심은 도덕 판단에 책임이 있는 인지 조작의 발달에 있었다. 우리에게 너무나도 잘 알려진 '하인즈 딜레마'에서 그는 피험자가 도덕 결정을 내리기 위해 호소하는 원리와 그 이유에만 관심을 두었다. 피험자가 약을 훔치는 것을 선호하는지의 문제는 그의 관심 대상이 아니었다. 도덕 판단의 특정한 영역을 연구했던 심리학자들, 이를테면 죄책감과 책임감 판단 혹은 간문화적 맥락에서 어떤 행동의 허용 가능성에 관한 판단을 연구했던 심리학자들도 누구를, 그리고 무엇을 도덕범위에 포함시켜야 하는지의 문제에 대해서는 큰 관심을 두지 않았기에 도덕심리학 연구에서도 창의성이 끼어들 여지는 거의 없었다.

이렇듯 도덕 판단의 토대가 이성이라는 배타적인 관점을 취하게 되면 창의성이 도덕 판단에 들어설 여지는 거의 없어 보인다. 왜냐하면 창의성은 규칙 기반적인 것이 아니라 오히려 규칙 파괴적인 속성을 가지고 있기 때문이다. 창의성은 융통성과 혁신에 관한 것이고, 창의적 사고는 유창성, 융통성, 독창성을 나타낸다. 창의성은 독창적인 해법의 활용을 특징으로 하는 문제 해결의 한 유형이다. 만약 도덕적 추론이 규칙의 엄격한 적용을 필요로 한다면 창의성은 도덕적 추론과 아무런 상관이 없다. 창의성이 도덕성과 연결되려면 도덕 판단이 덜 엄격하고, 감정적이며, 융통적인 과정이라는 것을 인정해야만 한다. 달리 말해 우리가 도덕 판단에 있어서 이성이 아닌 다른 요소들의 중요성을 강조할 때 비로소 창의성이 도덕성과 결부될 수 있는 것이다.

도덕 판단은 본질적으로 대인관계적 과정(interpersonal process)이다. 외로운 개인으로서의 도덕 행위자가 사적 성찰을 통해 자신만의 도덕관에 도달하는 것처럼 도덕 판단을 묘사해서는 안 된다. 인간은 타인과의 상호작용을 통하여 자신의 관점을 지속적으로 수정해 가는 상호 의존적이며 관계적인 존재이다. 사적 대화, 집단 토론, 단일 방향적인 소통 출처와의 접촉(예 : 설교를 듣는 것, 잡지를 읽은 것, 뉴스를 시청하는 것 등) 등과 같은 다양한 사회적 상호작용을 통해서도 도덕규범들이 종종 확산될 수 있다. 이러한 통찰은 도덕 판단에 대한 우리의 이해를 태도, 설득, 집단 영향력에 대한 사회심리학적 연구에서 광범위하게 전거를 보여주었던 '과정'과 연결시켜 준다.

그러므로 우리가 일상적인 도덕 판단을 내림에 있어서 가장 큰 영향력을 지닌 사람들, 즉 도덕 질서의 수호자들은 판사나 철학자 혹은 도덕적 추론을 업으로 삼는 윤리학자들만이 아니라는 사실을 알게 된다. 오히려 진정한 도덕의 수호자는 새로운 방식에서 사물을 바라보는 재능을 가진 창의적인 사람들일 수 있다. 윤리적 규범들이 정책에 영향을 미치고 법원의 판결이 개인의 특정한 행동을 처벌한다고 할지라도 개인의 일상 도덕에 영향을 미치는 것은 바로 창의적 소통인 것이다.

우리가 이러한 관점을 취하게 되면 도덕과 수업에서 도덕원리의 적용을 통한 도덕 판단력의 증진이 중요한 만큼 학생들의 창의적 사고력을 길러주는 것이 중요하다는 사실에 접하게 된다. 이에 여기에서는 도덕과 수업에서 학생들의 창의적 사고력을 계발하기 위한 구체적인 방법을 탐색하고자 한다. 이를 위해 여기서는 도덕과 수업에서 창의적 사고기법의 구체적인 활용방안을 제시하고자 한다.

1. 도덕적 창의성의 이해

1) 창의성의 개념 및 연구동향

일반적으로 창의성은 "새로운 생각이나 개념을 찾아내거나 기존에 있던 생각이나 개념들을 새롭게 조합해내는 것과 연관된 정신적이고 사회적인 과정"을 의미한다(권정은, 2010, 8). 학문적 의미에서 창의성은 "개인이나 집단의 능력과 성향이 창의적 과정을 거쳐 특정 사회적 맥락 속에서 새롭고 유용한 산출물을 생성하는 것"이라고 정의된다(조연순 · 성진숙 · 이혜주, 2008, 41). 창의성에 대한 과학적인 연구는 1950년에 이르러서야 이루어지기 시작했다. 초기에는 창의적인 사람의 사고과정이나 특성과 같은 특정 부분에 초점을 맞추어 정의했으나 최근에는 사람, 과정, 산출물 및 환경과 같은 여러 측면들을 모두 고려해 창의성을 개념화하고 있다.

창의성 이론의 네 가지 접근 가운데 인지적 접근은 인지적 능력이나 사고과정을 밝히고자 하는 이론이다. 인지적 접근의 하나인 심리 측정적 접근에서는 확산적 사고가 새로운 아이디어를 생성하는 데 기여한다고 보았고, 창의적 인지 접근에서는 아이디어 생성과정, 평가과정 및 정교화 과정과 이에 수반되는 여러 요소들(예 : 정보 검색, 연합, 평가, 수정 및 정교화 등)의 작용을 통해 창의적 사고가 이루어진다고 제안했으며, 인공지능 접근에서는 컴퓨터를 이용한 창의적인 사고과정에 대해 연구했다.

성격 특성 및 동기적 접근의 하나인 성격 이론에서는 창의적인 사람들은 자율성, 광범위한 관심, 독립성, 개방성, 모험심과 같은 성격 특성을 갖는다고 했다. 또한 동기 이론에서는 외적 보상이나 타인의 인정보다는 일에 대한 내적 동기가 창의성과 관련이 있다고 보았다.

사회심리학적 접근에서는 환경의 역할에 주목해 사회적 · 문화적 수준에서의 다양한 환경변인들, 분야와 영역 및 과제 수행 조건들이 창의적 수행에 영향을 미친다고 설명했다.

통합적 접근에서는 창의성을 다양한 요소들로 이루어진 복합적 · 다면적 개념으로 정의하고, 창의성이 발현되기 위해서는 창의성을 구현하는 인지적 · 정의적 · 환경적 요소들이 함께 수렴되어야 한다고 주장한다(조연순 · 성진숙 · 이혜주, 2008, 84-85). 창의성의 인지적 측면은 지적 능력, 지식 및 인지 유형으로 나누어 볼 수 있다. 창의적 사고과정에는 새롭고 독창적인 아이디어를 생성하는 과정은 물론 생성된 아이디어들 중에서 최선의 아이디어를 선택하는 과정도 수반되므로 확산적 사고와 수렴적 사고가 모두 창의적인 아이디어를 생각해내는 데 필요한 지적 능력들이다. 창의적인 아이디어를 생각해내려면 특정 분야에 대한 충분한 지식이 꼭 필요하지만, 지나치게 특정 영역의 지식에 의존하면 기존 시각에서 벗어나 새로운 방식으로 문제에 접근하는 것을 방해받을 수도 있다. 또한 정보를 처리하고 문제를 해결하는 등 자신의 능력을 이용하는 방식에 대한 선호경향인 인지유형도 고려해야 할 인지적 요소 중의 하나이다.

정의적 측면에서 동기는 여러 인지적 요소들을 사용하게 하는 추진력을 제공하는 중요한 정의적 하위 요소다. 창의적 성취를 위해서는 외적인 보상보다는 자신이 하는 일 그 자체를 사랑하는 내적 동기유발이 중요하지만 자신이 성취한 것에 대한 인정과 보상을 받기를 원하는 외적 동기도 도움이 된다. 또한 여러 분야에서 창의성을 발현하기 위해서는 심미적 특성에 관한 관심, 광범위한 흥미, 과제 집착력, 넘치는 활동 에너지, 판단의 독립성, 자율성, 통찰력, 자신감, 개방성, 인내심, 모험심 등과 같은 성격 특성들이 필요하다.

환경적 측면을 구성하는 하위 요소로서 가정과 학교는 창의적인 아이디어를 자극하고, 아동들이 제시한 아이디어를 격려해 주며, 창의적인 행동에 적절히 보상함으로써 창의성에 긍정적인 영향을 미친다. 사회도 창의성을 정의 · 평가 · 인정하는 역할을 통해 창의성에 영향을 준다. 문화에 따라서도 창의성의 독창성 측면이 강조되기도 하고 적절성 측면이 강조되기도 한다. 창의적 산출물은 또한 역사적으로 특정 시기나 시대적 특성을 반영하기도 한다. 결국 창의적인 수행을 위해서는 이러한 인지적 · 정의적 · 환경적 측면의 요소들이 모두 필요하며, 이 요소들이 함께 결합될 때 높은 수준의 창의성을 발휘할 수 있다.

2) 도덕적 창의성의 개념 및 중요성

본래 창의성은 새로운 시각에서 통찰력과 융통성 있는 사고와 발상으로 가치 있는 아이디어와 산출물을 생산하는 능력을 의미한다. 모든 창의성이 의미 있는 혁신이나 가치 있는 새로움을 함축하고 있듯이 도덕적 창의성이란 도덕적 관심과 목적에 의해 동기화되어 도덕적으로 가치가 있는 새로움을 발견하는 능력을 의미한다(Martin, 2006, 423). 도덕적 창의성은 새로운 도덕적 가능성을 발견하는 것, 특정 상황에서 갈등하고 있는 가치들을 통합하기 위한 가치 있는 새로운 방식을 찾아내는 것, 딜레마 상황에서 도덕적 가치들의 우선순위를 찾아낼 수 있는 것, 도덕적으로 관련된 사실들을 현저하게 만드는 것, 도덕적 이슈의 중요성을 인식할 수 있도록 타인을 고무시키는 것 등을 포함한다(Martin, 2006, 423). 또한 도덕적 창의성은 영점(scratch)으로부터 덕을 고안해내는 것을 의미하는 것이 아니라, 기본적인 도덕 가치에 근거한 새로운 아이디어를 고안해내는 것을 의미한다. 또한 도덕적 창의성은 그러한 아이디어와 통찰에 입각하여 행동하는 것을 의미한다.

신선한 아이디어와 혁신적 행동은 도덕적 리더십의 한 측면이며, 우리가 집단의 성원으로서 어려운 문제들을 다룰 때 충분히 보여줄 수 있는 것이다. 특히 오늘날과 같은 기술혁신의 시대에서는 도덕 이상을 변화하는 모호한 상황에 적합하게 만들 수 있는 도덕적 창의성이 절대적으로 요구된다(Runco & Nemiro, 2006, 92).

도덕적 창의성을 발휘하려면 우리가 직면하는 도덕문제를 곤란이 아닌 기회로 파악하는 자세가 요구된다. 일상생활의 측면에서든 학문 분야에서든 문제는 기회로서의 의미를 갖는다. 상식적인 입장에서 본다면 문제는 부정적인 것으로, 기회는 긍정적인 것으로 여겨지므로 문제와 기회는 상반되는 개념으로 볼 수도 있다. 그러나 문제와 기회는 상반되는 것이 아니라 상보적인 것이라고 볼 수 있다. 왜냐하면 문제를 해결하기 위해서는 문제를 재구조화 또는 변형시켜야만 하며, 그런 과정 자체가 또 다른 기회가 되기 때문이다. 즉 문제를 우리가 해야 하거나 풀어야 할 일 또는 도전이나 탐구의 기회로 받아들인다면 성장과 발전의 기회로 작용한다(이주명, 2007, 87). 이러한 관점에서 본다면 문제와 기회는 서로 호환 가능한 동일한 것인데 단지 다른 형태를 띠고 있을 뿐이다. 따라서 어려움이나 장애, 모순 또는 불일치로 표현된 문제는 개선을 위한 기회가 될 수 있다.

도덕문제를 재구성하는 방법 중 하나는 우리 앞에 놓인 도덕문제를 극복하거나 제거해야 할 난관으로서가 아니라 환영해야 할 기회로 받아들이는 것이다. 문제를 제거하려고 애쓰는 대신 문제를 어떻게 활용할 수 있느냐는 질문을 던질 수 있다. 눈앞에 놓인 문제를 문제로서가 아니라, 또는 문제로서만이 아니라 이용할 수 있는 자원 또는 그 자체를 하나의 해법으로 보는 것이다. 문제의 올바른 용도를 발견해내고 부닥친 상황을 재구성할 수 있다면 얼마든지 그렇게 할 수 있다. 방법은 아주 간단하다. 어떤 문제든 상관없다. 문제로 인한 난관의 핵심을 찾아야 한다. 핵심을 파악했으면 그것이 무엇인지를 분명하게 진술해야 한다. 그런 다음에 자신에게 이렇게 물어본다. "내가 어떻게 생각해야 이 문제가 환영할 만한 것이 될까?" 이 문제 속에 어떤 기회가 있을까? 기회가 있다면 무엇을 위한 기회일까?(이주명, 2007, 84-85).

하지만 이제껏 도덕과 수업에서 도덕적 창의성의 중요성에 대한 연구는 그리 활발하지 못했다. 도덕과 수업에서 창의성에 대한 관심은 철학적 탐구 공동체 이론, 내러티브 및 도덕적 상상력의 중요성에 대한 연구 속에서 부분적으로 다루어져 온 것에 불과했다. 특히 도덕교육에서 내러티브 교육의 중요성이 강조된 이후 도덕적 상상력의 계발을 위한 서사의 중요성이 강조되면서 상상력과 상보적 관계에 있는 창의성의 중요성이 부각되었다.

상상력이란 있을 수 있지만 존재하지 않는 실체를 머릿속으로 떠올리는 힘, 즉 심상을 형성하는 능력이며, 창의성이란 상상에 의해 머릿속에 그려진 실체를 현실에서 구체적으로 형상화하는 힘이라고 할 수 있다(최용성, 2003, 115). 따라서 상상력과 창의성은 서로의 기능을 함께 향상시켜 주는 상보적 관계에 있는 것으로 여겨져 왔다(허승희 · 박동섭 · 강승희, 1999, 22).

도덕과 수업에서 도덕적 창의성에 대한 본격적인 연구는 이미식의 연구에 의해 촉진되었다. 이미식은 창의성 및 도덕적 창의성에 대한 국내외 연구를 포괄적으로 고찰하면서 도덕적 창의성의 개념은 다음의 4가지 사항을 필요로 한다고 보았다(이미식, 2010, 55-56)

첫째, 도덕적 창의성은 창의적 성향이나 기질 혹은 성격과 관련이 있다. 창의적 성격은 구체적인 각 개인이 지닌 창의성을 나타내는 것으로, 일반적이고 광범위한 장면에 적용되는 포괄적인 성격적 특성이다. 그러나 창의적 성격의 어떤 특징은 사회에 의미 있는 성향으로 작용할 수 있지만 그렇지 않은 성향도 있다. 예를 들어 호기심, 흥미의 다양성, 개방성, 탐구심, 상상력 등과 다르게 권위에의 도전, 타인을 의식하지 않는 행동 등은 자신은 물론 사회에 비도덕적인 성향이나 기질로 발달할 수도 있다. 창의성의 이러한 측면을 창의성을 어두운 측면이라고 한다.

창의적 성격이 양극성을 가지기 때문에 도덕적으로 성숙하게 발달할 수도 있지만 그렇지 못할 가능성도 있다. 도덕적 창의성은 창의적 성격을 성숙한 인격으로 성장시키는 것과 관련된다.

둘째, 도덕적 창의성은 창의적 태도를 의미한다. 도덕적 창의성은 창의성 그 자체가 도덕적이어야 한다는 특징을 포함하고 있으며, 행위자에게 내재화되어 태도로 나타나야 한다. 그래서 도덕적 창의성은 덕 그 자체로 이해되기도 한다.

셋째, 도덕적 창의성은 사고력과 정서 그리고 실천능력을 의미한다. 과학기술이 발달하면서 전통 사회와 다르게 새로운 도덕문제가 발생하며, 그에 따라 문제 해결 방안도 독창적이고 새로워야 한다. 그러므로 도덕적 창의성은 시대의 변화 흐름에 따라 발생하는 도덕문제, 개인에게 당면한 도덕문제를 창의적으로 해결할 수 있는 사고력과 정서, 실천능력을 의미한다.

넷째, 도덕적 창의성은 도덕적 문제 해결 방식과 관련이 있다. 도덕적 창의성은 도덕적 문제를 독창적이고 새롭게, 그리고 합당성을 갖고 해결할 수 있는 능력을 의미한다.

이렇게 볼 때 도덕적 창의성은 창의적 성격이나 기질을 지닌 사람들이 의미 있는 삶을 구성하도록 하는 것을 그 목적으로 한다. 그리고 창의적 행동을 선택하거나 창의적 결과를 산출할 경우 도덕적으로 의미 있는 것을 지향하고 선택하며 실천할 수 있는 능력과 태도라고 할 수 있다. 그리고 도덕문제의 해결과정이 창의적이어야 한다는 것을 포함하고 있다.

2. 창의적 사고기법의 적용 사례

도덕적 창의성은 날로 증가하고 있는 복잡한 도덕문제들을 새롭고, 가치 있으며, 유의미한 결과를 가져올 수 있는 방식으로 문제를 해결하는 능력이다. 동시에 그것은 인간의 정신과 영혼에 위협이 될 수도 있는 창의성의 어두운 측면들을 방지하여 창의성이 인간의 복지에 진정으로 기여할 수 있도록 해준다(Runco & Nemiro, 2006, 92).

도덕과 수업에서는 학생들이 이러한 도덕적 창의성을 계발할 수 있도록 해주어야 한다. 그러나 안타깝게도 도덕적 창의성을 계발하기 위한 도덕과 수업방법에 대한 연구는 거의 전무한 실정이다. 이에 여기서는 기존에 개발된 창의적 사고기법들을 초등학교 도덕과 수업에 적용하여 도덕적 창의성을 계발할 수 있는 방안들을 모색하고자 한다.

창의성을 창의적 사고로 보는 인지적 접근에서는 창의적 사고와 관련된 인지능력이나 사고과정을 중시한다. 창의적 사고와 관련된 지적(사고) 능력의 대표적인 사례는 확산적 사고와 수렴적 사고이다. 확산적 사고가 새로운 아이디어와 가능성을 많이 생성해내는 사고인 반면, 수렴적 사고는 생성된 아이디어들을 분석 · 비교 · 선택해 문제에 대한 옳은 해결책에 도달하도록 하는 사고이다.

창의적 사고에 있어서 확산적 사고와 수렴적 사고가 중요한 이유는 다음과 같다. 먼저 확산적 사고과정을 통해 새롭고 독창적인 아이디어들을 생성한 다음에 수렴적 사고과정을 통해 생성된 아이디어들 중에서 최선의 아이디어를 선택하기 때문이다. 따라서 확산적 사고는 산출물의 독창성에, 수렴적 사고는 산출물의 적절성에 기여한다(조연순 · 성진숙 · 이혜주, 2008, 46).

이에 여기서는 창의성의 인지적 요소 중 기초적으로 필요한 확산적 사고와 수렴적 사고를 도덕과 수업을 통해 촉진시킬 수 있는 구체적 기법들의 적용 사례를 제시하고자 한다. 원래 창의적 사고기법은 범교과적으로 활용될 수 있도록 고안된 것이다. 여기서는 확산적 사고기법과 수렴적 사고기법 가운데 도덕과 수업에서 도덕적 창의성의 계발에 도움을 줄 수 있다고 여겨진 일부 기법들을 도덕과 수업에 적용하는 방안을 예시하는 데 초점을 맞추고자 한다. 이러한 기법들은 도덕적으로 새롭고 가치 있는 문제 해결 방법을 찾아내는 데 기여함으로써 도덕적 창의성의 발달에 기여할 수 있다.

1) 확산적 사고기법의 적용 사례

(1) 브레인스토밍

브레인스토밍(brainstorming)은 미국의 광고회사 BBOD의 사장인 오스본(Alex F. Osborn)이 회의에서 창의적인 아이디어를 쉽게 내기 위해 고안한 방법으로, 어떤 주제에 대해 확산적 사고를 유도하기 위한 기법이다. 이것은 집단사고를 촉진하기 위해 고안되었지만 집단 이외에도 개인적으로도 사용될 수 있으며, 특정 주제를 넘어서서 여러 종류의 주제와 문제에 대해 일상적으로 사용될 수도 있다.

브레인스토밍은 글자 그대로 '두뇌 폭풍'이 몰아치듯이 참가자 전원이 창의적 사고를 자유자재로 구사하여 다방면 · 다각도에서 문제를 집중 공격하듯이 문제해결의 아이디어를 퍼붓는 것인데, 그 모습이 마치 몰아치는 폭풍과 같으므로 이와 같은 기발한 명칭을 붙인 것이다(정문성 외 5인, 2008, 308).

브레인스토밍의 목적은 모든 권위나 고정관념을 배제하고 수용적이면서 온화한 분위기 속에서 가능한 한 많은 아이디어를 말하도록 하여 그 중에서 가장 좋은 아이디어를 찾아내려는 데 있다(조연순 · 성진숙 · 이혜주, 2008, 183-184).

브레인스토밍 실시과정에서는 다음과 같은 기본 규칙을 지키도록 한다.

○ **판단 보류**(deferment of judgment) : 다른 사람들이 어떤 아이디어를 제시하더라도 그 아이디어를 비판하지 않는다.
○ **자유 토론**(free wheeling) : 아이디어가 아무리 허황되고 비현실적으로 여겨지더라도 아이디어를 모두 표현하도록 한다.
○ **질보다 양**(quantity yield quality) : 아이디어의 질보다 양을 우선하여 일정 시간 동안 가능한 한 많은 아이디어를 산출하도록 한다.
○ **결합과 개선**(combination and improvement) : 다른 사람의 아이디어를 수정하거나 확장시켜 자신의 아이디어와 결합해 새로운 아이디어를 산출하도록 한다.

이러한 규칙은 편견이나 경직된 사고에서 벗어나 더 자유롭고 개방적이며 창의적인 사고를 가능하게 해주기 위한 것이며, 진행순서는 다음과 같다(조연순 · 성진숙 · 이혜주, 2008, 184-185).

① **집단 구성하기** : 브레인스토밍의 주제에 따라 적절한 인원(대체로 5-10명)으로 집단을 구성하고 서로 잘 바라볼 수 있도록 자리를 배치

한다.

② **집단의 리더와 기록자 정하기** : 브레인스토밍의 규칙에 대해 이미 숙지하고 있어서 활동의 진행을 원활하게 이끌어 나갈 수 있는 리더를 정하고, 집단의 구성원들이 낸 아이디어를 모두 간단명료하게 기록할 수 있는 기록자를 정한다.

③ **워밍업하기** : 리더는 브레인스토밍의 기본 규칙과 진행방법을 집단의 구성원들에게 설명하고, 간단한 연습문제를 통해 구성원들이 기본 규칙과 진행방법을 정확히 알 수 있도록 연습한다. 리더는 구성원들이 문제에 집중하여 아이디어를 창출하도록 독려해야 하고, 브레인스토밍의 규칙이 잘 지켜지고 있는지 감독해야 한다.

④ **아이디어 산출하기** : 집단의 구성원들은 주어진 문제에 대해 되도록 많은 양의 아이디어를 산출할 수 있도록 한다. 이때 서로 상대방의 아이디어에 자신의 아이디어를 결합하거나 수정해 새로운 아이디어를 내는 것도 가능하므로 되도록 기록자는 집단의 아이디어를 빠짐 없이 기록하도록 한다. 기록자는 자신의 생각을 전혀 반영하지 말고 참가자들이 말한 내용을 그대로 기록해야 한다.

⑤ **아이디어 평가하기** : 각 집단별로 산출된 아이디어를 차례로 발표하고 다양한 방식으로 서로 평가하도록 한다.

⑥ **아이디어 선정하기** : 평가한 아이디어들 중에서 주어진 주제나 문제를 해결하기 위해 가장 실현 가능성이 높으면서도 새롭고 기발한 아이디어를 선정한다.

⑦ **문제 해결하기** : 선정된 아이디어로 주어진 주제나 문제를 해결할 수 있는 해결책을 구체화하고 정교화한다.

도덕과 수업에서 브레인스토밍은 매우 폭넓게 활용될 수 있다. 도덕과 수업에서 브레인스토밍은 수업의 도입, 전개, 정리 등 어느 단계에서나 활용이 가능한 기법이다. 이때 교사는 학생들이 심리적 위협감을 느끼지 않는 가운데 머릿속에 떠오르는 생각들을 자유롭게 표현할 수 있도록 개방적인 수업 분위기를 조성하는 것이 중요하다.

'친구 간 우정과 예절'에 대해 학습할 때 교사는 친구 간에 사이좋게 지내기 위한 방법에는 어떤 것이 있는지 브레인스토밍해 보게 함으로써 수업을 시작할 수 있다. 혹은 게임 중독과 관련한 수업을 전개할 때 교사는 "게임 중독을 예방하기 위해 우리가 지켜야 할 행동수칙에는 어떤 것이 있을까?"라는 질문을 제시할 수 있다. 또한 편견 극복을 다루는 수업에서 "우리가 다른 사람이나 집단에 대해 가지고 있는 편견에는 어떤 것이 있을까?"라는 질문 제시를 통해 편견에 대한 학생들의 다양한 사고를 유발할 수 있다.

(2) 브레인라이팅

브레인라이팅은 독일의 홀리제르(Hermann Holliger)가 창안한 방법으로 침묵을 지키며 진행하는 집단 발상 기법이다. 처음에는 6명이 참가하여 3개씩의 아이디어를 생각해 5분 이내에 기입한다는 조건을 준다는 의미에서 '6, 3, 5기법'이라고도 불렀다(조연순 · 성진숙 · 이혜주, 2008, 186-187).

브레인라이팅 기법은 아이디어 창출과정에서 침묵 속에서 개별적으로 아이디어를 창출하여 종이에 기록하고 그것을 돌려보며 아이디어를 추가해 나가는 사고기법이다. 침묵 속에서 개별적으로 아이디어를 종이에 기록하는 것은 개인의 사고능력을 최고도로 발휘할 수 있게 하며, 지배적인 개인들의 영향을 보여줄 수 있다. 또 기록한 아이디어들을 서로 돌려본 후 아이디어를 추가하게 함으로써 모든 참가자들은 서로의 아이디어를 공유할 수 있게 되며, 산출된 아이디어를 더욱 발전적으로 확장하고 개선할 수 있게 된다(오기성, 2009, 378).

이 기법을 활용할 경우 21개(가로 3개×세로 3개) 혹은 28개(가로 4개×세로 7개)의 정사각형으로 나누어진 종이를 참가자 수보다 한 장 많이 가지고 시작한다. 이 한 장은 가장 먼저 아이디어를 적은 사람이 종이를 교환할 때 가져간다. 6-8명의 참가자들은 탁자에 둘러앉아 종이를 한 장씩 받고 탁자 가운데 한 장을 둔다. 각자 윗줄에 가로로 3개(혹은 4개)의 아이디어를 적고 탁자 가운데 있는 종이와 교환한다. 가져온 종이에 있는 아이디어를 읽고 나서 3개(혹은 4개)의 아이디어를 더 적는다. 모든 종이가 다 채워질 때까지 혹은 아이디어가 더 이상 나오지 않을 때까지 계속한다. 도중에 아이디어 생성 속도가 느려지기 시작하면 앞에 나온 아이디어들을 훑어보고 새로운 방향으로 변화를 시도한다(문정화 · 하종덕, 2005, 187-188).

도덕과 수업에서 브레인라이팅을 활용하여 수업을 진행할 경우, "외국인에 대한 편견을 없애기 위해 어떻게 하면 좋을까?"라는 문제가 제시되면 학습자들은 모둠별로 각각 말없이 카드의 아이디어 A항에 문제 해결을 위한 자신의 아이디어를 적는다. 그리고 각자의 카드를 책상 가운데에 올려놓는다. 다음으로 다른 사람의 카드를 집어서 읽고 외국인에 대한 편견을 없애는 것과 관련된 또 다른 아이디어가 떠오르면 아이디어 B항에 적는다.

충분한 양의 아이디어가 나올 때까지 계속 반복할 수 있지만 수업 시간이 한정되어 있으므로 C항까지 아이디어를 제시하도록 한다. 그리

〈표 1〉 브레인라이팅을 활용하여 외국인에 대한 편견 해소방안 찾기 사례

조 이름	외국인에 대한 편견을 없애기 위해 어떻게 하면 좋을까?		
	아이디어 A	아이디어 B	아이디어 C
1	내가 외국인이라고 생각하고 행동한다.	외국인을 우리 가족처럼 생각하는 마음을 갖는다.	외국인을 차별하지 못하게 하는 법을 만든다.
2			
3			
4			
5			

가장 좋은 아이디어?	내용 :
	이유 :

고 끝으로 산출된 아이디어에 대한 평가작업을 통해 문제 해결에 가장 좋은 아이디어를 선택한다. 적합한 아이디어를 선택할 경우 가능한 학생 수준에서 실천할 수 있는 것이어야 하며, 가급적이면 실현 가능성 및 파급효과가 높은 것에 중점을 둔다.

생성된 아이디어들은 다음의 두 가지 방식으로 처리할 수 있다(문정화 · 하종덕, 2005, 188-189).

첫째, 훌륭한 아이디어에 점찍기이다. 각 구성원은 아이디어가 적힌 종이를 한 장씩 받고, 그 중 가장 훌륭한 아이디어 5개(혹은 3개)를 골라 점을 찍는다. 즉 한 장에 5개(혹은 3개)의 점을 찍는다. 점을 찍은 후에는 종이 위쪽(혹은 다른 적당한 곳)에 자기 이름 첫 글자를 적고 오른쪽

사람에게 넘긴다. 모든 종이에 참가자 전원의 이름이 적힐 때까지 계속한다. 종이를 한 군데 모아 점을 가장 많이 얻은 아이디어가 무엇인지 살펴본다.

둘째, 아이디어 분류하기이다. 종이에 적힌 아이디어를 1개씩 잘라 탁자 위에 펼쳐놓는다. 참가자들은 탁자 주위를 옮겨다니면서 같은 부류의 아이디어끼리 한 군데 모은다. 남는 것들은 제거한다. 이렇게 함으로써 새로운 아이디어나 변형된 아이디어의 생성이 촉진된다.

(3) 스캠퍼

스캠퍼는 오슨본이 제안한 동사 체크리스트를 보완하여 에벌(Bob Eberle)이 제안한 것이다(임선하, 1993, 178). 스캠퍼는 일련의 사고과정에 대한 약어로서, 특정 대상이나 특정 문제에서 출발하여 그것을 변형시키는 방법이다. 스캠퍼는 다음과 같은 실문에 해당하는 영어 단어의 첫 글자를 의미한다.

- ○ **S** : 무엇으로 대체(substitute) 할 수 있나?
- ○ **C** : 무엇을 결합(combine) 할 수 있나?
- ○ **A** : 어떻게 하면 조건이나 목적에 맞게 조절 · 적용 · 응용(adapt) 할 수 있나?
- ○ **M** : 어떻게 하면 변형(modify), 확대(magnify), 축소(minify) 할 수 있나? 색이나 모양을 어떻게 바꾸나? 보다 크거나 강하게 만들 수 있을까? 보다 작고 가볍게 만들 수 있을까?
- ○ **P** : 다른 용도(put to use) 로 사용할 수는 없는가?
- ○ **E** : 무엇을 제거(eliminate) 할 수 있나?

○ **R** : 어떻게 하면 뒤집거나(reverse) 재배열(rearrangement)할 수 있나? 어떻게 하면 형식, 순서, 구성을 바꿀 수 있나?

스캠퍼를 사용하기 위해서는 문제를 해결하는 과정을 여러 단계로 나눠 각각 스캠퍼 질문을 하여 새로운 아이디어를 산출하도록 한다. 위의 각 질문에 대한 구체적인 내용은 다음과 같다(조연순 · 성진숙 · 이혜주, 2008, 189-191).

① S : 대체하면?

기존의 시각과는 다른 각도에서의 사고를 유발하기 위해 기존의 것을 다른 것으로 대체하면 어떻게 될지에 대한 질문으로 "다른 무엇으로?", "다른 누가?", "다른 성분이라면?" 등과 같은 것들이다. 예를 들어, '종이컵'은 '컵'의 재질을 종이로 대체하여 새롭게 만들어진 것이다.

② C : 결합하면?

두 가지 이상의 것들을 결합해 새로운 것을 유발하기 위한 질문으로 "새로운 무엇과 결합시키면?", "여러 가지 목적들을 결합하면?", "아이디어들을 결합시키면?" 등과 같은 것들이다. 예를 들어 요즘 컴퓨터 프린터에는 팩스, 복사기, 스캐너 기능이 결합되어 있다.

③ A : 응용하면?

어떤 것을 다른 분야의 조건이나 목적에 맞게 응용해 볼 수 있도록 사고를 유발하는 질문으로 "이것과 비슷한 것은?", "이것에 다른 어떤 것이 적용될 수 있나?", "과거의 것과 비슷한 것은?" 등과 같은 것들이다.

예를 들어 벨크로(일명 찍찍이)는 씨앗이 옷에 달라붙는 원리를 응용해 만든 것이다.

④ M : 변형 · 확대 · 축소하면?

어떤 것의 특성이나 모양 등을 변형하거나 확대 또는 축소하며 새로운 것을 생성할 수 있도록 하는 질문으로 "이것을 약간 변형시키면?" "더 강하게 하면?", "더 간소화하면?" 등과 같은 것들이다. 예를 들어 노트북은 컴퓨터를 간소화하여 작게 만든 것이다.

⑤ P : 다른 용도로 전환하면?

다른 용도로 사용될 수 있는 가능성을 생각하도록 하는 질문으로 "다른 사용 용도는?", "수정해서 다른 데 사용 가능한가?", "맥락을 바꾸면?" 등과 같은 것들이다. 예를 들어 운행할 수 없는 버스를 이용하여 '간이식당'을 만드는 것이다.

⑥ E : 제거하면?

어떤 것의 일부분을 제거해 봄으로써 새로운 것을 생성해낼 수 있도록 하는 질문으로 "이것을 없애버리면?", "없어도 할 수 있는 것은?", "수를 줄이면?" 등과 같은 것들이다. 예를 들어 자동차의 '덮개'를 제거하여 덮개가 없는 '오픈카'를 만들었다.

⑦ R : 뒤집어보거나 재배열하면?

주어진 것의 순서나 모양 등을 거꾸로 해보거나 다시 배열해 보도록 하여 새로운 것을 생성해내도록 하는 질문으로 "거꾸로 하면?", "역할을 바꾸면?", "다른 순서로 바꾸면?", "원인과 결과를 바꾸면?" 등과 같은 것들이다. 예를 들어 마요네즈 통의 바닥과 뚜껑을 뒤집어 뚜껑이 바닥에 오도록 만들어서 마요네즈의 양이 적어져도 잘 나올 수 있도록 했다.

도덕과 수업에서 교사는 스캠퍼의 질문을 반드시 위의 순서대로 모두를 사용하는 것이 아니라 필요에 따라 적절한 질문을 선택해 사용할 수 있다. '게임 중독의 예방'에 대해 학습할 경우 교사는 다음과 같은 질문을 활용할 수 있다.

〈표 2〉 '게임 중독 예방'을 위한 스캠퍼의 예

S : **대체하면?**	일상생활에서 인터넷 게임을 다른 것으로 대체하면? • 운동장에서 축구를 한다. • 책을 읽는다. • 음악을 듣는다.
A : **응용하면?**	인터넷 게임처럼 중독성이 강한 것에는 어떤 것들이 있는가? • 술, 담배, 마약 등
E : **제거하면?**	여러분이 인터넷 게임을 하는 시간을 줄일 수 있는 방법은 무엇인가? • 시간을 정해 놓고 한다. • 타이머를 설치하여 정해진 시간이 되면 컴퓨터가 자동으로 꺼지게 한다.
P : **다른 용도로 하면?**	컴퓨터를 게임하는데 사용하지 않고 다른 용도로 사용하려면 어떻게 해야 할까? • 숙제하는 데 활용한다. • 전자 도서를 읽는다.

(4) 시네틱스

시네틱스(synetics)의 어원은 "서로 관련이 없는 요소들 간의 결합"을 의미하는 그리스어 'syneticos'에서 온 것으로 고든(Willian Gordon)이 창안한 기법이다(임선하, 1993, 179). 그는 천재나 대발명가들을 대상으로 연구해 본 결과 그들의 사고에는 유추(analogy)사고라는 공통점이 있음을 알게 되어 이러한 사고를 촉진하는 시네틱스 기법을 창안하게 되었다. 고든은 창의적 사고력은 본질에 있어서는 그 어떤 분야의 경우에든 같다고 생각했다. 과학에서 요구하는 창의적 사고력이든 예술, 스포츠, 문학 등 그 어느 분야에서 요구하는 창의적 사고력이든 모두가 본질은 같다는 것이다.

시네틱스는 주어진 문제를 분석할 때 유추를 통해 친숙한 것을 낯선 것으로 전환하거나 낯선 것을 친숙한 것으로 전환해 보도록 하는 방법이다(조연순 · 성진숙 · 이혜주, 2008, 198). 그러므로 시네틱스를 이용한 수업은 두 가지로 설계된다. 하나는 친숙한 것을 이용해 새로운 것을 창안하는 것이고, 다른 하나는 친숙하지 않은 것을 친숙한 것으로 보도록 하는 것이다(임선하, 1993, 181).

이 방법은 개인이 저한 주위 상황에서 당연한 것으로 받아들이던 대상이나 요소를 이상한 것으로 파악해 본다거나, 이상한 것으로 받아들이던 것을 친밀한 것으로 받아들이는 경험을 통해서 사고에서의 민감성을 증진시키는 기법이다. 이 방법은 우리 주위에서 자주 접하는 문제를 해결하는 상황에서 문제 해결에 활용될 수 있는 주위의 다양한 정보원으로부터 의미 있는 정보를 추출해낼 수 있게 하는 기법이다. 이 기법에서 중점으로 활용하고 있는 유추는 4가지가 있다.

① **직접 유추**(direct analogy) : 실제로는 닮지 않은 두 개의 개념을 객관적으로 비교하는 유추이다. 즉 주어진 문제를 전혀 다른 사람이나 현상에 객관적으로 직접 비교하는 방법이다. 문제 해결에서의 직접 유추의 좋은 사례는 벨(Bell)이 전화기를 만들 때 사람의 귀와 입을 비교한

데서 찾을 수 있다. 오늘날의 전화기는 송수화기가 하나로 붙어 있지만 과거의 전화기는 사람의 입과 귀가 서로 떨어져 있듯이 송화기와 수화기가 따로 떨어져 있었다.

도덕과 수업에서 우정의 정직에 대해 가르칠 때 교사는 "정직한 사람과 잘 익은 토마토의 공통점은 무엇인가?"라는 질문을 통해 학생들의 직접 유추 능력을 발달시킬 수 있다. 학생들은 "겉과 속이 같다" 등과 같은 특징을 말함으로써 정직의 의미에 대해 학습할 수 있다.

② **의인 유추**(personal analogy) : 자신이 진짜로 문제의 일부라는 생각을 가지고 문제 자체가 요구하는 통찰을 하는 유추이다. 일명 개인 유추라고도 하는 이 방법은 자신이 주어진 문제의 일부라고 생각하고 자신이 스스로 해결해야 할 대상이 되었다고 상상하면서 의인화하여 새로운 아이디어를 유추하는 방법이다. 일례로 "선이 있는 전화기는 움직이면서 전화를 받기가 불편하다"라는 문제를 해결할 경우 자신이 직접 '전화기'가 되었다고 상상하면서 아이디어를 생각해내는 것이다.

③ **상징 유추**(symbolic analogy) : 두 대상물 간의 관계를 기술하는 과정에서 상징을 활용하는 유추이다. 즉 어떤 대상의 추상적인 원리나 특성이 되는 상징을 유추하는 방법으로, 두 개의 서로 모순되거나 반대되는 상징을 하나의 의미로 형성하게 함으로써 새로운 의미를 만들어내는 방법이다. 일례로 사람의 특성 중에서 자신의 노력으로 문제를 극복하지 않고 다른 사람이 갖고 있는 능력에 의존해 해결하려는 현상을 '신데렐라'라는 동화 속의 인물 성격의 상징을 통해 '신데렐라 콤플렉스'라는 새로운 의미를 만들어내는 것이다. 또는 대지의 광활하고 넓음을 어머니의 무한한 사랑과 연결시켜 "대지는 어머니이다"라는 새로운 생각을 만들어내는 것이다.

④ **환상 유추**(fantasy analogy) : 현실적인 유추를 통해서는 문제가 해결될 수 없을 때 활용하는 환상적이고 신화적인 유추이다. 즉 문제를 해결하기 위해 현실적인 면보다는 환상적인 면을 상상하도록 하여 유추하는 방법으로, 예를 들면 "선이 있는 전화기는 움직이면서 전화를 받기가 불편하다"라는 문제를 해결할 경우 "전화기를 들고 다니면서 전화를 걸거나 받을 수 있다면?" 등과 같은 상상에서 '휴대 전화기'라는 새로운 상품을 만들어낼 수 있었다.

마자노(Marzano)와 그의 동료들은 유사성과 차이점을 규명하는 데 효과적인 유추활동을 교사 중심적 유추활동과 학습자 중심적 유추활동으로 구분하였다(홍영기 외 3인 공역, 2006, 43). 교사 중심적 유추활동은 학습자에게 유추의 구조 중 많은 부분을 제공하는 것이라고 할 수 있다. 예를 들어 도덕과 수업에서 교사는 학생들에게 "좋은 친구는 맛있는 피자와 같다"는 유추를 제시하고 좋은 친구와 맛있는 피자의 공통점이 무엇인지를 학생들에게 설명해 보라고 요구할 수 있다. 학습자 중심 유추 과제는 학생들에게 교사 중심 유추에서보다 많은 유추의 요소들을 생각해 보도록 요구한다. 교사는 유추 중 첫 번째 쌍의 요소들을 제시하고 학생들에게 나머지 쌍의 요소들을 생각해 보도록 요구할 수 있다. 이때 교사는 학생들이 유추의 본질을 이해하는 도와주기 위해 그래픽 조직자를 활용할 수 있다. 〈그림 1〉은 유추를 위한 그래픽 조직자의 활용 사례를 제시한 것이다. 일례로 도덕과 수업에서 교사는 정보 사회가 인간의 삶에 미치는 영향에 대하여 알아보기 위해 학생들에게 〈그림 2〉와 같은 유추 그래픽 조직자를 제시하여 학생들이 비어 있는 유추의 요소들을 찾아서 채워넣는 활동을 전개할 수 있다.

〈그림 1〉 유추를 위한 그래픽 조직자 사용의 예

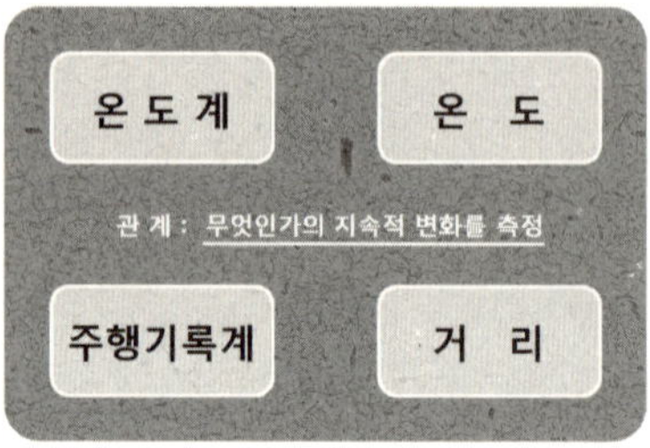

〈그림 2〉 도덕과 수업에서의 그래픽 조직자 활용 사례

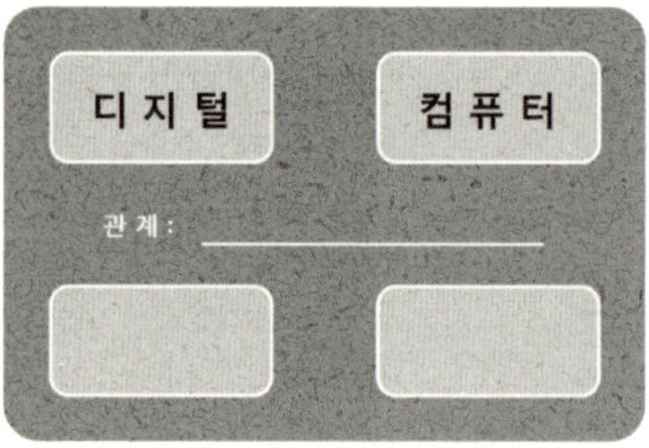

일반적으로 시네틱스의 진행과정은 다음과 같다(조연순 · 성진숙 · 이혜주, 2008, 200).

① **집단과 사회자 정하기** : 브레인스토밍의 집단 크기와 비슷하게 정할 수 있으며, 집단을 이끌어 나갈 사회자를 정한다.

② **문제의 진술과 분석하기** : 주어진 문제의 설명을 듣고 스스로 재진술해 보면서 간단한 문제 분석을 한다.

③ **탐색하기** : 주어진 문제에 대해 다양한 유추를 해보고, 사회자는 여러 유추 중에서 주어진 문제에 가장 적절한 유추를 선택한다.

④ **유추 정교화하기** : 선택한 유추를 더욱 자세하게 정교화해 본다.

⑤ **정교화한 유추와 주어진 문제 결합해 보기** : 유추를 통해 생성한 아이디어를 주어진 문제와 결합해 관련성을 분석해 문제의 해결책을 찾아낸다.

⑥ **실제에 적용하기** : 새로운 아이디어를 실제에 적용해 보고 해결책을 모색한다.

〈표 3〉 시네틱스의 예

진행과정	내용	
문제 진술 및 분석	심각하게 오염된 지구의 환경문제를 해결하기 위한 방안은 무엇인가?	
탐색	유추종류	유추내용
	직접 유추	오염된 지구를 병든 몸과 직접 비교하여 "우리가 병이 났을 때 치료를 하기 위해 어떻게 하는가?"를 생각해 보게 함으로써 오염된 지구 환경문제 해결방법을 알아 보게 한다.
	의인 유추	나 자신이 '더러운 공기', '더러운 물', '쓰레기', '오염된 땅' 등이 되었다고 가정하고 어떻게 해서 더러워졌는지, 그리고 어떻게 하면 깨끗해질 수 있는지를 유추하도록 한다.
	상징 유추	지구상의 '온실효과'에 대한 대책을 비닐을 씌워놓은 '온실'이라는 공간에 비유해 해결해 보도록 한다.
	환상 유추	'대기오염'을 마치 지구 주위를 여러 가지 알 수 없는 '외계인'들이 떠돌고 있는 상황으로 상상하여 해결해 보도록 한다.
유추의 정교화		
정교화된 유추와 주어진 문제와의 결합		
실제 생활에서의 적용		

환경오염 문제를 해결하는 방법을 모색하기 위한 도덕과 수업에서 시네틱스를 활용하는 방법을 예시하면 앞의 〈표 3〉과 같다.

(5) 육색 사고모

육색 사고모(six thinking hats)는 드 보노(Edward de Bono)가 사고에서 수직적 사고뿐만 아니라 수평적 사고를 기를 수 있도록 고안한 방법이다. 이 기법은 6가지 색깔의 모자를 사용하게 함으로써 여러 가지 유형의 사고를 훈련시키는 데 목적이 있다(조연순 · 성진숙 · 이혜주, 2008, p. 196).

드 보노에 의하면, 우리가 사고를 하는 데 어려움을 겪는 주된 원인은 혼돈이다. 이는 우리가 감정, 정보, 논리, 희망, 그리고 창의적인 사고 등을 한 번에 모두 처리하려고 하는 데서 기인한다고 한다. 그래서 그는

〈표 4〉 육색 사고모의 모자별 형태와 역할

모자색깔	사고형태	역할
백색	중립적 · 객관적 사고	정확한 정보에 기초하고 이미 검증된 중립적이고 객관적인 사실을 제시 → '우리가 알고 있는 것이 무엇인가?'를 제시
적색	감정적 · 정서적 사고	백색 사고와는 반대로 자신의 분노, 두려움, 직관과 같은 감정이나 정서를 제시 → 아이디어에 대한 직관과 감정, 느낌 표현
황색	긍정적 · 낙관적 사고	긍정적이고 낙관적인 측면을 제시 → 아이디어의 실행성, 이점 및 가치 탐색
흑색	비판적 · 부정적 사고	부정적이고 비판적인 측면을 제시 → 어려움, 위험, 문제와 주의점 탐색
녹색	창의적 · 확산적 사고	창의적이고 확산적인 새로운 측면의 제시 → 대안, 제안 및 아이디어 탐색
청색	지휘자의 사고	지휘자나 사회자처럼 정리, 요약, 결론적인 내용 제시 → 결론 제시

육색 사고모라는 의도적인 사고기법을 제시한 것이다. 육색 사고모를 실행하는 방법은 아주 간단하다. 색깔을 달리 하는 여섯 개의 모자를 미리 준비해 놓는다. 참여 학생들은 교사가 지시하는 모자를 다 같이 쓰고 그 모자가 의미하는 것만을 같이 생각하고 토의한다. 모자를 바꿔 쓰면 다시 그 모자가 의미하는 특정한 사고를 함으로써 폭넓은 창의적 사고를 가능하게 한다(김영채, 2006, 306-307).

육색 사고모를 활용할 경우 주의할 점은 다음과 같다.

첫째, 육색 사고모를 모두 사용할 수 있지만 한 번에 하나의 모자만을 사용해 그 사고에 집중할 수 있도록 한다.

둘째, 긍정적인 사고로 다양하게 사고하게 한 후에 비판적으로 평

〈표 5〉 육색 사고모의 적용 사례

모자색깔	사고형태	역할
백색	중립적 · 객관적 사고	• 인터넷 게임이 우리의 삶에 어떤 영향을 주고 있는가? • 인터넷 게임 중독의 실태는 어떠한가?
적색	감정적 · 정서적 사고	• 인터넷 게임이라는 말을 들으면 어떤 느낌이 드는가? • 인터넷 게임에 중독된 사람들을 보면 어떤 느낌이 드는가?
황색	긍정적 · 낙관적 사고	• 인터넷 게임의 긍정적인 영향은 무엇인가?
흑색	비판적 · 부정적 사고	• 인터넷 게임의 부정적인 영향은 무엇인가?
녹색	창의적 · 확산적 사고	• 인터넷 게임 중독을 예방하기 위해서는 어떻게 해야 하는가? • 중독되지 않으면서 인터넷 게임을 즐길 수 있는 좋은 방법은 무엇인가?
청색	지휘자의 사고	• 토의진행 및 토의결과 요약 발표

가할 수 있도록 황색 모자를 먼저 사용한 후 흑색 모자를 사용하게 한다.

셋째, 똑같은 색깔의 모자를 여러 번 사용하게 할 수도 있다.

이를테면 아이디어를 생성하고자 할 때에는 백색모–녹색모–황색모–흑색모–적색모–청색모의 순서를 따를 수 있다. 그리고 아이디어를 판단할 때에는 적색모–황색모–흑색모–녹색모–적색모–청색모의 순서를 따를 수 있다.

앞의 〈표 5〉는 도덕과 수업에서 '게임 중독 예방'을 소재로 한 육색 사고모 기법의 적용 사례를 제시한 것이다.

(6) PMI(Plus Minus Interest)

PMI 기법에서 P는 plus(제시된 아이디어의 좋은 점 또는 좋아하는 이유), M은 minus(제시된 아이디어의 나쁜 점 또는 싫어하는 이유), I는 interesting(제시된 아이디어에 대하여 흥미롭다고 생각하는 점)의 약자로 영국의 인지 연구 트러스트(Cognitive Research Trust)에서 드 보노(Edward de Bono) 등이 개발한 사고기능 훈련법인 CoRT(창의적 사고 기능 훈련법)에 포함된 사고기법 중 하나이다(윤길근 · 강진영, 2004, 243).

PMI 기법은 어떤 아이디어나 제안을 열린 마음으로 다루기 위하여 의도적으로 사용하는 방법이다. 이것은 문제가 문제인지는 알지만 그 해결방법에 대한 좋은 아이디어가 없을 때 사용하는데, 문제를 정의한 후와 몇 개의 가능한 해결안이 제안되었을 때 많이 사용한다. PMI 기법은 결정에 있어서 긍정적인 측면, 부정적인 측면, 재미있는 측면들을 모두 고려해 본 다음에 결정하게 하는 것이다. PMI 기법은 어떤 문제 장면에 대한 시야를 넓혀준다. 우리는 문제에 직면하면 충동적인 아이디어나 정서적인 반응으로 문제를 보는 시야가 좁아질 수 있다.

이 기법을 활용할 때 교사가 따라야 할 절차는 다음과 같다.

첫째, PMI의 의미를 집단 구성원들에게 설명한다.

둘째, 각 영역별로 아이디어를 생성한다. P를 고려할 때에는 P에만 집중하게 한다. 즉 P를 고려할 때에는 M과 I에 마음을 두지 않도록 해야 한다.

셋째, PMI 결과를 발표한다.

넷째, PMI 결과를 논의한다.

〈표 6〉 PMI 기법 적용의 예

아이디어	재외동포들에게 태극기를 보내준다.
P	제시된 아이디어의 좋은 점 : 재외동포들이 태극기를 보며 자랑스럽게 생각할 수 있어 좋다.
M	제시된 아이디어의 나쁜 점 : 태극기를 보내는데 비용이 너무 많이 들고, 어디로 어떻게 보내야 할지 결정하기가 어렵다.
I	제시된 아이디어와 관련하여 흥미롭게 생각되는 점 : 우리나라를 상징하는 물건들을 보내주어 재외동포들이 우리나라에 대한 자부심을 갖게 할 수 있다.

위의 〈표 6〉은 '재외동포와의 교류와 협력방법'에 대해 학습할 경우 PMI 기법의 적용 사례를 나타낸 것이다.

2) 수렴적 사고기법의 적용 사례

(1) 하이라이팅

하이라이팅(highlighting)은 아이디어 중에서 적절한 것들을 선정하여 이들을 서로 관련된 것끼리 묶음으로써 문제 해결을 위한 대안들의 분류를 유도하는 사고기법이다. 이 기법의 진행과정은 다음과 같다(조연순 · 성진숙 · 이혜주, 2008, 203-204).

① **히트(hits) 아이디어 선정하기** : 아이디어를 나열해 그 중에서 가장 적절해 보이는 것에 표시를 한다.

② **핫 스팟(hot spots) 찾기** : 히트 아이디어들 중에 서로 관련되어 있는 것들끼리 분류해 핫 스팟을 찾는다.

③ **각 핫 스팟에 대해 진술하기** : 핫 스팟의 의미와 가능한 결과 등을 탐색해 보고, 핫 스팟의 구체적인 의미에 대해 진술해 본다.

④ **해결책 찾기** : 가장 적절한 핫 스팟 혹은 몇 개의 핫 스팟을 조합하여 문제해결에 가장 적절한 해결책을 찾는다.

〈표 7〉 히트 아이디어 선정의 예

차례	아이디어 내용	히트 표시
1	카페를 만들어 운영한다.	
2	비밀번호를 정기적으로 바꾼다.	●
3	바이러스 검사를 자주 한다.	●
4	남의 자료를 사용할 때는 출처를 밝힌다.	●
5	홈페이지나 블로그를 멋지게 꾸민다.	
6	악플을 달지 않는다.	●
7	아무 자료나 함부로 올리지 않는다.	●
8	나에 대한 정보를 함부로 공개하지 않는다.	●
9	대화를 할 때에는 상대방에게 '님' 자를 붙인다.	●

〈표 7〉은 '어떻게 하면 멋있는 누리꾼이 될 수 있을까?' 의 문제를 해결하고자 하는 아이디어 중에서 히트 아이디어를 선정한 예이고, 〈표

8〉은 히트 아이디어들을 영역별로 분류해 핫 스팟을 찾은 예이다.

〈표 8〉 핫 스팟 찾기의 예

A 영역	B 영역	C 영역
2. 남의 자료를 사용할 때는 출처를 밝힌다. 6. 악플을 달지 않는다 7. 아무 자료나 함부로 올리지 않는다. 9. 대화를 할 때에는 상대방에게 '님' 자를 붙인다.	2. 비밀번호를 정기적으로 바꾼다. 8. 나에 대한 정보를 함부로 공개하지 않는다.	3. 바이러스 검사를 자주 한다.

(2) 역브레인스토밍

역브레인스토밍(reverse brainstorming) 기법은 핫포인트(Hotpoint) 회사에서 개발해낸 기법으로, 브레인스토밍 기법처럼 양적인 면을 중시하고 자유분방하게 한다는 점에서 유사한 의미를 지녔지만 아이디어를 생성해내는 입장인 브레인스토밍과는 다르게 이미 생성해 놓은 아이디어에 대해 많은 양의 자유분방한 비판을 생성해내는 사고기법이다. 역브레인스토밍의 진행과정은 다음과 같다(조연순 · 성진숙 · 이혜주, 2008, p. 205).

① **목표와 문제 확인하기** : 종이에 선정된 아이디어들의 목록과 함께 목표와 문제를 제시한다.

② **각 아이디어에 대한 비판 생성하기** : 각 아이디어가 적힌 종이에 그 아이디어의 비판 내용을 기록한다.

③ **해결책 선정하기** : 비판된 아이디어를 검토해 보고 수정해 가장

〈표 9〉 역브레인스토밍의 예

'북한 동포들에 대한 경제 지원을 중단해야 한다' 에 대한 아이디어의 비판을 역브레인스토밍해 보자.
1. 북한 동포들 가운데 굶어 죽는 사람이 늘어날 것이다. 2. 같은 동포로서 마땅히 해야 할 일을 하지 못하게 될 것이다. 3.

적절한 해결책을 선정한다.

④ **실천계획 세우기** : 선정된 해결책의 실천을 위한 행동 계획을 세운다.

〈표 9〉는 역브레인스토밍의 예를 보여준다.

도덕과 교사들이 당면한 아주 중요한 과제 중 하나는 학생들이 도덕적 자율성을 발달시키는 데 도움이 되는 지식, 기능, 가치 · 태도 · 의지 · 습관 등을 습득하도록 하는 것이다. 동시에 도덕 수업 시간이 즐겁고 다양하며 활발한 참여와 상호작용을 촉진하고 흥미를 제공하는 내용들을 조직하고 구조화하는 것이다. 도덕과 수업은 진지함–흥미라는 이분법에 직면해 있다. 둘 중 어느 하나가 배타적으로 사용될 때 놀이는 장난으로 타락하고 공부는 고역으로 변질된다. 도덕과 수업의 효율성을 제고하기 위해 교사는 진지함과 흥미 사이의 균형이 유지되는 수업을 전개해야 하며, 학생들이 '어린 도덕철학자' 로서의 모습을 발견할 수 있도록 해주어야 한다.

도덕과 수업에서 창의적 사고기법의 활용은 학생들의 도덕적 창의성을 계발함과 동시에 진지함과 흥미 간의 균형 잡힌 수업을 전개하는 데 도움을 줄 수 있다. 도덕적 창의성은 날로 증가하고 있는 복잡한 도덕문제들을 새롭고, 가치 있으며, 유의미한 결과를 가져올 수 있는 방식으로 문제를 해결하는 능력이다. 동시에 그것은 인간의 정신과 영혼에 위협이 될 수도 있는 창의성의 어두운 측면들을 방지하여 창의성이 인간의 복지에 진정으로 기여할 수 있도록 해준다.

이 장에서는 창의성의 인지적 요소 중 기초적으로 필요한 확산적 사고와 수렴적 사고를 촉진시킬 수 있는 기법들을 도덕과 수업에 활용하기 위한 구체적인 적용 사례를 밝히고자 하였다. 여기에 제시된 창의적 사고기법들은 특정 내용과 상관없이 사고력 신장을 위해 고안된 것들이다. 확산적 사고를 촉진하기 위한 기법들은 문제를 인식하거나 발견하고 또는 해결책을 생성하는 단계에서 사용하는 것이 효과적이다. 확산적 사고기법을 통해 생성된 아이디어를 수정하거나 분석 · 평가하기 위해 해결책을 결정하거나 평가하는 단계에서는 수렴적 사고기법을 활용하는 것이 효과적이다. 그러므로 도덕 수업에서 교사들은 이러한 사고기법을 익혀 수업에 다양하게 연계시켜 나가려는 지속적인 노력을 기울여야 한다.

참고문헌

권정은(2010), “변화하는 미래, 새로운 인재”, 『IT & Future Strategy』, 8호.

교육과학기술부(2010), 『창의와 배려의 조화를 통한 인재 육성 : 창의인성교육 기본 방안』, 서울 : 교육과학기술부.

김영채(2006), 『창의적 문제해결』, 서울 : 교육과학사.

오기성(2009), “통일교육에서 창의성 신장 기법의 활용, 『통일문제연구』, 통권 제 52호.

윤길근 · 강진영(2004), 『창의성 신장을 위한 교육방법』, 서울 : 문음사.

이경화 외 2인 공역(2004), 『창의성 계발과 교육』, 서울 : 학지사.

이동원(2009), 『창의성 교육의 실천적 접근』, 서울 : 교육과학사.

이미식(2010), “도덕과교육에서의 창의성교육”, 김성준 외 9인 공저, 『교과교육에서 창의성의 이론과 실제』, 서울 : 학지사.

이주명 역(2007), 『윤리문제에서 딜레마 뛰어넘기』, 서울 : 필맥.

임선하(1993), 『창의성에의 초대』, 서울 : 교보문고.

임선하 역(1993), 『창의적인 사람은 무엇이 다를까?』. 서울 : 하우.

정문성 외 5인(2008), 『사회과 교수 · 학습법』, 서울 : 교육과학사.

조연순 · 성진숙 · 이혜주(2008), 『창의성교육』, 서울 : 이화여자대학교출판부.

최용성(2003), “도덕적 상상력과 창의성의 발달을 위한 이야기교육 접근”, 이왕주 외 3인 공저, 『서사와 도덕교육』, 부산 : 부산대학교 출판부.

추병완(2007), 『도덕 발달과 도덕교육』, 서울 : 하우.

홍영기 외 3인 공역(2006), 『성공적인 수업으로 가는 아홉 가지 수업전략』, 서울 : 양서원.

허승희 · 박동섭 · 강승희(1999), 『아동의 상상력 발달』, 서울 : 학지사.

Martin, M. W. (2005), *Moral creativity*, New York : Oxford University Press.

Martin, M. W. (2006), Moral creativity in science and engineering, *Science and engineering ethics*, 12, 421−433.

Runco, M. A. & Nemiro, J. (2003), Creativity in the moral domain : Integration and implications, *Creativity research journal*, 15(1), 91–105.

Ward, T. B.(2007), Creative cognition as a window on creativity, *Methods*, 42, 28–37.

제10장

리코나의 인격교육론

지적으로 총명하고 도덕적으로 탁월한 인간을 양성하는 것은 학교 교육이 시작된 이후로 학교의 존재목적을 정당화하는 키워드였다. 그러나 우리나라를 비롯한 대부분의 국가에 있어서 학교 교육이 이 두 가지 근본 목적을 제대로 실현하고 있다는 평가를 내리기는 어렵다. 학교는 지적으로 총명한 아이를 만들어내는 데에만 진력해 왔으며, 도덕적으로 탁월한 아이를 만드는 일에는 소홀하였기 때문이다. 그렇다고 해서 학교 교육이 지적으로 총명한 아이를 만들어내는 데에 그리 성공한 것처럼 보이지도 않는다. 학교는 생활 속에서 유기적으로 활용 · 실천되는 살아 있는 관념(vital ideas)을 가르치기보다는 학생들의 삶과 철저하게 유리된 추상적이고 무기력한 관념(inert ideas)을 양산함으로써 지식교육에 있어서도 실패했다는 비난이 여전히 난무하기 때문이다. 초 · 중등학교는 학생들이 대학 진학을 위해 거쳐가야 하는 임시 정거장으로 변모했고, 도덕적으로 탁월한 인간 양성을 위한 교육은 일종의 교육적 사치로 여겨져 학교 교육의 근본 관심으로부터 점점 멀어지기 시작했다. 그러기에 우리에게 있어서 인성교육은 늘 교육개혁의 정당성을 뒷받침해 주는 허울 좋은 슬로건으로 전락하고 말았다. 최근 정부는 교육과정 개정을 통해 또 다시 창의 · 인성 교육의 중요성을 전면에 내세우고 있으나 정작 인성교육에 도움이 되는 교과들을 축소하거나 집중 이수시키는 등 무자비한 홀대를 함으로써 그 저의가 의심을 받고 있는 실정이다.

지난 1980년대 중반부터 시작한 미국의 인격교육 운동(character education movement)은 학교 교육의 두 가지 목적을 동시에 실현하고자 하는 대표적인 교육이념이다. 인격교육 운동은 미국인들이 공유하고 있는 보편적 가치들을 학생들에게 전수하여 더욱 윤리적이고 책임감 있으며 배려할 줄 아는 학생들을 만들기 위한 전국적인 교육운동이다. 인격교육 운동의 옹호자들은 학교에서 가치와 덕을 가르치는 것이 개인의 행동 개선 및 전체로서의 사회발전에 유용한 결과를 낳을 것이라고 주장하고 있다. 한 마디로 말해 인격교육 운동은 미국 학생들의 도덕적 타락을 예방하는 가운데 학생들이 지성과 인성 모두에서 탁월성을 발휘하도록 돕기 위한 의도적이고 예방적인 시도이다. 현재 18개 주가 학교에서의 인격교육을 의무화하는 법령을 가지고 있으며, 18개 주는 학교에서의 인격교육을 권장하는 법령을 가지고 있다. 동시에 지난 20년 동안 인격교육에 관한 이론과 연구의 축적은 이 운동이 일시적 유행이 아님을 잘 입증해 주고 있다.

인격교육 운동은 미국 사회의 전통적 · 민주적 가치들을 학생들에게 직접 전수하려는 목적을 가진 교육들을 포괄하는 하나의 우산과 같은 개념이다. 미국에서 인격교육은 도덕교육, 인성교육, 성교육, 약물교육 등을 포괄하는 매우 광의의 개념이고 학자들마다 개념을 정의하는 방식도 상이하다. 인격교육 운동의 초기부터 지금까지 인격교육의 이론화 작업 및 보급의 선봉에 서 있는 사람이 바로 리코나(Lickona) 교수이다. 그는 자신이 재직하고 있는 코틀랜드대학교에 인격교육을 위한 연구소(The Center for the 4th and 5th Rs)를 설립하여 운영하고 있음과 동시에 인격교육 운동을 위한 전국 조직인 '인격교육 파트너십' (Character Education partnership)의 핵심 운영위원으로 활동하고 있다. 이에 여기서는 리코나의 인격교육 이론을 간략하게 소개하고, 그것이 우리의 인성교육에 주는 시사점을 밝히고자 한다.

1. 인격의 의미

리코나에게 있어서 인격교육이란 학생들의 훌륭한 인격(good character)을 발달시키기 위해 학교가 행하는 의도적이고 예방적인 시도를 뜻한다(Lickona, 2004). 그는 학교가 인격교육을 실행해야 할 3가지 중요한 이유를 다음과 같이 든다.

첫째, 훌륭한 인격은 우리가 완성된 인간이 되기 위한 필수조건이다.

둘째, 학교가 인격 특성들을 가르칠 때 학교는 교수 · 학습에 더욱 도움을 주는 장소가 될 수 있다.

셋째, 인격교육은 도덕적 사회를 확립하는 데 필수적이다(Lickona, 1991).

리코나의 인격교육 이론을 이해함에 있어서 가장 기본적인 사항은 그가 말하는 인격 개념을 이해하는 것이다. 리코나는 초기에 인격의 개념을 주로 도덕적 가치의 측면에서만 논의했으나 최근에는 인격은 탁월성(excellence)과 윤리(ethics) 양자를 모두 포함하는 것이라고 주장한다(Lickona & Davidson, 2005). 또한 그는 이러한 인격 개념이 학습과 행동 둘 모두를 증진하는 방식으로 학교의 문화를 변혁시킬 수 있는 잠재력을 갖는다고 주장한다.

리코나에게 있어서 인격은 두 가지 필수적인 부분, 즉 수행 인격(performance character)과 도덕적 인격(moral character)으로 구성된다(CEP, 2008). 수행 인격과 도덕적 인격은 분리된 두 부분이 아니라 우리 인격의 두 측면을 나타내는 것이며, 둘은 상호 지지적인 관계에 있다. 수행 인격은 숙달(mastery) 지향적이며, 학업 · 과외활동 · 작업장 혹은 그 밖의 진력을 요구하는 분야에서 탁월성을 향한 자신의 잠재력을 실현하는 데 필요한 노력, 근면, 인내, 강한 근로 윤리, 독창성, 자제력 등과 같은 특성들로 구성된다. 이와는 달리 도덕적 인격은 관계 지향적이며, 성공적인 대인관계와 윤리적 행동을 위해 필요한 진실성, 정의, 배려, 존중 등과 같은 특성으로 구성된다.

그는 인격이 수행 인격과 도덕적 인격이라는 두 측면을 갖고 있다는 것을 입증하기 위해 동기 및 재능 발달에 관한 이론, 현인들의 지혜, 인격자의 삶, 훌륭한 인격교육자들의 실천, 고교 교사 및 학생의 요구 등 5가지 근거를 들고 있다. 한편 그는 수행 인격과 도덕적 인격의 관계에 있어서 다음의 6가지 사항을 이해하는 것이 매우 중요하다고 본다(Lickona & Davidson, 2005).

첫째, 도덕적 인격이 없는 수행 인격 혹은 수행 인격이 없는 도덕적 인격을 소유하는 것이 가능하다.

둘째, 인격자는 수행 인격과 도덕적 인격을 구현한 사람이며, 두 인격은 우리에게 의무를 부여한다. 우리가 그러한 의무를 갖게 되는 이유는 두 가지이다. 첫 번째 이유는, 우리 자신에 대한 존중은 우리의 재능을 낭비할 것이 아니라 인간으로서 발달하기 위해 그 재능을 사용해야 하고, 우리가 수행하는 모든 것에서 우리 능력이 할 수 있는 최상의 것을 수행해야 하기 때문이다. 두 번째 이유는, 인간의 삶에서 우리가 행하는 일의 질이 타인에게 영향을 주기 때문에 타인을 사랑하는 것은 우리가 일을 잘 수행할 것을 요구한다.

셋째, 도덕적 덕은 내재적으로 선한 반면에 수행적 덕은 나쁜 목적을 위해 사용될 수도 있다.

넷째, 수행 인격과 도덕적 인격은 세 가지 심리적 구성요소를 갖고 있다. 세 가지 구성요소는 인식(awareness), 태도(attitude), 행동(action)이다. 수행 인격을 갖는다는 것은 탁월성이 요구하는 것을 알고(인식), 탁월성을 좋아하며(태도), 탁월성을 주구하는 것(행동)이다. 마찬가지로 도덕적 인격을 갖는다는 것은 윤리적 행동이 요구하는 것을 알고, 윤리적 행동을 좋아하며(태도), 윤리적인 방식으로 행동하려고 노력하는 것(행동)이다.

다섯째, 인격자에게 있어서 수행 인격과 도덕적 인격은 통합적이고 상호 의존적인 방식으로 서로를 지원해 준다. 즉 강한 수행 인격은 도덕적 목적을 추구하는 것을 도와준다. 도덕적 인격은 고수준 수행을 추진하기 위한 동기적 에너지를 제공하고, 목적을 달성하기 위해 윤리적 수단을 활용하는 것을 보장해 준다.

끝으로, 조작적 관점에서 볼 때 수행 인격과 도덕적 인격은 '인격의 8가지 힘'으로 정의된다. 도덕적 인격과 수행 인격을 갖춘 사람은 한마디로 말해 '8가지 인격의 힘'을 갖춘 이상적인 인간상을 나타낸다. 즉 인격을 갖춘 사람은 '평생 학습자 및 비판적 사고가, 근면하고 능력 있는 수행자, 사회적 · 감정적 기능의 소유자, 윤리적 사고가, 예의 바르고 책임 있는 도덕 행위자, 건전한 라이프스타일을 추구하는 자제력의 소유자, 기여할 줄 아는 공동체 성원 및 민주시민, 고상한 삶의 목적을 정교하게 만드는 영적 인간' 의 모습을 보여준다.

2. 수행 인격을 가르치기 위한 10가지 방법

리코나는 교사가 수행 인격을 가르치기 위해서는 다음의 10가지 사항을 준수해야 한다고 주장한다(Lickona & Davidson, 2005).

첫째, 안전하고 지지적인 학습 공동체를 구축한다. 학생들이 수행 인격을 함양하기 위해서는 학교에서 안전하고 지지를 받고 있다는 느낌을 가져야 한다. 학생들의 차이점을 존중하고 학생들의 소속감을 제고시켜 주는 배려적인 학교 공동체는 열심히 일하고 학업성취를 증진시켜 주는 데 큰 도움을 준다.

둘째, 탁월성의 문화를 창달한다. 학생들이 탁월성을 요구하고 지지하는 문화 속에 있을 때 그에 적응하기 위해 자신이 가진 최상의 노력을 기울이게 된다.

셋째, 노력의 중요성을 강조하는 '성장 사고방식' (growth mind-set)을 조성한다. 노력을 통해 더 나아질 수 있다는 신념인 '성장 사고방식' 은 실패를 두려워하지 않고 도전하게 만들고, 학습 그 자체에 빠져들게 만들며, 장애물을 극복할 수 있도록 도와준다.

넷째, 학교 공동체의 모든 성원들이 '사고성향' (thinking dispositions)을 갖도록 한다. 개방적, 호기심이 많은, 사고에 대해 성찰적인, 전략적, 회의적, 진리 추구 및 이해 등과 같은 '사고성향'은 수행 인격의 부분인 동시에 학습에 있어서도 매우 중요한 역할을 수행한다.

다섯째, 중요한 일을 부여한다. 도전적이고, 의미 있으며, 타인에게 영향을 주고, 내재적 보상이 있는 중요한 일에 학생들을 참여시킨다.

여섯째, 탁월성의 모델을 제공한다. 탁월성이 무엇인지를 학생들이 알 수 있도록 다양한 탁월성 모델들을 제시해 주는 것이 바람직하다.

일곱째, 피드백과 수정을 강조하는 문화를 발전시킨다. 존중과 배려에 의해 이루어지는 지지적인 집단 비평과정을 통해 학생들이 자신이 지닌 최상의 노력을 기울이도록 유도해야 한다.

여덟째, 학생들이 수행한 과제에 대한 발표 기회를 제공한다. 교실 밖의 청중들에게 자신의 과제를 발표해야 한다는 것을 알게 될 때 학생들은 더 열심히 하게 된다. 따라서 학생들에게 다양한 공적 발표나 전시의 기회를 제공하는 것이 바람직하다.

아홉째, 학생들로 하여금 자신의 학습에 대한 책임을 지도록 하기 위해 루브릭(rubrics)을 활용한다. 학생들이 자신의 학습을 스스로 평가하도록 하기 위해 수행 인격과 관련된 루브릭을 활용하는 것이 좋다.

끝으로, 숙달학습을 권장한다. 숙달학습은 모든 학생들이 주어진 개념이나 기능을 모종의 수준에서 달성할 것을 요구한다. 만약 첫 시도에서 실패하면 계속 시도해야 한다. 이를 통해 학생들은 수행 인격의 한 요소인 인내심과 자제력을 배울 수 있다.

3. 도덕적 인격을 가르치기 위한 12가지 방법

리코나는 도덕적 인격을 가르치기 위한 포괄적인 접근법을 제안한다. 포괄적 접근이란 학교의 모든 생활을 통해 도덕적 인격의 인지적·감정적·행동적 측면들을 충분히 발달시키는 것을 의미한다. 이러한 포괄적인 접근은 교사들로 하여금 학교를 도덕적 안목을 통해 볼 것을 요구한다. 즉 학교가 도덕적 인격 발달에 영향을 미치기 위해 제공하는 수많은 기회들을 볼 수 있어야 하고 이용해야 한다는 것이다(Lickona, 1991).

〈그림 1〉에서 보는 바와 같이 도덕적 인격을 가르치기 위한 방법은 하나의 바퀴에 비유되고 있다. 도덕적 인격을 가르치기 위한 방법은 9개의 교실 전략과 3개의 학교 차원 전략으로 구성된다. 이들 각각에 대해 살펴보면 다음과 같다(CEP, 2010).

먼저 도덕적 인격 발달을 위해 교사가 교실에서 활용할 전략들은 다음과 같다.

① **배려 제공자, 모델, 멘토로서의 교사** : 교사는 학생과의 관계에 있어서 배려 제공자, 모델, 멘토로서의 역할을 통해 학생들에게 긍정적인 도덕적 영향력을 발휘해야 한다.

② **윤리적 학습 공동체** : 교사는 학생들에게 개인으로서 서로를 알게 하고, 서로에 대해 존중·사랑·확언하도록 고무시켜 주며, 집단에 대한 소속감과 책임감을 갖도록 함으로써 윤리적인 학습 공동체를 만들어야 한다.

〈그림 1〉 인격교육에 관한 포괄적 접근

③ **인격에 기반을 둔 훈육** : 도덕적 추론, 자제력, 타인에 대한 일반회된 존중을 빌딜시키기 위해 교사는 규칙과 결과를 활용해야 한다.

④ **민주적 교실환경** : 민주적 교실환경을 만든다는 것은 학생들이 규칙적이며, 발달상 적절한 방식으로 교실을 생활하고 공부하기에 좋은 공간으로 만드는 데 자신들의 책임을 확대하는 의사결정을 공유한다는 것을 의미한다. 이를 위해 교사는 학급회의를 효율적으로 활용해야 한다.

⑤ **교육과정을 통해 인격 가르치기** : 인격교육은 하나의 분리된 주제가 아니라 모든 교과를 통해 가르쳐져야 한다. 교사들은 학교교육과정이 갖는 도덕적 잠재력을 면밀하게 체계화하여 자신이 가르치는 과목에서 어떻게 하면 도덕적 가치를 분명하게 가르칠 수 있는지를 연구해야 한다.

⑥ **협동학습** : 수업과정은 인격 발달의 중요한 수단이 된다. 협동학습은 학생들이 수행 가치와 도덕적 가치를 학습하는 데 매우 효과적이다.

⑦ **장인정신** : 학생들로 하여금 학업에 대한 책임감 및 자신의 과업을 잘 수행하려는 습관을 발달시켜 주어야 한다.

⑧ **윤리적 성찰** : 교사는 독서, 연구, 작문, 토론을 통하여 도덕적 인격의 인지적 측면(무엇이 도덕적인지를 인식하는 것, 덕이 무엇인지를 알고 구체적 상황에서 덕이 우리에게 요구하는 바를 아는 것, 역할채택을 하는 것, 도덕적 추론을 하는 것, 사려 깊은 도덕적 결정을 내리는 것, 자기 비평 능력을 포함하여 도덕 주체로서의 자신에 대해 아는 것)을 발달시켜 주어야 한다.

⑨ **갈등 해결 가르치기** : 학생들로 하여금 강압이나 협박 없이 갈등을 공정하게 해결하는 방법을 가르쳐야 한다. 공정하게 해결되지 않은 갈등은 도덕 공동체로서의 교실을 훼손시킨다. 학생들이 갈등 해결 기능을 배우지 못하면 도덕적 결함을 갖게 되어 결국 학교와 사회에서 폭력의 힘에 의존하게 된다.

한편 학교 차원에서 도덕적 인격을 가르치기 위한 방법은 다음과 같다.

① **탁월성과 윤리문화 창조** : 학교의 윤리문화는 학생의 도덕적 인격 발달에 영향을 주기 때문에 교직원들은 핵심 덕목들을 증진시켜 주는 탁월성과 윤리의 문화를 만들어내야 한다. 즉 학교는 윤리문화를 가진 하나의 공동체가 되어야 한다.

② **교실을 넘어선 배려** : 교사는 학생들이 교실 밖에 있는 더욱 큰 영역에 대해서도 배려를 할 수 있도록 해야 하며, 이를 위해 봉사활동 학습(service learning)을 활용할 수 있다.

③ **파트너로서의 학교, 부모, 지역사회** : 학생들의 도덕적 인격 발달을 위해서는 학교 · 부모 · 지역사회 간의 유기적인 협력과 노력이 필요하다.

4. 효율적인 인격교육을 위한 11가지 원리

리코나는 효율적인 인격교육을 위한 11가지 실행원리들을 다음과 같이 밝히고 있다. 리코나가 제시하는 11가지 원리들은 인격교육 연합(Character Education Partnership)의 공식 입장으로 채택되어 학교에서 인격교육을 실행하기 위한 중요한 지침 역할을 해주고 있다(CEP, 2010).

첫째, 학교 공동체는 훌륭한 인격의 토대로서 핵심적인 윤리적 가치와 수행 가치를 장려해야 한다.

둘째, 학교는 사고, 감정, 행동을 포함할 수 있도록 인격을 종합적으로 정의한다. 훌륭한 인격은 윤리적 가치와 수행 가치를 이해하는 것, 좋아하는 것, 그에 입각하여 행동하는 것을 포함한다. 인격 발달에 대한 홀리스틱 접근은 옳은 일을 행하고 자신의 최선을 다함에 있어서 반드시 필요한 인지적 · 감정적 · 행동적 성향을 발달시키고자 한다.

셋째, 학교는 인격 발달에 대한 종합적 · 의도적 · 예방적 접근을 활용해야 한다. 인격 발달을 위해 학교 교육의 모든 측면을 활용해야 한다. 인격 발달을 위한 기회를 만들어내려는 신중한 조치를 취해야 한다.

넷째, 학교는 배려 공동체를 만든다. 학교는 시민 · 배려 · 정의 사회의 소우주가 되어야만 한다.

다섯째, 학교는 학생들에게 도덕적 행동을 위한 기회를 제공한다. 반복된 경험과 성찰을 통해 윤리적 · 수행 가치의 중요성을 인식하고 그에 입각하여 행동하게 된다.

여섯째, 학교는 모든 학습자를 존중하고, 그들의 인격을 발달시키며, 그들이 성공하도록 도울 수 있는 의미 있고 도전적인 교과 교육과정을 제공한다.

일곱째, 학교는 학생들의 자기 동기 부여(self-motivation)를 촉진한다. 인격은 아무도 보고 있지 않을 때 옳은 일을 하고 자신의 최선을 다하는 것이다.

여덟째, 교직원은 인격교육을 위한 책임을 공유하고 학생들을 이끄는 동일한 핵심 가치들을 준수하는 윤리적 공동체이다. 모델로서의 교직원 역할을 중시하여 학생들에게 가르치는 것이 성인들에게도 그대로 적용되어야 한다.

아홉째, 학교는 인격교육을 주도해 나가기 위하여 공유된 리더십과 장기적 지원을 조장해야 한다.

열째, 학교는 가정과 지역사회 성원들을 인격 형성 노력에서의 파트너로서 참여시켜야 한다.

끝으로, 학교는 정기적으로 학교의 문화와 풍토, 인격교육자로서의 교직원의 기능, 학생들이 보여주는 훌륭한 인격의 정도를 평가한다. 양적 척도와 질적 척도를 사용하여 인격교육 수행과정과 결과에 대한 평가를 해야 한다.

5. 인성교육에 대한 시사점

리코나는 인간으로서 성숙한다는 것은 사랑하는 능력과 일할 수 있는 능력을 갖추는 것이라고 본다. 그가 말하는 도덕적 인격은 사랑하는 능력과 관계되고 수행 인격은 바로 일할 수 있는 능력과 관계된다. 그는 학교에서의 인격교육은 학생들로 하여금 자신의 일에서의 탁월성 및 도덕적 능력에서의 탁월성을 갖추도록 하기 위해 인류 공통의 보편적 가치들을 학생들에게 가르치는 것을 의미한다.

리코나의 인격교육 이론은 수행적 인격과 도덕적 인격을 동시에 발달시키는 것에 초점을 맞춤으로써 지성과 인격을 겸비한 인간을 양성한다는 교육 본연의 목적을 달성하고자 시도한다. 그는 인격교육이 사회의 도덕적 타락을 단번에 해결할 수 있는 속효약이 아님을 인정한다. 오히려 인격교육은 장기적인 교육적 계획과 결단에 의해 체계적이고 지속적으로 실행되어야 하는 것이다. 그는 이렇게 말한다. "인격교육이 성공을 거두기 위해서는 학생들의 가치와 인격에 영향을 주는 모든 주체와 집단들이 학생의 인격만이 아니라, 사회 전체의 인격을 향상시키기 위한 공동의 노력을 동시에 함께 추진해야 한다."

리코나의 인격교육은 우리의 인성교육에 적잖은 시사점을 준다. 무엇보다도 가장 중요한 시사점은 인격교육의 결과는 학생들의 인격 발달만이 아니라 학업성취에도 긍정적 영향을 준다는 점이다. 그는 미국 내에서 행해진 수많은 연구결과들을 통해 이를 입증하고 있다. 인성교육은 도외시한 채 학생들의 학업성취에만 배타적으로 매달리는 우리의 입장에서 다시금 눈여겨 볼 사항이다.

둘째, 인격교육은 인지 · 정의 · 행동적 영역을 통합하는 가운데, 그리고 모든 교과 및 학교생활의 모든 측면을 통해서 포괄적으로 전개되어야 한다는 점이다. 아주 원론적인 사항임에도 불구하고 일부 교사들은 인성교육이 특정 교과에 국한된 것인 양 생각하는 경향이 많다. 모든 교사는 모든 학생을 위한 인격의 모델이 되어야 하고, 그들의 인성 발달을 위한 멘토가 되어야 하며, 학생들을 지속적으로 배려하는 배려 제공자가 되어야 한다는 리코나의 말을 되새겨 볼 필요가 있다.

셋째, 인격의 발달은 진공상태가 아닌 공동체를 통해서 이루어진다는 점이다. 리코나는 인격교육의 성공을 위해서는 윤리적 학습 공동체가 필수적이라고 주장한다. 교직원, 학생, 학부모, 지역사회가 인격 발달을 최우선의 가치로 여기는 하나의 윤리적 학습 공동체가 되어야 한다. 그리고 교사들은 교실을 안전하고 지지적인 배려적 학습 공동체로 만드는 가운데 학생들이 인격을 발달시킬 수 있는 다양한 기회를 제공해 주어야 한다.

그러나 미국의 인격교육 운동은 여전히 많은 문제점에 직면해 있다. 20년 가까이 지속되고 있는 인격교육 운동은 미국의 학교를 변화시키려는 학교 개혁 운동이지만 아직 해결해야 할 과제들을 많이 남겨두고 있다. 또한 인격교육을 둘러싼 학문적 · 사회적 논쟁도 계속 제기되고 있다. 이를테면 인지발달 이론에 바탕을 둔 콜버그(Kohlberg) 추종 학자들은 인격교육 운동에 대해 '이론이 없는'(atheoretical) 교육이며, 학습자의 능동성을 무시한 근대적인 교육 발상이라고 혹평을 가하고 있다(Lockwood, 2009).

인격교육이 실천 및 확산의 측면에서 직면한 가장 큰 문제점은 인격교육 운동의 주체세력인 현장 교사들이 2001년 낙제방지법(No child left behind)이 발효된 이후로 주 정부에서 정한 학업성취 기준을 학생들이 통과하도록 하는 데에만 혈안이 되어 있어 인격교육에 대한 큰 관심을 기울이지 않는다는 점이다.

또한 인격교육 운동이 상의하달적인 비민주적 방식으로 전개되고 있어 현장 교사들의 호응을 얻지 못하고 있다. 인격교육 운동의 창시 및 주도세력은 현장 교사가 아닌 사회의 지도층 인사들이었다. 1980년대 초반 신보수주의적 성향을 가진 정치인, 종교인, 교육학자들을 중심으로 시작된 인격교육 운동은 교육의 목표 및 내용, 방법, 평가 등 거의 모든 영역에 있어서 교사들의 주도적인 참여가 배제되어 있었다. 인격교육 운동에 있어서 교사들은 인격교육에 관한 각종 워크숍이나 강연회에 참석하여 인격교육에 관한 지식을 습득하여 자기가 속한 교실과 학교에서 실천에 옮기는 단순 역할을 할 것으로 기대된다.

최근에 이르러 일부 인격교육 관련 학회나 학술지에서 학교 현장에서의 인격교육 실천 사례를 일부 다루고 있기는 하지만 인격교육에 관한 주요 의사결정에 있어서 교사들은 여전히 배제되고 있다. 올해 10월 19일부터 21일까지 3일 간 샌프란시스코에서 열리게 될 '제18회 인격교육 연차 학술대회'의 1인당 등록비만 50만 원에 이른다. 수업을 빠지면서 숙박비를 포함해 100만 원 가까운 비용을 투자하면서 참여할 현장 교사가 과연 얼마나 되겠는가? 이것이 미국 인격교육 운동의 암울한 현상이기도 하다.

인격교육이 지닌 또 다른 문제점은 지나친 상업주의의 위험성이다. 인격교육 운동이 성행하자 인격교육을 상업적으로 이용하는 기업, 연구소, 단체들이 난무하고 있어 교육의 본질을 흐리고 있다. 일례로 피자 가게들은 학교에 초등학교의 인격교육을 후원한다는 이름 아래 피자 상품권을 제공하고 있다. 인격교육에 대한 독서를 많이 한 초등학생들에게 피자 상품권을 무료로 제공하면서 자기 가게의 선전에만 매달리고 있다. 피자를 무료로 먹을 수 있다는 초등학생들의 기대심리와 경쟁의식이 가히 폭발적이라 피자 가게들은 아주 저렴한 비용으로 최대의 광고 효과를 올리고 있다. 그런가 하면 티셔츠, 머그컵, 휘장 등에 인격 관련 경구나 명언을 담아 학생들에게 판매하는 기업들도 많이 있다. 상업주의의 거대한 물결이 아이들의 교실을 위협하고 있는 것이다.

끝으로, 실제 학교에서의 인격교육 방법들이 주로 이야기책이나 봉사활동 등과 같이 매우 제한되어 있다는 점이다. 인격교육 운동을 선도하는 사람들의 생각과 달리, 실제 인격교육에 관심이 있는 현장 교사들이 인격교육을 활용하는 방법은 이야기책을 통해 훌륭한 인격의 모습을 본받게 하는 것, 혹은 주 교육부가 의무화하고 있는 봉사활동 프로젝트로 대체하고 있다는 것이다. 따라서 주 정부나 '인격교육 파트너십'이 연구비를 지원하는 학교들을 중심으로 이루어진 인격교육 효과 검증에서 나타난 다양한 인격교육의 방법과 성과들이 일반 학교들에서도 그대로 나타날 것이라는 생각을 해서는 안 된다.

인격교육 운동은 아직 진행 중이라 섣부른 평가를 내리기는 어렵다. 중요한 것은 인격교육이 분명 성공한 측면이 있는 반면에 실패한 측면도 있다는 것이다. 우리는 미국의 인격교육 운동을 보면서 그들이 성공한 곳에서 배울 수 있는 바를 극대화함과 동시에 그들이 실패한 곳에서 우리 또한 실패하지 않도록 주의를 기울여야 할 것이다. 그리고 미국의 인격교육 운동에서 볼 수 있듯이 상의하달식의 일방통행적 학교 개혁 운동은 결코 성공을 거둘 수 없다는 사실과 더불어 학교 개혁의 진정한 주체는 미래에 대한 비전과 확고한 교육적 소명의식을 지닌 현장 교사라는 사실을 한시도 잊어서는 안 될 것이다.

▪ 참고문헌 ▪

Character Education Partnership(2008), *Performance values*. Washington, DC : Character Education partnership.

Character Education Partnership(2010), *11 principles of character education*. Washington, DC : Character Education partnership.

Lickona, T. & Davidson, M.(2005), *Smart & good high schools*, Cortland, NY : Center for the 4th and 5th Rs.

Lickona, T.(1991), *Educating for character : How our schools can teach respect and responsibility*, New York : Bantam Books.

Lickona, T.(2004), *Character matters : How to help our children develop good judgment, integrity, and other essential virtues*, New York : Touchstone.

Lockwood, A. L.(2009), *The case for charcater education : A developmental approach*, New York : Teachers College Press.

추병완
서울대학교 사범대학 윤리교육과 및 동 대학원 졸업
미국 조지아대학교 대학원 졸업(철학박사)
현재 춘천교육대학교 윤리교육과 교수

주요 저서
『도덕교육의 이해』(2011),
『다문화사회와 글로벌 리더』(2011),
『다문화 도덕교육의 이론과 실제』(2010),
『도덕발달과 도덕교육』(2008),
『정보윤리교육론』(2006) 외 다수

도덕교육의 새 지평

발행일 1쇄 2012년 2월 29일
지은이 추병완 **펴낸이** 여국동

펴낸곳 도서출판 인간사랑
출판등록 1983. 1. 26. 제일-3호
주소 경기도 고양시 일산동구 백석동 1178-1번지 2층
전화 031)901-8144(대표) | 977-3073(영업부) | 031)907-2003(편집부)
팩스 031)905-5815
전자우편 igsr@naver.com | igsr@yahoo.co.kr
블러그 http://blog.naver.com/igsr
인쇄 인성인쇄 **출력** 현대미디어 **종이** 세원지업사

값 17,000원
ISBN 978-89-7418-052-2 93190